U0060353

荊棘之路

1949~2000天主教在華歷史概要

■滄海一粟 著

The Road of Thorns:

An Overview of the History of Catholicism in China from 1949 to 2000

目　　錄

作者序

　　二十世紀下半葉的天主教在華歷史，可謂是一波三折，跌宕起伏。教會所經歷的挑戰與困難在普世教會歷史中亦屬罕見。中國教會在政治勢力的裹挾下，艱難度日。教會領袖與信徒在無神論政權統治下，在凱撒和天主之間面臨抉擇。在堅守信仰原則或謀求生存空間這一問題上，他們做出了不同的選擇，中國教會也出現了裂痕，兩個團體之間一度關係緊張。教會在這半世紀的時光中，在這條布滿血與淚的荊棘之路上舉步維艱，猶如基督當年所走的苦路一般。五十年來湧現出無數敢於為信仰作證的勇士，他們的勇敢與犧牲是福音精神的體現，也是中國教會能夠生存發展的精神財富。

　　這段歷史長久以來由於其高度的敏感性與複雜性，國內外學者少有涉及。在寫作過程中，筆者有時亦感困難重重。首先，由於中國境內環境特殊，很多檔案資料無法查閱，只有期待未來檔案解密能夠彌補本書不足；其次，許多事件當事人儡於外部環境，對於當年所經歷之事語焉不詳。這些原因影響了本書的主題研究，不得不說是一種遺憾。

　　本書的完成，參考了不少前人的研究成果，在此深表感謝。希望本書能夠起到拋磚引玉之效。而在倉促之中，書中文字表述難免會有謬誤之處，歡迎各位專家學者批評指正。

第一章

天主教與共產主義的相遇

　　1949 年 10 月 1 日，中共在北京宣布建立中華人民共和國。新政伊始，如何處理對外關係成爲中共重要工作之一。天主教、基督教（新教）[1] 這兩個與西方國家關係密切的宗教團體，被中共視爲威脅政權穩定的隱患；如何處理這一問題，是中共建政初期不得不面對的問題。作爲一個信奉馬列主義且具有鮮明無神論色彩的政黨，面對中國這樣一個具有多種宗教流傳的國度，如何鞏固起新建立的政權，考驗著中共的政治智慧。

一、共產主義對於宗教的看法

　　在意識形態領域，馬克思主義敵視一切宗教。馬克思本人認爲「宗教是顚倒了的世界觀」，「宗教是那些還沒有獲得自己或是再度喪失了自己的人的自我意識和自我感覺」，

---

[1] 華語世界中基督教有廣義與狹義之分，廣義上基督宗教泛指所有信奉耶穌基督爲救主的教會涵蓋天主教、基督新教、東正教。狹義上則專指宗教改革後從天主教中分裂出的新教各派。

1

「宗教是被壓迫生靈的歎息，是無情世界的感情，正像它是沒有精神的制度的精神一樣，宗教是人民的鴉片」。[2] 宗教與鴉片等同，一切宗教都是毒品，成爲共產主義者信奉的圭臬。恩格斯在 1878 年《反杜林論》中指出：「一切宗教都不過是支配著人們日常生活的外部力量在人們頭腦中的幻想的反映，在這種反映中，人間的力量採取了超人間的力量的形式。」[3] 馬克思、恩格斯都認爲宗教隨著私有制的消亡，也會自然消亡，雖然這一計畫是長期性的。宗教的作用是負面消極的。恩格斯譴責天主教會：「封建制度的巨大國際中心是羅馬天主教會。它把整個封建的西歐（儘管有各種內部的戰爭）聯合爲一個大的政治體系。它給封建制度繞上一圈神聖的靈光。」[4] 在十九紀資產階級時代，統治階級「比以往任何時候都更需要精神手段去控制人民，而一切能影響群眾的精神手段中，第一個和最重要的手段依然是宗教。」[5]

十九世紀在歐洲基督宗教社會主義曾經流行一時，認爲早期教會中的團體生活──彼此互助、財產公有──是共產主義的前驅；但馬克思、恩格斯對此強烈反對，並刻意和基督宗教社會主義劃清界限，甚至明言：「法國共產主義者最喜歡的一個公式就是：基督教就是共產主義。他們竭力想用聖

---

[2]《馬克思思格斯選集》第 1 卷（北京：人民，1995），1~2 頁。

[3]《馬克思恩格斯全集》第 3 卷（北京：人民，1995），354 頁。

[4] 同上，390 頁。

[5] 同上，401 頁。

經，用最早的基督教徒過的公社式的生活等來證明這個公
式。可是這一切只是說明了，這些善良的人們絕不是最好的
基督教徒，儘管他們以此自居。因為他們如果真是最好的基
督教徒，那他們對聖經就會有更正確的理解，就會相信即使
聖經裡有些地方可以作有利於共產主義的解釋，但是聖經的
整個精神是同共產主義、同一切合理的創舉截然對立的。」[6]

　　為了反駁基督教社會主義，恩格斯在 1894 年發表《論早
期基督教歷史》，指出教會所追求完美世界是在死後的天堂，
真正的共產主義者則是追求現世的解脫，打造所謂的人間樂
園，這是兩者的本質區別。為了削弱宗教的影響，必須將教
會從教育和社會服務領域驅逐，取消國教，實行「政教分離」，
從而加速宗教的衰落。馬克思、恩格斯對於宗教的批判，僅
局限於理論層面，但 1917 年俄國十月革命後，俄共布爾什維
克奪取政權，建立第一個以馬克思主義為指導的社會主義國
家，俄共在其領袖列寧（Vladimir Lenin, 1870~1924）的領導下，
將馬克思主義反宗教理念進一步發展，並且藉由國家機器推
行嚴厲的反宗教措施，開始了歷史上著名的反宗教運動。

二、蘇聯的消滅宗教實踐

　　蘇俄共黨首領列寧認為：「宗教是人民的鴉片──馬克思
的這一句名言是馬克思主義在宗教問題上的全部世界觀的基

---

[6]《馬克思思格斯全集》第 1 卷，583 頁。

石。」[7] 作為無產階級的政黨，其世界觀是絕對的無神論，與宗教世界觀是完全對立的。要對一切宗教展開堅決鬥爭，強化無神論的宣傳，但出於革命需要，在一定時期內要利用分化宗教團體中的力量，運用統戰策略，在共產黨處於劣勢時期，要和不同宗教團體展開合作，在合作中「我們永遠要宣傳科學的世界觀，我們必須跟某些『基督教徒』的不徹底性進行鬥爭。」[8] 宗教信仰並不是個人私事，「對於社會主義無產階級的政黨，宗教並不是私人的事情。我們的黨是爭取工人階級解放的覺悟的先進戰士的聯盟。這樣的聯盟不能夠而且也不應當對信仰宗教這種不覺悟、無知和蒙昧的表現置之不理。對我們來說，思想鬥爭不是私人的事情，而是全黨的、全體無產階級的事情。」[9]

在這種理念指導下，列寧發展了一套比馬克思主義宗教觀更加激進的理論，在實踐中則是直接以國家暴力摧毀宗教。在十月革命後的蘇聯，消滅宗教的運動如火如荼地開展起來，首當其衝的就是在俄羅斯擁有悠久歷史的東正教會。

自 988 年基輔羅斯受洗後，斯拉夫人與東正教會形成了緊密的聯繫。尤其是沙皇俄國時期，東正教處於國教的地位，享有各種優越的條件。蘇俄政權建立後第二天，即 1917 年 11

---

[7]《馬克思恩格斯列寧宗教問題著作選編及講解》（北京：宗教文化，1999），155 頁。

[8] 同上，147 頁。

[9] 同上，145 頁。

月 8 日，蘇俄政權發布《土地法令》，宣布沒收「寺院、教堂的土地，連同耕畜、農具、莊園建築和一切附屬物，一律交給鄉土地委員會和縣農民代表蘇維埃支配」，土地將「一律無償地取消其原主所有權，成爲全民財產並交給一切耕種土地的勞動者使用。」[10] 取消宗教婚姻的合法性，只承認世俗婚禮的有效性。1918 年 1 月 23 日，頒布《政教分離》法令，依據該法令，「教會同國家分離，每個公民都有權信奉或不信奉任何宗教，戶籍工作只由民政機關，即婚姻和出生登記處辦理，剝奪過去教會所負責的事務，學校同教會分離，國家和地方自治機關不給予任何特權和津貼，凡在俄國屬於教會和宗教團體的全部財產都宣布爲人民的財產，專供祈禱用的建築物和物品也只能根據地方和中央國家政權機關的特別規定，轉交有關宗教團體無償使用。」[11] 法令事實上剝奪了教會所有產業，含動產與不動產，使其難以在社會立足，加速其衰落。

在思想文化領域，加強無神論的宣傳，成立戰鬥的無神論組織，該組織在全國設立分支機構。列寧在 1922 年發表《論戰鬥唯物主義的意義》，強調要堅定不移地宣傳無神論思想，成立專門的雜誌，系統翻譯十八世紀歐洲啓蒙運動以來各類鼓吹無神論思想的書籍。在俄共中央成立反宗教委員會和國

---

[10] 中國社會科學院世界宗教研究所編譯，《蘇聯宗教政策》(北京：中國社會科學，1980)，8 頁

[11] 同上，18~20 頁。

家與教會分離委員會，指導各地消滅宗教運動。1922 年 3 月
19 日，列寧致函俄共中央政治局委員的信中，提及展開沒收
教會珍寶運動，特別指出：

> 我們務必通過最堅決、最迅速的方式，去沒收教會
> 的珍寶，這樣我們才能獲得幾億盧布。為了達到某一政
> 治目標，必須採用一系列殘酷的手段，那就應該用最堅
> 決的方式在最短時間裡實施。我們正是應該在現在最堅
> 決、最無情地向黑幫神職人員開戰，十分殘酷地鎮壓他
> 們的對抗，要讓他們幾十年也忘不了。委派一名精幹
> 的、擅長指揮全俄中央執委會成員或中央政權代表去舒
> 亞（城市名），通過政治局五名委員給他下達口頭指示，
> 要盡可能多地逮捕當地神職人員、小市民和城市資產階
> 級代表，要以最快的速度審訊，審訊結束時，要槍決其
> 中的黑幫分子……如有可能，還要槍決莫斯科和其他幾
> 個宗教中心的黑幫分子。[12]

　　通過蘇聯檔案顯示，列寧的暴力指示非常明顯將矛頭指
向一切反抗徵用教會珍寶的神職人員。所謂的教會珍寶即是
歷代沙皇貴族以及百姓對與教會的捐贈，主要用於裝飾聖
像、苦像及聖髑，在蘇俄共黨中央指揮下，大量教堂及修道
院被劫掠摧毀，神父及修士們被流放及屠殺。1922 年 3 月 20

---

[12] 〈列寧關於沒收教會珍寶致莫洛托夫並轉俄共(布)中央政治局各
委員的信〉，1922 年 3 月 19 日，《蘇聯歷史檔案選編》第 2 卷
（北京：社科文獻，2002），411~414 頁。

日俄共國家政治保衛局副局長溫什利克特向政治局彙報建議：「現在逮捕東正教最高會議成員和大牧首是適時的……必須將所有強烈反對徵收財寶的神父和教徒送往饑餓的波沃爾日耶最饑餓的地區，在那裡將他們作為人民的敵人在當地饑餓的居民面前示眾。」[13] 在經歷所謂獻寶運動後，從教會沒收的財寶「黃金總計 442 公斤，白銀 336227 公斤，其他貴重金屬 1345 公斤，重 13.13 克拉的鑽石 33456 粒，珍珠 4414 克，其他貴重寶石共 72383 塊，重 28140 克，硬幣 20598 盧布」[14]。

　　透過對教會產業的掠奪，使得教會一貧如洗，藉此清洗一批敢於反抗的神職人員，以反革命罪名監禁處決教會領袖。炮製「吉洪案件」[15]，分化東正教神職與信徒關係，扶植一批「進步神職人員」向黨中央請願，懲治教會中反蘇維埃神職與信徒，擁護蘇俄反宗教法令。這些「進步神職人員」譴責教會高層站在階級敵人的這一面，配合國際上反蘇反共

---

[13] 〈溫什利克特關於宗教界由於沒收教會珍品而進行活動的報告〉，1922 年 3 月 20 日，《蘇聯歷史檔案選編》第 2 卷（北京：社科文獻，2002），423 頁。

[14] 〔俄〕赫克著，高驊、楊繽譯，《俄國革命前後的宗教》（上海：學林，1999），72 頁。

[15] 吉洪（Тихон，1865~1925）為當時俄羅斯東正教最高領袖，第十一任牧首。他反對蘇維埃政權對於東正教會的迫害政策，為蘇俄當局所不容，被蘇維埃政權逮捕偵訊，1925 年死於監禁中。他被東正教視為為信仰而死的殉道者，1989 年俄羅斯東正教為其舉行了封聖典禮，尊稱其為聖吉洪。

的論調，譴責牧首吉洪「妄圖阻撓沒收教會珍品賑濟災民的行動，妄圖掀起民眾暴亂，扼殺與他們不共戴天的蘇維埃政權。」[16] 他們假借教會的名義，來批鬥東正教會，這種手法，為後來很多共產政權所繼承。

三、史達林時期的宗教政策

　　1924 年 1 月 21 日列寧去世，但是反宗教的措施並沒有終止。列寧死後，史達林（Joseph Stalin，1878~1953）在經歷了殘酷的黨內鬥爭後，成為新的領袖，他是蘇聯歷史上掌權最久的領導人，施政風格比列寧更加暴力殘忍，無論是席捲全俄的大清洗運動，還是對於異議人士的迫害，都達到了登峰造極的地步。他 1929 年開始加速工業化的政策，提高鋼產量成了蘇聯各級政府的重要目標，也成了另一輪打擊宗教運動的開始，著名的砸大鐘運動拉開了序幕，各地教堂的鐘成為了掠奪的目標。當局認為教堂的鐘聲是舊時代的產物，影響了勞動人民的休息與生活，應該拆除熔煉，為國家工業化做出貢獻。

　　1930 年開始，俄共中央政治局下令開始全面拆除教堂鐘樓，拒絕者將教堂一併拆除，僅從「謝爾吉耶夫聖三一修道院一處就獲得 19 口大鐘，合 8165 普特（130 噸），熔化燭臺、

---

[16] 《彼得格勒等地「進步神職人員」團體致俄羅斯東正教徒的呼籲書》，1922 年 5 月 10 日，《蘇聯歷史檔案選編》第 2 卷（北京：社科文獻，2002），451 頁。

枝形燭臺、神幡、洗禮盆、銅柵欄及各種裝飾物獲得約 10 噸有色金屬。莫斯科自 1929 年開始陸續封閉了 30~50 間教堂，每間教堂都『提供』了大量銅。比如『金屬公司』員工在 1929 年被關閉的大謝爾普霍夫耶穌升天教堂拆鐘 14 口、重達 17 噸；莫斯科河南岸區的聖凱薩琳教堂拆鐘21噸；1930 年被關閉的阿列克西都主教教堂拆鐘 10 噸。」[17] 蘇聯冶金工業部也制定五年計畫來拆除各地教堂的大鐘。蘇聯輿論也假借人民聲音，對於這場荒謬測運動大唱讚歌：

> 我們是最後聽過教堂鐘鳴的人。從今往後，傍晚的鐘聲、貴族的詩歌、復活節時教堂的胡言亂語、送別死者時陰森森的哀樂都將遠離我們的子孫。教會啞然，宗教入土，末了的鐘聲乃是宣告他們千年統治終結的喪鐘。而銅鐘經過無神論者冶煉廠的洗禮，也會唱起讚美勞動之響亮頌歌，機器運轉的雄偉節奏取代了昔日孱弱的祈禱鐘鳴。[18]

1926 年蘇聯頒布新《刑法典》，對於宗教活動做出了嚴格限制與懲罰措施，規定任何人「在國立和私立學校中向幼年人和未成年人傳授東正教教義，或是違犯此項法律的，判

---

[17] 厭然閒居譯，〈工廠拔地起，教堂鐘鳴息〉，2019 年 9 月 9 日載於https://sanlier.blog/2019/09/09/%E5%B7%A5%E5%8E%82%E6%8B%94%E5%9C%B0%E8%B5%B7%EF%BC%8C%E6%95%99%E5%A0%82%E9%92%9F%E9%B8%A3%E6%81%AF/

[18] 同上。

處一年以下勞動改造；爲教會或宗教團體的利益而強迫募捐者，判處 6 個月以下勞動改造或 300 盧布以下罰金；宗教或教會組織擅自利用行政、審判或者其他公法上的職權，和擅自行使法人權利者，判處 6 個月以下勞改或 300 盧布以下罰金；在國家或公共機關、企業中舉辦宗教儀式，或者在上述機關、企業中懸掛某種宗教畫像者，要判處 3 個月以下勞改或 300 盧布以下罰金；對以宗教信仰或其他個人信仰爲藉口，拒絕或逃避服義務兵役者，要判處剝奪 3 年以下的自由。」[19]

通過嚴刑峻法，縮小宗教生存空間，許多神職人員在無意中就觸犯了刑法而被監禁、勞改、流放。史達林執政時期，堅持拆除教堂，在首都莫斯科周邊地區，「克里姆林宮內的丘多夫和沃茲涅先斯基大教堂，幾乎『中國城』內的大部分教堂、西蒙諾夫修道院的大部分建築、紅場旁邊的契爾文斯基聖母小教堂和其他許多教堂都被搞毀。」[20] 最具代表性的莫斯科救主基督大教堂，於 1931 年被用炸藥摧毀，並在原址上建立游泳館；這座教堂是爲紀念 1812 年戰勝拿破崙入侵而建立，裡面收藏了大量歷史文物，這樣具有歷史文化意義的教堂，最終也難逃被拆除的命運。

史達林認爲拆毀教堂只是表面上消滅宗教，只有把宗教

---

[19] 傅樹政、雷麗平，《俄國東正教會與國家》（1917~1945）（北京：社會科學文獻，2001），132 頁。
[20] 同上，134 頁。

從人的思想意識中消除，才是真正的消滅宗教。神職人員與教徒是傳播宗教的主體，必須要從整體上消滅神職階層，可以借用分化方式，利用「進步神職人員」打擊所謂落後人員，待時機成熟後再一網打盡，包括「進步神職人員」也在被消滅的行列之內。在大清洗 [21] 之前，蘇聯一直推動內部消滅政策。1934 年蘇共中央政治局委員中央委員會書記基洛夫（Сергéй Мирóнович Кúров，1886~1934）遇刺身亡，他的死成了大清洗的導火索，為了深挖所謂階級敵人，史達林下令逮捕一批神職人員。1936 年大清洗全面開展，三年內幾乎全部的主教及神父都被逮捕關押。1939 年全蘇教堂數量減少三分之一，剩餘的教堂大多數也被該做倉庫廠房，用作宗教用途寥寥無幾，殘留開放的教堂僅供外國人參觀而被保留下來。[22]

　　殘留的東正教領袖們開始向蘇共妥協。1927 年牧首謝爾蓋發表宣言，表示要做奉公守法的公民，呼籲流亡海外的俄羅斯正教會的神職與信徒承認蘇維埃政權，輿論普遍認為這是壓力之下的被迫服從，縱使謝爾蓋牧首積極配合蘇聯各項活動，在大清洗中也飽受折磨，只是由於他對外代表俄羅斯東正教發言維護蘇聯當局的宗教迫害政策，才得以保全性命。其他主教們則沒有那麼幸運，35 名總主教被處決或人間

---

[21] 11930 年代，蘇共領袖史達林發動的政治清洗運動，從打擊黨內政敵，擴大到對軍隊、知識份子、黨外人士、宗教人士的大屠殺。從 1936~1938 年間，約有 70~120 萬人死於清洗運動。

[22] 傅樹政、雷麗平，《俄國東正教會與國家》，134 頁。

蒸發。彼得格勒地區神職人員 1937 年比 1936 年較少一半，由 79 人銳減爲 25 人。[23]

　　史達林發動的大清洗，不僅對東正教是毀滅性的打擊，其他宗教比東正教處境更爲悲慘。天主教會在蘇維埃政權建立後，被視爲外國人的宗教團體，與東正教相比多了一份原罪，在反對蘇維埃政權罪名外，往往被扣上帝國主義間諜的罪名，蘇聯境內天主教全部主教們都被逮捕，流放處決，聖統制瀕於滅亡邊緣。教宗庇護十一世極爲關心俄羅斯天主教信友狀況，曾經多次呼籲國際社會關心蘇聯境內宗教狀況，引起了西方世界的廣泛回應，也讓蘇聯當局憂心忡忡。

　　爲了挽救俄羅斯教會聖統不被滅絕，教宗庇護十一世任命法國耶穌會士赫爾比尼神父（Michel-Joseph Bourguignon d'Herbigny，1880~1957）爲主教，赴莫斯科暗中重建教會組織，赫爾比尼主教先後建立九個宗座署理區，秘密祝聖了四位主教。[24] 但是在蘇聯當局殘酷的迫害政策下，幾位主教先後被逮捕驅逐，蘇聯境內天主教會一度和教廷失去聯繫。尤爲悲

---

[23] 同上，156 頁。

[24] 四位主教分別爲：Pie Eugène Neveu（1877~1946），法國聖母升天會會士，任命爲莫斯科宗座署理，1926 年 4 月 21 日秘密祝聖。Aleksander Frison（1875~1937）生於烏克蘭的德國移民後裔，1926 年 5 月 10 日任命爲奧德薩（Odessa）宗座署理。Boļeslavs Sloskāns（1893~1981），拉脫維亞人，1926 年 5 月 10 日與 Aleksander Frison 一起接受主教祝聖，任命爲明斯克（MInsk）宗座署理。Antoni Malecki（1861~1935），波蘭人，彼得格勒（聖彼德堡）宗座署理。

慘的是烏克蘭希臘禮天主教徒 [25]：在 1920~1930 年代的迫害中，教堂被關閉，神職人員被流放；二戰後，1946 年又被蘇聯當局強行合併與東正教，2700 多所堂區被侵佔，數百萬拒絕服從的信徒轉入地下狀態。

　　1924 年底，俄共中央委員會反宗教委員會制定蘇聯天主教條例，對天主教從組織制度、禮儀、語言、教堂的所有權，及神職人員的產生，做了嚴格的要求：「禁止天主教任何修會團體在蘇聯活動，禮儀必須用拉丁語，禁止成立慈善組織，教宗通諭及其他檔案必須由蘇聯政府審查批准後方可發行，主教和司鐸的調動要經蘇聯政府批准，蘇聯政府有權對於主教候選人進行審查。」[26] 蘇共當局視羅馬為反蘇天主教精神中心，開動各種宣傳工具來反對教會；在發行的各類商品包裝上，也要印刷反宗教的宣傳，著名的宣傳有：「教士就是我們的生死仇人！用兩隻眼牢牢瞪住他要緊。讓我們五年計劃四年完成，來答覆教皇的誣衊謗陷，用文化趕跑宗教

---

[25] 1596 年布列斯特會議上烏克蘭和部分白俄羅斯東正教徒改宗羅馬天主教，獲得了時任教宗克萊孟八世（Clemens VIII，1592~1605 在位）批准，形成了烏克蘭希臘禮（拜占庭禮）教會，為天主教東方禮教會之一，依據 2020 年資料烏克蘭希臘禮信徒 482 萬，占烏克蘭總人口 11.52%。資料來源於 Statistical Yearbook of the Church 2020（Vatican City: Librera Editrice Vaticana, 2022）。

[26] 〈俄共（布）中央委員會反宗教委員會提出的關於蘇聯天主教基本條例草案〉，1924 年 12 月 9 日，《蘇聯歷史檔案選編》第二卷，650 頁。

和酒精。」[27]

　　1917 年十月革命前，生活在沙皇統治下的穆斯林人數近2000 萬，主要生活在中亞地區。伊斯蘭教教義及法律在中亞穆斯林聚居區發揮著巨大的影響，建立起系統的教法學校，為穆斯林兒童提供宗教教育，這類學校實際上也扮演著教化功能，解決了穆斯林基本教育問題。十月革命後，列寧認為這類學校存在不利於社會主義改造，號召黨員幹部要與這類泛伊斯蘭主義作鬥爭，關閉宗教學校。雖然黨內有人認為不應該驟然取消穆斯林宗教學校，而應開辦世俗學校與宗教學校並行，用政策鼓勵穆斯林學生進入世俗學校學習；但這一主張並沒有被黨內接納。1919 年在中亞穆斯林聚居區展開了關閉宗教學校、清真寺，並沒收教產等活動，引發了穆斯林社會強烈不滿，爆發了「巴斯馬奇運動」[28]。

　　面對穆斯林的激烈反抗，史達林採取了支持穆斯林中的「進步分子」打擊反動穆斯林，聯共（布）中央[29]宣傳部發布關於與穆斯林宗教運動鬥爭的草案，要求採取司法懲罰與司

---

[27] 赫克著，高驊、楊繽譯，《俄國革命前後的宗教》，349 頁。

[28] 巴斯馬奇運動，是指中亞地區穆斯林為反抗蘇聯的消滅伊斯蘭教運動，而爆發的武裝反抗運動，延至 1920 年代末才被徹底鎮壓。

[29] 蘇聯共產黨在不同歷史時期的稱呼之一，其前身為俄國社會民主工黨中布爾什維克派；十月革命後，1918 年改名為俄國共產黨（布爾什維克），簡稱俄共布；1925 年改稱全聯盟共產黨，簡稱聯共布；1952 年聯共布十九大上，改黨名為蘇聯共產黨。

法外的措施來鎮壓反動穆斯林宗教界，關閉穆斯林宗教學
校，關閉清眞寺，穆斯林教職人員被劃分爲富農階級，沒收
財產，流放西伯利亞地區勞改。穆斯林學校的關閉，世俗學
校無法滿足眾多兒童求學問題，導致大量兒童失學。在土庫
曼斯坦地區，世俗學校只能收容 9%學齡兒童，整體中亞穆斯
林聚居區，世俗學校只能提供 15%~16%學齡兒童入學。[30] 在
農業集體化運動中，以暴力拆除清眞寺，強迫穆斯林交出一
切生產工具，家畜加入集體農莊。清眞寺數量急劇下降，在
烏茲別克地區十月革命前，清眞寺數量 14905 座，到 1936 年
僅剩 4830 座；塔什干地區不足革命前三分之一；舍拉巴茨克
地區革命前有 101 座清眞寺，到 1936 年則全部被摧毀。[31]

　　蘇聯境內的佛教徒，主要是自沙俄時代即生活在布里亞
特（Buryatia）、卡爾梅克（Kalmykia）及唐努圖瓦（Tannu Tuva）
三個自治共和國蒙古人的後裔，他們主要信奉藏傳佛教的格
魯派。「1916 年布里亞特大約 34 所寺院及 15000 名喇嘛，卡
爾梅克有 70 所寺院及 1600 名喇嘛，1923 年增長爲 2840 名。
在唐努圖瓦總人口 6 萬人中共有 22 所寺廟，2000 名喇嘛。」
[32] 這些信奉佛教的地區在十月革命後，尚未受到反宗教運動

---

[30] 邵麗英，〈蘇聯在中亞伊斯蘭教政策的歷史嬗變〉，《中東問題研究》2017 年第 1 期，218 頁。

[31] 同上，219 頁。

[32] Hans Braker, "Buddhism in the Soviet Union: Annihilation or Survival?", 1980 年 10 月 3 日，https://biblicalstudies.org.uk/pdf/rcl/11-1_036.pdf

的波及；但隨著內戰的結束及蘇維埃政權的鞏固，俄共中央開始了針對佛教的打擊運動。

唐努圖瓦共和國曾是蘇聯支持下的自治共和國，該共和國總理庫烏拉‧棟杜（1888~1932）是一位還俗僧人，在蘇聯支持下建立圖瓦人民革命黨。由於曾經的僧侶生涯，他對於佛教採取支持態度，1926 年宣布藏傳佛教為國教。他對蘇聯的反宗教政策相當不滿，引起蘇聯方面的警覺。1929 年在史達林安排下，5 位留蘇的圖瓦青年在蘇聯支持下，發動政變逮捕庫烏拉‧棟杜，將其解除職務，並於 1932 年處決。新的圖瓦領導階層很快響應蘇聯反宗教政策，開始了打擊佛教運動。大量寺院被關閉，僧侶被流放，在大清洗期間，很多僧侶們被冠以日本帝國主義間諜的罪名被殺害。1943 年史達林以卡爾梅克人曾和納粹德國有關係，而將全部卡爾梅克人流放至西伯利亞，大約 40%卡爾梅克人死於流亡期間，倖存者直到 1956 年才被放還故里。[33] 對於佛教的清洗與打壓，同樣也發生在蘇聯的衛星國蒙古，蘇聯的宗教迫害政策延伸出過國境之外。

四、蘇聯宗教政策的轉變

1939 年二戰的爆發，對於蘇聯政策的轉變起了推動作用。長期的反宗教運動，嚴重傷害了信教民眾的情感；納粹

---

[33] Andrey Terentyev, "Tibetan Buddhism in Russia", *The Tibet Journal* 21.3 (1996), pp.60~70.

德國的威脅日益嚴峻，史達林奉行以鄰為壑的外交方針，欺凌周邊弱小國家，並且以武力強佔波羅的海三國（立陶宛、愛沙尼亞、拉脫維亞），發動蘇芬戰爭，攫取卡累利阿地峽，武力迫使羅馬尼亞放棄比薩拉比亞，與蘇聯的摩爾達維亞自治共和國合併，佔領西烏克蘭及波蘭西部地區，在蘇德戰爭前，將西部邊界又向西推移了 150 到 400 公里不等，打造了「東方戰線」。蘇聯以侵略東歐、南歐部分國家所掠奪的領土，引起了國際社會的強烈反感，國際聯盟也於 1939 年 12 月將蘇聯除名。

　　1941 年 6 月 22 日納粹德國發動閃擊戰，突襲蘇聯。戰爭初期在德軍凌厲攻勢下，蘇軍一敗塗地，蘇聯空軍未及起飛便被殲滅 800 餘架，基輔戰役中德軍重創蘇聯西南方面軍，60 萬蘇軍投降被俘。莫斯科、聖彼德堡被德軍圍困，蘇聯政權危如累卵。在面臨生死存亡關頭，蘇聯統治階層發現宗教的力量可用，東正教牧首謝爾蓋發表聲明，呼籲所有信友團結保衛國家，摒棄過去的恩怨。蘇共內部初期擔憂過去激烈反教政策會引起信徒們的藉機反彈，但現實卻是東正教會領袖積極支持國家、反對外來侵略。牧首謝爾蓋呼籲所有信徒要有信心，東正教有保家衛國的傳統與信念，並且譴責那些與納粹德國合作的神職是叛國者，為教會所不容。

　　教會領導階層的表態，使得以史達林為首蘇共統治階層決定改變以往的滅教政策，轉而利用這股力量，抗擊納粹德國的入侵。蘇聯調整了反宗教政策，允許東正教主教運用廣

播設施布道，鼓勵民衆抗擊入侵者，釋放被關押、流放的主教，並爲俄羅斯歷史上被東正教尊崇的聖賢平反，代表性事件爲諾夫哥羅德大公亞歷山大涅夫斯基（Alexander Nevsky，1220~1263）平反。歷史上，亞歷山大涅夫斯基率領民衆抵抗瑞典及條頓騎士團入侵，並與蒙古金帳汗國展開周旋，被視爲反對外來侵略英雄人物，他死後被東正教封爲聖人，受到後世的敬仰。十月革命後，亞歷山大涅夫斯基被視爲壓迫俄國人民的統治階級，剝削階級的總代表，他的墳墓在 1922 年蘇共發動的反宗教運動中被摧毀，遺骨也從聖三一教堂中被移走及褻瀆。但在二戰爆發後，他又一夜之間被蘇共樹立爲偉大的民族英雄。俄國歷史上其他著名人物如德米特里・頓斯科伊（Dmitry Donskoy，1350~1389）[34]、米哈伊爾・庫圖佐夫（Mikhail Kutuzov，1745~1813）[35] 都在一夜之間由兇殘暴力的統治階級變爲反抗外來侵略的偉大英雄。

　　昔日的反宗教宣傳也大幅減少，1942 年蘇聯政府出版《俄羅斯教會眞相》一書，以數種歐洲文字同時發行，具有明顯外宣功能。在書中，一改十月革命以來對於東正教全盤否定的論調，反復宣傳東正教會在俄羅斯歷史上一貫忠君愛國，

---

[34] 德米特里・頓斯科伊，莫斯科大公，在位期間抵禦蒙古金帳汗國的壓迫，1380 年庫里科沃戰役中擊敗金帳汗國軍隊，打破了蒙古軍隊不可戰勝的神話。

[35] 米哈伊爾・庫圖佐夫，十九世紀俄國軍事家，1812 年衛國戰爭中擊敗了拿破崙，取得了俄法戰爭的勝利。

在歷次反對外來侵略的戰爭中都發揮了重要的作用。[36] 蘇聯政府允許教會在銀行申請設立帳戶，接受捐款，變相承認東正教法人地位。此時，也開始開放部分教堂，釋放在勞改營中的神職人員。最爲代表性的是 1943 年 9 月 4 日，史達林在克里姆林宮接見了東正教三位領袖：牧首謝爾蓋、列寧格勒和諾夫哥羅德總主教阿列克謝、基輔和卡林斯克總主教尼古拉。三位宗教領袖向史達林陳情教會所遇到的困難，並且保證教會將會全力支持衛國戰爭，史達林也對三位領袖的表態感到滿意。會談結束後，蘇聯政府將昔日德國駐蘇聯大使官邸交由東正教牧首公署管理，作爲新的辦公地點，釋放牧首謝爾蓋提出的被關押的 17 名主教，撥付汽車給主教們辦公使用，並且鼓勵東正教展開對外交往，改善蘇聯的國家形象。

在蘇聯政府主導下，1943 年 9 月 8 日東正教會召開了最高宗教會議（距上一次會議召開時隔 26 年）；蘇聯政府派遣飛機運送從集中營釋放的主教赴莫斯科。這次會議，選舉謝爾蓋繼續擔任牧首，並且譴責那些和德軍合作的神職人員，剝奪其教職。大會還特別發表了對蘇聯政府的感謝宣言，感謝領袖史達林及共產黨對於教會的關懷。在表面的祥和之下，蘇聯政府設立東正教事務委員會，主席爲卡爾波夫上校，同時也是蘇聯情報機構克格勃（KGB）[37] 的要員。

---

[36] 傅樹政、雷麗平，《俄國東正教會與國家》，167 頁。

[37] 克格勃（KGB），台灣稱爲格別烏，是蘇聯國家安全委員會縮寫中文音譯，是蘇聯時代情報間諜機構。

　　蘇聯政府意識到昔日激烈的反宗教措施，並沒有取得預期的效果，在二戰特殊時期的政策轉變，將東正教改造成蘇聯官方需要的工具，更符合蘇聯利益。在對外交往中，蘇聯政府積極利用東正教出訪，向西方展示蘇聯的信仰自由，標誌性事件是 1945 年 6 月蘇聯東正教訪英之行。這次訪問是對 1943 年英國約克大主教訪蘇的回訪，基輔和卡林斯克的尼古拉總主教在返國後，呈交給蘇聯官方一份詳細的訪英報告，在報告中可以看到改造後的東正教是如何配合蘇聯官方政策進行外交活動。依據報告，此次訪英任務有三：一是交換對於大公主義合一運動（Ecumenism）[38] 的看法；二是打擊蘇聯東正教的海外教會[39]；三是擴大反天主教同盟，史達林在統治後

---

[38] 大公合一運動（Ecumenism）興起於二十世紀初，在基督新教的教派中興起的一場鼓吹教會合一、各教派聯合的運動，開端是 1910 年基督新教組織的愛丁堡宣教會議，1921 年在日內瓦成立國際宣教協會，1948 年在荷蘭阿姆斯特丹成立世界基督教聯合會（WCC）作為推廣合一的機構。天主教會開始時不贊同這一行動，1928 年教宗庇護十一世禁止天主教徒參與，直至梵二後才開始參與。蘇聯東正教在起初也毫無興趣，但在 1950~1960 年代轉而積極支持合一運動，背後亦是蘇聯政府藉此機會而實現政治目的的產物。大公合一運動在今日依然被很多教派所反對，尤其是新教中的福音派教會，認為是以合一之名而在教義上的妥協。

[39] 十月革命後，一批東正教主教及神父流亡海外，1920 年在君士坦丁堡舉行宗教會議，建立俄羅斯東正教海外教會，1921 年總部設於塞爾維亞的卡爾洛瓦茨。不同於最終選擇與蘇共合作的俄羅斯國內教會，海外教會始終拒絕與蘇維埃政權合作，他們在海外成立自己的神學院，對流亡海外的俄羅斯東正教信徒有

期繼承了沙俄時代提出的「第三羅馬」，利用俄國東正教來
擴大蘇聯在東南歐東正教國家影響，把莫斯科變成世界東正
教中心，進而削弱羅馬天主教的影響。

在訪英報告中，由於蘇聯東正教的努力，英國國教會對
於卡爾洛瓦茨（俄國海外教會）「持正式的否定態度，在邀請參
加正式儀式時，英國國教會總是不理睬他們。費奧寇里多夫
神父（海外教會神職）與其他教會代表一樣收到邀請，代表團到
達前，英國國教將他的名字劃掉……英國國教表示他們只承
認俄羅斯牧首的教會。」[40] 對於天主教，「在所有英國國教
會舉行的隆重儀式上，都沒有邀請天主教徒……約克大主教
在歡迎代表團時說：我們和你們同樣都反對天主教徒。」[41] 東
正教海外出訪活動很大程度上幫助蘇聯當局處理一些棘手問
題，取得了良好的效果。

蘇聯的宗教政策在 1953 年史達林死後，赫魯雪夫（Nikita
Khrushchev，1894~1971）執政時期出現過反復，但總體上沒有太
大的變化。總結來說，就是修正了暴力消滅宗教的政策，制
定了打擊—限制—改造—滅亡四步走政策，終極目標就是消
滅宗教，只是在不同階段側重點各有不同。

在改造教會問題上，克格勃（KGB）直接介入東正教神職

著不可忽視的影響，也是困擾蘇聯政府的棘手問題之一。

[40] 〈尼古拉都主教關於英國之行的報告〉，1945 年 6 月，《蘇聯歷
史檔案選編》第十六卷，759 頁。

[41] 同上，759 頁。

人員的選拔之中。在赫魯雪夫時期，克格勃的「可靠人員」
已經打入了莫斯科牧首公署、天主教教區和亞美尼亞的格列
高利教會，以及其他宗教團體的領導崗位。他預言，這些人
將有可能把殘存的「反動東正教泰斗」趕下臺來。[42] 對於世
界基督教聯合會（WCC），蘇聯政府更是積極支持東正教加入，
並且利用這一平臺來為蘇聯政策辯護；東正教代表團團長——
都主教尼科季姆——是克格勃著力培養的年輕教會領袖，31 歲
即成為主教，主管莫斯科牧首公署對外事務，並且作為蘇聯
東正教駐世界基督教聯合會代表團團長。在他的運作下，1969
年世基聯大會決議中，既不提及蘇聯入侵捷克，也避免批評
蘇聯對宗教的迫害。這一狀況使得一位蘇格蘭聖公會的代表
驚奇，他說：「我注意到有一條不成文的規矩，那就是蘇聯
絕不能受到公開批評。但是眾所周知，蘇聯在侵犯人權方面
名列前茅，這似乎不夠公正。我認為這一傳統應該結束
了。」[43]

　　蘇聯利用改造後的東正教來為其對外政策服務，成功掩
蓋了其迫害宗教的種種行為，而且世界基督教聯合會也成為
其滲透的重點機關，加劇了基督教教派內部的猜疑與鬥爭，
這些都符合蘇聯分化利用乃至最終消滅的方針。在對天主教

---

[42] 〔英〕克里斯多夫·安德魯（Christopher Andrew）、瓦西里·米特
羅欣（Vasili Mitrokhin）著，王振西等譯，《克格勃絕密檔案》（北
京：當代世界，2002），343 頁。

[43] 同上，344 頁。

方面也是如此，蘇聯 1940 年武力吞併立陶宛後，克格勃也開始派遣成員潛入神學院，成爲神父後逐步取代那些忠於羅馬的神職。[44]

結 語

綜上所述，透過對共產主義意識形態及其代表人物思想的研究，可以清楚看到該思想對於宗教所抱持的敵對態度。1917 年蘇維埃政權的建立是世界第一個奉行馬克思主義思想的無神論政權，對於宗教的打擊力度是前所未有的，但是卻沒有實現徹底消滅宗教的目的。客觀現實促使共產主義的領袖們開始轉換政策，在消滅宗教的終極前提下，不妨在一段時期內和宗教團體建立起一定的合作關係，利用改造宗教爲共產黨政權服務，將宗教的核心價值逐步掏空，最終成爲披著宗教外殼的黨組織，這樣比單純暴力消滅宗教更節約成本。這一點在史達林執政後期開始愈加明顯，直至蘇聯垮臺爲止。蘇聯的「打擊—限制—改造—滅亡」的策略，對於後來的共產政權，如東歐與中國產生了深遠的影響，這些共產國家在制定宗教政策時，都或多或少地參照了蘇聯模式來處理宗教問題。

---

[44] Vilma Narkutė, "The Confrontation Between the Lithuanian Catholic Church and the Soviet Regime", *New Blackfriars*, Sep 2006, pp.456~475.

第二章

中共宗教理念與實踐

一、中共早期領袖對於宗教的態度

　　中共早期理論體系完全繼承蘇俄共產黨，正如毛澤東在
《論人民民主專政》中講到「十月革命一聲炮響，給我們送
來了馬克思列寧主義。『十月革命』幫助了全世界、也幫助
了中國的先進分子，用無產階級的宇宙觀作爲觀察國家命運
的工具，重新考慮自己的問題。走俄國人的路——這就是結
論。」[1] 既然以俄爲師，經過列寧改進的馬克思主義成爲中共
意識形態的基石。馬克思主義最初進入中國與二十世紀初一
批左傾知識份子有密切關係，代表人物有陳獨秀、李大釗等
人。李大釗在「十月革命」後相繼發表《法俄革命之比較觀》、
《庶民的勝利》、《布林什維主義的勝利》、《我的馬克思
主義觀》、《新紀元》宣傳介紹馬克思主義；1920 年在北大
成立「馬克思主義研究會」，在學生中宣揚介紹馬克思主義。

---

[1]　毛澤東，《論人民民主專政》，《建黨以來重要文獻選編》第廿
　　六冊（1921~1949），中共中央文獻研究室、中央檔案館編（北
　　京：中央文獻，2011），503 頁。

　　二十世紀初的中國，正是西方各種社會思潮湧入中國的時期，留學生群體成爲重要的載體，譬如無政府主義、世界主義、民族主義等等，皆在中國流行一時，馬克思主義傳播也得力於一批留學生。留日學生李達（後成爲中共創始人之一）翻譯了《馬克思主義經濟學說》、《唯物史觀解說》；陳獨秀也在1922年《新青年》上發表《馬克思學說》，並且成立各種馬克思主義學習小組，這些最初宣揚馬克思主義的小團體，爲日後中共組建打下了思想與組織基礎。

　　作爲信奉馬克主義的知識份子，陳獨秀、李大釗的宗教態度如何呢？李大釗認爲宗教是阻礙社會進步的，他認爲「我們堅信宗教是妨礙人類進步的東西，把所有的問題都想依賴宗教去解決，那是一種不承認科學文明的態度……它妨礙徹底探求眞理的精神，是人類進步的巨大障礙，因而我們必須竭力加以反對。」[2] 李大釗認爲宗教也是毒害人民的鴉片，中國歷代農民反抗的失敗原因之一是對於宗教迷信的癡心，他批評太平天國信奉的拜上帝教，是帝國主義的麻醉藥與鴉片：「太平黨人雖然知道鴉片是帝國主義者麻醉中國民族的毒物，而不知宗教亦是帝國主義者麻醉中國民族的東西，其作用與鴉片一樣，他們禁止了鴉片，卻採用了宗教，不建設民國，而建設天國，這是他們失敗的一個重要原因。」[3] 陳獨

---

[2] 李大釗，《李大釗文集》下冊（北京：人民，1984），555頁。
[3] 同上，851頁。

秀也認為「一切宗教，都是一種騙人的偶像，一切宗教所尊重的崇拜的神佛仙鬼，都是無用的騙人的偶像，應該破壞。」[4] 馬克思主義在中國的第一批信徒，對於宗教的態度就是十分消極及憎惡，已經明確提出一切宗教都必須加以破壞。在當時的中國社會環境下，傳統的佛道教被他們視為封建主義的殘餘孽障，基督宗教（天主教及基督新教）則是帝國主義侵略中國的先鋒與工具，1922 年興起的非基運動（The Anti-Christian Movement）為成立才一年的中共提供了良好的機會與平臺來展現其主張。

非基運動是二十世紀初興起的一場反教會的社會運動，它的興起與發展有著複雜的歷史背景，領導者與參與者也包含了不同政治立場的人物，如國民黨內的汪精衛、吳稚暉、蔡元培、朱執信、戴季陶等人，共產黨的陳獨秀、李大釗、惲代英以及信奉無政府主義的李石曾。非基運動的訴求為反帝反侵略，收回教育主權，在 1922 年與 1927 年兩次高潮期間，運動在政治勢力的裹挾下，出現了暴力排外的情形，引起了中外衝突。運動的導火索是 1922 年世界基督教學生同盟計畫在 4 月 4 日在清華大學召開第十一屆年會，探討在華教育問題；消息公布後引起了京滬兩地高校學生的抗議，上海學生在 3 月 9 日成立非基督教學生同盟，北京學生積極回應，於 3 月 11 日成立非宗教大同盟，得到了一些知識份子的回

---

[4] 陳獨秀，《獨秀文存》（合肥：安徽人民，1987），11 頁。

應。[5]

　　1922 年的非基運動基本上是以文字方式來反對基督教，少有暴力事件；但隨著政治形勢的轉變，非基運動也開始發生質的變化，在這變化過程中，共產國際及初登政治舞臺的中共，發揮了重要角色。孫中山晚年開始奉行親俄政策，共產國際也積極推動國共合作，希望實力弱小的中共得以庇蔭於國民黨羽翼之下而壯大。1924 年國民黨一大上通過了國共合作議題，共產黨人以私人身分加入國民黨，但卻保持政治組織上的獨立性，形成黨內特殊局面。在國共合作後開始的非基運動，在北伐的大背景下，目標與手段都更加激烈。共產國際駐華代表利金向共產國際執委會遠東部報告中特別提及非基運動，強調「運動總指揮部從第一天起就掌握在共產黨中央局手中，它通過青年團成功的控制了整個運動。……整個非基督教運動只不過是一個隱藏的布爾什維克的螢幕，運動的基本力量確實是我們的共產主義小組與社會主義青年團，非基督教同盟只不過是一個合法的擋箭牌，使我們能公開地和廣泛地進行宣傳活動。」[6]

---

[5] 如蔡元培、陳獨秀、李大釗等人的支持。但也有知識份子以尊重信仰自由的權利反對非基督教運動，如 1922 年 3 月 31 日北大教授周作人、錢玄同、沈士遠、沈兼士及馬裕藻發表《信仰自由宣言》，反對攻擊特定宗教。

[6] 中共中央黨史研究室第一研究部譯，〈利金向共產國際執委會遠東部報告〉，《聯共（布）、共產國際與中國國民革命運動》（北京：圖書館，1997），92 頁。

　　爲了更好地領導這場運動，中共駐上海的中央局建立專門委員會制定計畫：「（1）組建合法的非基督教青年同盟，其中央機構設在上海；（2）制定同盟章程；（3）召開非基督教組織代表大會；（4）派我們的同志以代表身分參加基督教代表大會，從內部破壞這次大會；（5）派我們的同志參加基督教同盟地方組織來瓦解同盟。」[7] 在如此細緻的策劃與組織上，非基運動也日漸激進化。非基督教同盟在上海建立後，中共黨員唐公憲擔任主席，在 1924 年耶誕節前策劃全國各大城市舉行反教會示威遊行，衝擊教堂及教會出版機構。1926 年北伐開始後，伴隨著軍事行動的開展，北伐軍所到之處破壞教堂與教會醫院學校等機構。1927 年 3 月 24 日佔領南京後，衝擊外國領事館，攻擊傳教士，導致 6 名傳教士被殺害，金陵大學的副校長文懷恩（John Elias Williams，1871~1927）[8] 也不幸遇難。這場運動，直至蔣介石發動分共事件後，國共合作解體，才告一段落。這場 1920 年代的社會運動，以收回教育主權爲始到以暴力流血事件收尾，顯示了它的複雜性，也反映了初出茅廬的中共在意識形態上對於宗教的基本態度。

---

[7] 同上，92 頁。

[8] 文懷恩是美國北長老會派遣來華的資深傳教士。他 1899 年來華，曾任益智書院院長，宏育書院副院長；1910 年宏育與匯文書院合併成立金陵大學，文懷恩出任副校長兼附屬中學校長。在華近三十年間，文懷恩積極參與社會救濟工作，曾爲華中自然災害受難民眾赴美籌款，兩次多達七百多萬美元。

二、毛澤東的宗教觀

　　作為中共掌權最久的領袖，毛澤東早年受信仰佛教的母親影響，對於佛教有一些基本的認識；在湖南長沙讀書期間逐漸接受馬克思主義的影響，開始對於佛道教等中國傳統宗教認識發生變化。他認為中國佛道信仰是阻礙民眾解放的枷鎖，是封建制度的維護者和革命的敵人，需要暴力消滅。在1926年完成的《湖南農民運動考察報告》中指出「由閻羅天子、城隍廟王以至土地菩薩的陰間系統以及由玉皇大帝以至各種神怪的神仙系統——總稱之為鬼神系統（神權）……這四種權力——政權、族權和夫權，代表了全部封建宗法的思想和制度，是束縛中國人民特別是農民的四條繩索。」[9] 在革命運動中，要砸碎這四條繩索才能解放民眾，實現理想社會。面對外來的基督宗教，毛認為「帝國主義列強在所有上述這些辦法之外，對於麻醉中國人民的精神方面也不放鬆，這就是它們的文化侵略政策。傳教、辦醫院、辦學校、辦報紙和吸引留學生等，就是這個侵略政策的實施。其目的，在於造就服從他們的知識幹部和愚弄廣大的中國人民。」[10] 毛對於近代以來在華傳教士努力服務中國民眾的各項事業，皆斥之為文化侵略，視為帝國主義的同謀與先驅。他的認知長期主導了中共黨內對於傳教士的評價，在1950年代的三自愛國運動

---

[9] 《毛澤東選集》第1卷（北京：人民，1968），31頁。
[10] 《毛澤東選集》第2卷（北京：人民，1968），592頁。

中，文化侵略成爲控訴外籍傳教士的重要罪名。時至今日，
這種觀點依然在發揮著影響。

　　毛的反宗教理念是靈活的，出於統戰的需要，宗教組織
依然是團結的對象。在不同的歷史時期，毛的宗教策略也在
發生變化，可以部分的和宗教人士建立良好關係，利用他們
的社會影響來爲黨工作，但是在終極目標上是和宗教完全對
立的：

　　　　共產黨可以和某些唯心論者甚至宗教徒建立在政治
　　行動上的反帝反封建的統一戰線，但是決不能贊同他們
　　的唯心論或宗教教義。……新民主主義的文化是科學
　　的。它反對一切封建思想和迷信思想，主張實事求是，
　　主張客觀眞理，主張理論和實際一致。在這點上，中國
　　無產階級的科學思想能夠和中國還有進步性的資產階級
　　的唯物論和自然科學家，建立反帝反封建反迷信的統一
　　戰線；但是決不能和任何反動的唯心論建立統一戰線。
　　共產黨員可以和某些唯心論者甚至宗教信徒建立在政治
　　行動上的反帝反封建的統一戰線，但是決不能贊同他們
　　的唯心論和宗教教義。[11]

　　統一戰線是中共極爲看重的鬥爭方式之一，被譽爲戰勝
敵人的三大法寶。毛在 1939 年《共產黨人》發刊詞中講到：
「十八年的經驗，已使我們懂得：統一戰線、武裝鬥爭、黨

---

[11]《毛澤東選集》第 2 卷，707 頁。

的建設，是中國共產黨在中國革命中戰勝敵人的三個主要法寶。這是中國共產黨的偉大成績，也是中國革命的偉大成績。」[12] 在 1949 年中共建政前不同時期，宗教組織在統一戰線中的角色與地位也不盡相同，隨著中共實力的消長而變化。

三、土地革命時期的中共與教會

1927 年國共合作破裂後，國民黨力行清黨，驅逐在國民黨內的共產黨人。1927 年 4 月 16 日國民政府發布《通緝共黨首要令》並附通緝人員名單，開始清剿各地共產黨組織。中共在共產國際指示下於 1927 年 8 月 7 日在漢口召開會議，解除陳獨秀總書記職務，組建新的中央政治局常委會，選舉瞿秋白、李維漢、蘇兆征為常委，會議決定中共將展開土地革命和武裝鬥爭，毛澤東在會議上提出了「槍桿子裡出政權」，標誌著中共武力奪取政權的開始：在各地策劃反國民黨的武裝暴動，在國民黨統治薄弱地區（邊遠貧困地區）建立「革命根據地」。

毛澤東在 1928 年總結出要建立紅色割據政權，在農村展開游擊戰爭，深入進行土地革命，以農村包圍城市，「以便在長期戰鬥中逐步鍛煉、積累、發展革命力量，逐步削弱敵人的力量；直到敵大我小、敵強我弱，變成我大敵小、我強敵弱時，再攻佔中心城市，奪取全國革命的勝利。」[13] 毛澤

---

[12]《毛澤東選集》第 2 卷，605 頁。

[13]〈農村包圍城市、武裝奪取政權思想是如何提出的？〉，《光明

東在秋收暴動失敗後，南下江西在湘贛邊境井岡山建立根據地，是中共建立的第一塊革命根據地，此後各地相繼建立起十餘塊紅色割據政權[14]。

　　各地紅色政權多建立於數省交界處，地理環境複雜，易守難攻。1931 年贛南閩西根據地合併爲中央根據地，建立中華蘇維埃共和國，首府爲瑞金。在其鼎盛時期「**中央蘇區轄有江西、福建、閩贛、粵贛四個省級蘇維埃政權，擁有 60 個行政縣，總面積約 8.4 萬平方公里，總人口達 453 萬，黨員總數約 13 萬人。**」[15] 這是中共建立的紅色割據政權中面積最大的，在其轄區內展開土地革命鬥爭，「**打土豪，分田地**」在中央蘇區內各種宗教團體都存在。

　　他們如何處理與宗教團體的關係？中華蘇維埃依照蘇俄革命經驗，宣布信仰自由但剝奪一切宗教人士的所謂選舉權，在《中華蘇維埃共和國國家根本憲法大綱（草案）》中明確指出「**對於宗教問題是絕對實行政教分離的原則。一切公民可以自由信教，但一切宗教不能得到國家的任何保護及供給費用。因爲一切宗教服務人（僧、道、牧師等）都是統治階級迷惑工農群眾的工具。所以必須剝奪其選舉權與被選舉**

日報》，2012 年 9 月 7 日第 9 版。

[14] 著名的有湘鄂西、鄂豫皖、閩浙贛、湘鄂贛、湘贛、廣西的左右江、廣東的東江和瓊崖等。

[15] 中央革命根據地簡介：黨史頻道 https://web.archive.org/web/20190113154934/ 及 http://dangshi.people.com.cn/GB/151935/227176/227177/15871267.html

權。」[16] 對於紅色政權內的教會團體（天主教及基督新教），「帝國主義的教會只有在服從蘇維埃法律時才能許其存在。」所有中華蘇維埃公民有反宗教宣傳的自由，協助民眾從宗教的枷鎖下解放，這是這部憲法的精神；宗教神職人員與地主豪紳一樣是被消滅的階層，外國傳教士則是帝國主義在華的先驅。這類看法其實完全繼承了蘇俄建政初期的反宗教思想。

在具體手段上，中共有所創新：紅四方面，軍政治部發布籌款須知，詳細介紹了如何從富戶中攫取財富，以綁架來勒索贖金，要做到「一網散開，精密調查，有軟有硬，加緊催款，做好做歹，雷屬風行。」[17] 中共高級將領陳毅也曾提到如何籌款：

> 城市籌款，紅軍在城市，在扶助工商業發展之條件下不舉行經濟的沒收，只是召集商人代表（拒絕與商會接洽），參加當地革命同志或機關的意見，提出最低額款項，限三日交齊。……對豪紳的勒款。若捉住了豪紳家裡的人固然可以定價贖取，這個辦法比較難，因為紅軍聲勢浩大，土劣每每聞風而逃。此時只有貼條子一個辦

---

[16] 《民族問題文獻彙編》（1921~1949）（北京：中共中央黨校，1991），124頁。

[17] 籌款須知，維琪文庫紅四方面軍政治部：
https://zh.wikisource.org/zh-hans/%E7%BA%A2%E5%9B%9B%E6%96%B9%E9%9D%A2%E5%86%9B%E6%94%BF%E6%B2%BB%E9%83%A8:_%E7%AD%B9%E6%AC%BE%E9%A1%BB%E7%9F%A5

法，就是估量豪紳的房屋價額，貼一張罰款的條子，如可值一萬元則貼一百元，餘類推，限兩日內交款，不交則立於焚毀，每到期不交，則焚一棟屋以示威。這個方法很有效力，紅軍的經濟大批靠這個方法來解決。挖窖。豪紳許多現款藏在地下，紅軍一到他房內便要搜查槍彈或現款，牆壁內、室內之低窪處，或有新痕的地方，都要去試探一下。有時用一盆水傾在房內，某處的水先浸沒，則可查知該處土質鬆疏，從那裡挖下去，每每得到現款或金銀首飾。紅軍前後挖得之金子不下三四百兩，挖得之現款常常可得著數百元、數千元或至萬元不等。獎勵來報告土豪窩藏處或其地窖的所在者，亦常常是有效的法子，按所得的金額的百分比例獎勵他們。他們很踴躍來幫助紅軍。」[18]

在如此政策下，外籍傳教士除了是「帝國主義」先驅之外，更是一頭奇貨可居的肥羊。在江西傳教的外籍傳教士們首當其衝，江西南部南城教區由愛爾蘭高龍邦修會在此工作，1930 年 4 月 23 日 Fr. Patrick Laffan and Fr. James Linehan 被紅軍綁架，要去按時繳納贖金方可釋放，教會雖然求救於地方政府，但最終仍需繳納贖金，兩位司鐸在 1930 年 12 月 1 日被釋放。隨之而來的則是 1931 年 8 月 16 日，Fr. Hugh Sands

---

[18] 關於朱毛軍的歷史及其狀況的報告（1929 年 9 月 1 日）見：《陳毅軍事文選》（北京：解放軍，1996），11 頁。

再被紅軍擄走，在等待繳付贖金過程中，Fr. Hugh Sands 發現了一同被關押的一位年邁的義大利方濟各會士，他將自己的贖金讓給了這位年邁的司鐸讓他儘早獲得自由，自己則到 1932 年 5 月才獲得釋放。[19]

與被擄獲釋者相比，還有司鐸爲此付出生命的代價，Fr. Tim Leonard（1893~1929）在 1929 年 7 月 17 日在彌撒禮儀中被紅軍擄走、殺害，屍體被發現時頭部幾乎與身體分離。Fr. Cornelius Tierney（1872~1931）是高龍邦修會在南城教區的會長，於 1930 年 11 月 14 日被紅軍擄走，經歷酷刑後於 1931 年 2 月 28 日死於獄中。[20] 在華的基督新教傳教士也面臨著同樣危機，中國內地會（China Inland Mission）[21] 在江西袁州（宜春地區）傳教站被紅軍逼迫關閉，信徒亦被打壓。早在 1929 年內地會三位女傳教士顏索廉（E. E. Ingman）、康月娥（E. Cajander）和席愛仁（A. A. H. Hedengren）在江西被紅軍拘捕，康月娥死於關押期間，另兩位則被紅軍處決。[22] 1931 年芬蘭信義會數位

---

[19] "The Chinese Flood of 1931 | Missionary Society of St. Columban US", https://columban.org/magazine/chinese-flood-1931

[20] "Columban Martyrs - Columban Missionaries", https://columbans.ie/about-us/columban-martyrs/

[21] 中國內地會由傳教士戴德生（James Hudson Taylor, 1832~1905）於 1865 年創立的跨宗派的新教傳教團體，該會成員多數秉持基要派神學觀點，重視培養當地語系化教會，鼓勵傳教士學習中國語言文化。是晚清民國時期來華新教中著名的傳教團體，至 1865 年來華至 1953 年被驅逐爲止，其傳教士遍布中國 17 省。

[22] 蔡錦圖，《戴德生與中國內地會 1832~1953》（香港：建道神學

女性傳教士也被紅軍殺害，內地會傳教士伏格斯（Henry Ferguson）評論到：「迄今仍看不到中國共產黨會有任何建設性計畫的跡象。他們正如其他土匪一樣專事破壞，易於拆毀過於建立。他們的宣傳允諾一切，對窮人深具吸引力，卻什麼也沒有做，它宣稱有治療人類社會所有病患的救世良方，也能引起某些理想主義者的共鳴。這些宣傳在中國帶來巨大的效果，它所呼籲的階層人數眾多，然而，我卻看不到中國能從它身上得到任何美好的未來。」[23] 長征期間，紅軍所經過的湘鄂滇川等省教會工作皆受影響。[24]

　　傳教士生命受到威脅已經是普遍現象，教產被佔用沒收則是另一重要問題。隨著國民政府圍剿力度的加強，中央蘇區面臨著覆滅的危機，於 1934 年 10 月開始「戰略轉移」，即中共黨史中的長征，歷時兩年，從江西轉移到陝北。長征路上，紅軍先後佔據了多所教堂作為指揮辦公機關，較著名的有：①貴州舊州天主堂，1934 年 10 月被紅六軍團佔用為司令部；②貴州湄潭天主教堂，紅九軍團佔領後書寫了大量標語，被譽為保留紅軍標語最多的建築；③貴州遵義天主堂，紅軍總政治部辦公地點，被黨史譽為革命紀念地[25]；④四川磨

院基督教與中國文化中心，1998），106 頁。

[23] Henry Ferguson, "Communism in China", *China's Miliions*, Apr. 1931, p.58。轉引自蔡錦圖，《戴德生與中國內地會 1832~1953》，108 頁。

[24] 同上，108 頁。

[25] 王祖遠，〈中國的兩座紅色教堂〉，《黨史頻道—人民網》：

西天主堂，1935年5月毛澤東率紅一軍團進駐磨西鎮（位於今
日四川甘孜藏族自治州瀘定縣），並在教堂住宿辦公，召開了磨西
會議；⑤四川懋功天主堂，1935年6月紅軍第一及第四方面
軍在此匯合，教堂被徵用作為領導機關住宅，並舉行了盛大
的同樂會；⑥貴州石阡天主堂，1935年11月紅二軍團佔領石
阡，徵用教堂作為指揮部，任弼時、賀龍、肖克、王震、關
向應在教堂召開石阡會議。[26] 上述教堂由於與中共特殊的歷
史關係，時至今日，依然被視為革命聖地，中國官方天主教
友愛國會與主教團近年來還組織所屬神職人員參與長征路上
天主教堂專案，作為愛黨愛國的教育重要課題。[27]

　　在長征途中，紅軍路過一些少數民族聚居的地區，中共
認識到宗教在這些地區的影響力，在後有追兵的情況下，中
共領導層決議積極利用宗教力量幫助紅軍擺脫困境。譬如進
入回民聚居區，紅軍總政治部特別發出通知，要紅軍做到「禁
止駐紮清真寺，禁止吃大葷，禁止毀壞回文經典。講究清
潔，尊重回民的風俗習慣等。」[28] 對於天主教會國籍司鐸，

http://dangshi.people.com.cn/n/2013/1010/c85037-23152360.html
[26] 〈劉陽與紅軍長征有關聯的六座天主教堂〉，《北京青年報》，
2016年10月18日。
[27] 〈成都市天主教友愛國會派員參加中國天主教「一會一團」「長
征路上的天主教堂」專題調研〉：http://mzzj.chengdu.gov.cn/
cdsmzj/c139269/2021-03/17/content_817ff856c6244a999dcb57339
171e83d.shtml
[28] 《民族問題文獻彙編》（1921~1949），365頁。

則要和外籍司鐸區分對待：「紅軍佔領教堂時，應以教堂神父爲大地主，以不守信又勾結軍閥摧殘蒙漢民眾爲罪名，而不以一時的反對教堂或帝國主義的偵探爲名。」[29] 對於不同宗教的區別處理，可以看到在長征途中的中共，在面臨生死存亡之際，部分修正了在中央蘇區的反宗教政策，尤其在途經少數民族聚居區時，也打起保護宗教的旗號，統戰理論已經進一步嫻熟，爲日後在陝北根據地的宗教政策制定與實施，打下了基礎。

四、抗戰及國共內戰時期的中共宗教政策

1931 年九一八事變後，中日兩國矛盾日漸尖銳，衝突日增。國民政府在清剿中共的同時，也開始籌備對日作戰問題。由於國力有限，在 1937 年七七事變前，國民政府傾向於以外交途徑爲主、軍事策略爲輔的方針。紅軍在被圍剿後，於 1936 年 10 月遷居陝北，以延安爲中心建立新的割據政權。在新環境下爲了鞏固新政權，中共開始修正宗教政策，地處西北的延安地區迥異於江西的根據地，當地民族成分複雜，穆斯林力量強大，這一時期中共相繼出臺了一系列針對回民與伊斯蘭教的指示。

1936 年 5 月 25 日中共發布《中華蘇維埃中央政府對回族宣言》，表示尊重民族自決原則：「主張回民自己的事情，

---

[29] 同上，368 頁。

完全由回民自己解決，凡屬回族的區域，由回民建立獨立自
主的政權，解決一切政治、經濟、宗教、習慣、道德、教育
以及其他一切事情。凡屬回民占少數的區域，亦以區鄉村為
單位，在民族平等的原則上，回民自己管理自己的事情，建
立回民自治的政府。保護清真寺，保護阿訇，擔保回民信仰
的絕對自由。」[30] 宣言內容提及的民族自決及回民建立獨立
自主政權，這些看似莊嚴的承諾，很難想像在中共建政後卻
成為極其敏感的議題。1940 年中共西北工作委員會 [31] 制定了
關於回族問題的工作提綱，該檔案系統整理分析了回族的歷
史及宗教，從元代族群形成歷經明清演變，伊斯蘭教與回族
的關係、回漢關係、歷代王朝對回族政策、批評國民黨的對
回政策，文件也認識到中共無神論主張導致回民對於中共的
負面印象，制定了爭取回民政策，吸納回族人士參與邊區政
府工作，在回漢雜居地區設立回族人士組成的專門委員會，
處理回漢問題。「尊重回民信仰自由及風俗習慣，發揚回教
美德，提倡抗日回教，保護清真寺，反對和禁止任何污蔑與
輕視回教的言論。」[32] 中共對回族政策的制定基於特定條件
下的統戰需要，在陝北邊區政權尚未穩固，內外交困的局面

---

[30] 同上，367 頁。
[31] 中共西北工作委員會，簡稱西工委，成立於 1938 年，張聞天為
書記，李維漢為秘書長。1941 年西工委與陝甘寧邊區黨委合
併，成立中共中央西北局。
[32] 《民族問題文獻彙編》（1921~1949），653 頁。

下，爭取人數眾多的回族群眾支持，是無法迴避的現實考量。
對於宗教採取相對溫和的態度，是出於民族政策的考慮需
要，但其傳統的反宗教觀點並沒有發生轉變。

　　對於和民族問題無直接關聯的基督宗教，中共的政策則
是限制、利用、相結合。天主教進入陝西始於明末清初，進
入陝北地區則是在清同治年間，據《靖邊縣誌》記載：「清
同治五年（1866）前，靖邊地區已有天主教徒活動，受回民起
義影響被迫遷離。同治十一年（1872）比利時聖母聖心會神父
葉茂枝自綏遠來到靖邊宵條梁傳教，在小橋畔修建天主堂開
始傳教。」[33] 陝北毗鄰內蒙，聖母聖心會的會士來此福傳，
購買土地，鼓勵屯墾，信友人數與日俱增，教務興盛。庚子
拳亂，陝北教會損失慘重；拳匪之亂後，方濟各會亦從山西
進入陝北傳教。光緒 23 年（1897）西班牙方濟各會士在綏德建
立教堂。宣統 3 年（1911）教廷設立陝北宗座代牧區，範圍涵
蓋榆林、三邊、延安地區，任命西班牙方濟各會士易興化
（Celestino Ibáñez y Aparicio, O.F.M，1873~1951）爲宗座代牧，主教座
堂位於膚施縣（延安）。民國初年天主教在延安地區曾經興旺
一時，民國時期著名記者范長江在其採訪報導中言道：「一
般農民只知有天主堂，而不知有政府，只知有神父，而不知
有官吏。」[34] 話語雖誇張，但也反映了當時天主教會的影響。

---

[33] 靖邊縣誌，《民俗宗教志》（西安：陝西人民，1993），429 頁。

[34] 范長江，《中國的西北角》（天津：天津大公報館出版部，
　　1936），346 頁。轉引自高布權、汪仁忠，〈延安時期中國共產

　　情勢的變化始自 1930 年代紅軍進入陝北。1933 年西班牙方濟各會教務報告裡提到延安地區信徒總數 7079 人，新受洗者 804 人，一年後皈依者數目成長一倍；報告中也提及了日益增長的共產主義的威脅。1935 年部分紅軍已經進入陝北，教務報告中提及代牧區所有司鐸都對此感到擔憂與恐懼。1939 年在最後的教務報告中提及：「由於共產主義動亂（Communist troubles）的結果，傳教工作已經不復存在。」[35] 隨著紅軍在陝北扎根，各地的教堂被迫關閉，神職人員開始撤離，主教座堂橋兒溝天主堂也被強行徵用，此座教堂是易興化主教在歐洲辛苦募捐三年所建成，建築面積 1000 平米，可容納千人，附屬建築包括小修院、孤兒院、診所及小學。教堂被徵用後，先作為中央黨校禮堂；1939 年魯迅藝術學院遷入，中共在教堂召開了重要的六屆六中全會。1996 年作為中共六屆六中全會舊址，被列入國家重點文物保護單位，成為「紅色聖地」向遊人開放。

　　整個陝北代牧區只有富縣、榆林等地有少數神父停留，傳教活動基本終止。1941 年太平洋戰爭爆發後，美國參戰。為了打造良好的國際形象，中共於 1944 年 5 月邀請中外記者考察團訪問延安。考察團一行於 6 月 9 日抵達延安，成員中

黨培植農民政治信仰的兩個維度〉，《延安大學學報》2017 年 2 月社會科學版，72 頁。

[35] Gretta Palmer, *God's Underground in Asia* (New York: Appleton-Century-Crofts, 1953), p.10.

外籍記者有一位美國苦難會（Passionist）司鐸夏南漢（Cormac Shanahan, C.P., 1899~1987）。夏神父 1899 年出生於美國馬塞諸薩州布萊克頓（Brockton, Massachusetts），1919 年加入苦難會，1925 晉鐸，1926 年被派遣至湖南湘西地區傳教，二戰期間作爲美國天主教媒體駐重慶的記者，參與了這次考察團。不同於世俗媒體記者關注點，夏南漢神父很關注延安地區宗教信仰問題，是否如中共所宣傳的一樣享有完全自由。他在和中共方面負責接待的浦化人[36] 會面時，提出希望中共歸還沒收的教產，尤其是橋兒溝天主堂；浦表示此事他無權承諾，建議夏神父可與周恩來協商，儘管周恩來承諾歸還教堂，但最終未能踐行諾言。[37]

延安本地已經沒有常駐司鐸，信友們與兩位被強制還俗的修女還秘密地保持信仰。在得到延安當局許可後，夏南漢神父在一個窯洞中舉行彌撒，令他震驚的是參與的數百信友中，沒有人敢辦告解，一位略懂拉丁文的信友告訴他，「如果他們膽敢私下和神父交流，在神父離開後他們將面臨是外

---

[36] 浦化人（1887~1974），江蘇無錫人，上海聖約翰大學畢業，曾在馮玉祥軍中作隨軍牧師。1927 年秘密加入中共，此後以牧師身分作爲掩護從事地下工作，長期潛伏於基督教會。1945 年赴延安，作爲毛澤東英文翻譯，負責對外事務。

[37] He Bixiao, "'Yelling at the Masses': Making Propaganda Audible in the Communist Revolution", 2022. 見 https://journals.sagepub.com/doi/full/10.1177/00094455221074187#fn4-00094455221074187

國間諜的指控。」[38] 在夏神父建議下，延安方面在 1946 年 5 月允許一位中國籍司鐸梁類思（Aloysius Liang）在延安服務，在極其嚴格的管控下展開牧靈工作，禁止接觸城鎮以外的信徒，也不得與其他司鐸保持聯繫。最初的幾個月，他被允許使用教堂；但不久教堂被再次徵用。1947 年春天，服務於美國天主教新聞社的愛爾蘭司鐸 Patrick O'conner 訪問延安時，試圖與這位國籍司鐸以拉丁文交流，但梁神父不敢回答他的任何問題，兩位司鐸也不被允許私下交流。同年國軍將領胡宗南進攻延安，中共將梁神父逮捕，在經歷酷刑後死於獄中。

延安以之外，在中共控制下的其他地區對天主教的態度也大致相同。中共在敵後建立的根據地，天主教會基本上被視為帝國主義勢力的代表，在土改運動中成為改造打擊的重點對象。抗戰時期，中共在根據地實行地主減租減息、農民交租交息的政策，意在籠絡地主，擴大統一戰線。隨著抗戰的勝利，這一政策也開始發生變化。1946 年中共發布「五四指示」，在照顧中小地主前提下，通過反奸、清算、減租、減息、退租、退息等鬥爭方式，讓無地或少地農民從地主手中獲取土地。1947 年 9 月 13 日頒布《中國土地法大綱》，廢除一切地主土地所有權，廢除一切祠堂、廟宇、寺院、學校機關及團體的土地所有權。[39] 富農多餘部分也在沒收之列。

---

[38] Gretta Palmer, *God's Underground in Asia* (New York: Appleton-Century-Crofts), 1953, p.9.
[39]《中國土地改革史料選編》（北京：國防大學，1988），422 頁。

一年之內政策更加激進，其原因正如中共黨史著作所言：「在全面內戰爆發的新形勢下，中共中央只有制定新的土地政策，才能統一黨內和幹部隊伍內部的認識，給中間人士以教育，給地主豪吏以打擊，給農民的革命行動以有力的支持和領導，給人民戰爭的勝利打下基礎。」[40]

土改伴隨的是血雨腥風，酷刑廣泛存在於不同的「解放區」。據親歷者回憶，在鬥爭過程中先後遭遇了多種不同酷刑，如「蘇秦背劍」、「飛機下蛋」、「背磚」、「猴兒扳樁」、「秤桿」等。[41] 土改血腥殘忍的行徑，自然難以被教會所接受，天主教會在鄉村地區擁有眾多的信友，在不同省份都有一些教友集中的村落，這些村莊在土改過程中更是承受了雙重壓力，除了生產資料的喪失還要承受信仰上的折磨與羞辱。雷震遠神父的著作中記載了在河北安國所經歷的土改批鬥地主的血腥殘忍場面。[42] 1946 年 2 月，方若瑟神父在山東聊城被槍殺；河北大名教區的主教神父亦遭逮捕刑訊。[43]

在一系列衝突中，西灣子（崇禮）事件與楊家坪修院的毀

---

[40] 董志凱，《解放戰爭時期的土地改革》（北京：北京大學，1987），52 頁。

[41] 譚松，《血紅的土地：中共土改採訪錄》（臺北：亞太政治哲學文化，2019），39~40 頁。

[42] 雷震遠，《內在的敵人》，1952 年。電子版見：https://yuyencia.files.wordpress.com/2018/08/e3808ae58685e59ca8e79a84e6958ce4babae3808b-e99bb7e99c87e8bf9cefbc8c1952.pdf，尤參第十章。

[43] Gretta Palmer, *God's Underground in Asia*, p.21.

滅最具代表性。西灣子為崇禮縣政府所在，隸屬察哈爾省。
西灣子地處偏僻山區，消息閉塞。自康熙晚年禁教開始，周
邊等地一些教友為躲避迫害，開始遷居該地，經百餘年發展
至民國年間，已經形成著名的公教村莊，遣使會、聖母聖心
會相繼在此服務：西灣子「整個的居民幾乎完全是天主教信
友，信教歷史達二百五十年，為華北最老而又最大的教友集
團之一。那裡有許多的公教事業，因之也有廣大的房屋建
築，計包括主教府和司鐸宿舍，一座可容九十名修生的修道
院；一座育嬰堂有孤兒百四十名；一座男女安老院；一座男
女生完全小學；診所一處；修女院兩座；司鐸住宅一所和一
座堂皇富麗的大教堂。」[44] 西灣子是天主教向內蒙古傳教的
重要基地。抗戰勝利後不久，中共佔領崇禮推動土改，組織
民眾揭發及批鬥地主、分割財產。教會被指控為剝削階級大
地主，並被要求支付巨額賠償，教會不得已被迫變賣教產，
將家畜農具變賣來支付。據在此工作的聖母聖心會高樂康神
父（Francis Legrand）講述，教會交出庫存的所有糧食及 6 頭牛、
4 匹馬及石磨等其他農具，折合蒙幣（當地貨幣）二百二十萬來
支付罰款[45]。

　　土改在此引發的恐懼日甚一日，民眾驚恐不安，國軍趁

[44] 高樂康，〈中共治下的崇禮縣〉，《太平洋綜合月刊》第三期（北平，民國 36 年）。見 https://blog.wenxuecity.com/myblog/22886/200804/19749.html
[45] 同上。

勢於 1946 年 10 月 1 佔領崇禮，共軍則撤退至周邊區域，以
游擊戰方式與國軍周旋。1946 年 12 月 9 日，中共晉察冀軍區
陳宗坤[46]部夜襲崇禮，佔領縣城後展開報復行動，國軍在三日
後收復崇禮，收斂遇難者遺體並展開調查。據高樂康神父講
述，有 250 名信友被屠殺。[47] 國防部在調查後，並且收錄實
地參訪記者報導，發行了一本小冊子《共軍屠殺崇禮紀實》，
講述依據西灣子鎮公所統計死傷人數共約 800 人，連同擄走
400 餘人，及已經掩埋者不計，整個縣城已經失去了三分之一
的人口。[48] 對於崇禮事件死亡人數，有不同的說法。[49] 考慮
到國共內戰的背景，媒體在報導中不免有所側重，但即使是
左翼背景的媒體對數字有所質疑，亦坦承屠殺係因報復國軍
石玉山部昔日的剿共行動，造成無辜者死亡。客觀上承認屠
殺的發生。[50]

　　楊家坪位於察哈爾省（今河北省）涿鹿縣，1870 年即將調
任直隸北境（北京）宗座代牧的田嘉壁主教（Louis-Gabriel Delaplace,

---

[46] 陳宗坤（1915~1982），四川旺蒼人，時任察哈爾軍區十九軍分
區司令員兼騎兵第一師師長。

[47] Gretta Palmer, *God's Underground in Asia*, p.26.

[48] 國防部新中國出版社資料室，《共軍屠殺崇禮紀實》，臺灣華文
電子書庫：https://taiwanebook.ncl.edu.tw/zh-tw/book/
NCL-002900316/reader

[49] 另據羅漁著，《大陸中國天主教四十年大事記》（新北：輔仁大
學，1986）4 頁之記載：「崇禮事件殺神父士數名，教友五百」。

[50] 《崇禮大屠殺內幕》文匯報：
https://taiwanebook.ncl.edu.tw/zh-tw/book/NCL-002900316/reader

CM，1820~1884）[51] 有意在自己教區內建立一所專務祈禱靈修的默觀修會，在返歐募款過程中得到一位法國恩人贊助經費，邀請加爾默羅會修女來華籌建，但臨行前負責籌畫的修女生病無法遠行，主教派遣樊國梁神父（Pierre-Marie-Alphonse Favier-Duperron, CM，1837~1905）與法國熙篤會七泉修院達成協議，邀請熙篤會士來華建立修院。熙篤會是歐洲中世紀時期創立的著名修會，奉行本篤會會規，會士們生活清貧，嚴守會規，祈禱與勞作結合，擁有自己的農莊，經營已達成自給自足。1883 年法國熙篤會七泉修院派遣索諾修士（Seignal）來華籌建修院，楊家坪當地信友捐贈土地以支持建立修院，會士們胼手胝足，歷經艱辛，在一片荒蕪之地建立起會院，命名為聖母神慰院（Our Lady of Consolation Abbey）。他們在此開墾荒地，種植果蔬，會士數目逐步增加，截至 1893 年會士數目已達 73 人，會院日益興盛繁榮。庚子之亂中，會院亦遭受義和團圍攻，所幸未能攻破。1926 年會士數目增加至 120 人，修院自己經營的農牧場除了生活自給外，尚能供應周邊地區蔬菜及牛奶的需求。

太平洋戰爭爆發後，楊家坪修院中的外籍修士曾被日軍擄走，關押於濰縣集中營；抗戰勝利後，國共內戰爆發，修院再度處於困苦之中。熙篤會傳統樂於幫助所有求助之人，

---

[51] 田嘉壁主教（Louis-Gabriel Delaplace），法國遣使會會士，1843 年來華傳教，歷任江西宗座代牧，浙江宗座代牧，直隸北境宗座代牧，1884 年在北京去世。

而不問其背景如何，當地活躍的共軍游擊隊指責會士們支持國軍，召開群眾公審，指責會士們「盤剝」民眾。1947 年 4 月全部會士們被逮捕，被押解遠行穿越崇山峻嶺，在三周的死亡行軍中（Death March）一名國籍司鐸和五位修士死亡，至 9 月底已有 14 名會士死亡。在行軍途中他們飽受酷刑，山區寒冷與疾病折磨，最終 75 名會士中有 33 人死亡 [52]，楊家坪修院也隨後在土改中被沒收，修院建築也毀於隨後的國共內戰之中，一座曾經興盛蓬勃的修道院就此殞滅。[53]

　　除了以上事件外，自 1945 年日本戰敗後，蘇聯紅軍佔領東北，至 1946 年 5 月前統治東北期間，東北等地的教會也遭受了一輪洗劫。1945 年 8 月 20 日蘇軍佔領哈爾濱，不久即逮捕東儀天主教哈爾濱教區主教祁高德（Andrèj Cikota, M.I.C.）；在延吉教區工作的 32 名德國籍本篤會神父及 13 名瑞士籍修女也被逮捕投入集中營。1946 年 5 月德國神父 Ludwig Servatius 在獄中被處決；同年 6 月黑龍江佳木斯監牧區工作 2 名奧地利籍方濟各嘉布遣會司鐸被蘇聯軍隊射殺。據監牧區興光啓

---

[52] Gretta Palmer, *God's Underground in Asia*, p.29.

[53] 值得一提是，楊家坪修院的會士在 1928 年得到正定宗座代牧文致和主教（Franciscus Hubertus Schraven, C.M，1873~1937）的支持，在正定建立第二所會院，即聖母神樂院（The Monastery Of Our Lady of Joy）。1947 年共軍佔領正定後，會士們開始輾轉遷移至四川新都縣泥巴沱。1949 年 12 月底，成都被共軍佔領後，會士們再次四散遷移，部分前往美國與加拿大，部分輾轉至香港，最終落腳大嶼山，即今日的聖母神樂院。

主教講述，1945 年 8 月在蘇軍佔領佳木斯後，士兵衝擊教堂，褻瀆聖像，在堂內開槍，「住宅和聖堂的東西都被他們劫走。俄軍又將聖若瑟塑像的頭砍去，在聖堂用槍射擊塑像和聖像。那時有一青年俄兵以槍射擊興主教，幸在開槍時被另一兵士把槍推開，使子彈由興主教頭旁掠過，未曾命中。」[54]

1946 年 6 月中共軍隊進入富錦市（隸屬於佳木斯監牧區），衝入教堂逮捕神父及修士，「盧德飛神父、師可風神父和康必哲修士被召到住宅，共軍搜索之後，即下令兩神父和康修士向牆跪下，他們即在背後向這三人開槍，一位神父立即倒地死去，另一神父在兩小時後也死了，康修士在肺上穿了一個洞，並未死去。翌日有員警來到教堂，勉強把康修士送到醫院。但那時康修士的神經已近錯亂，後患傷寒症在哈爾濱去世。」[55]

抗戰結束後，蘇軍佔領下的東北地區，發生一些針對教會流血事件並非稀奇。蘇軍在佔領期間除虐殺日本俘虜及僑民外（牡丹江事件[56]），對於中國民眾亦十分殘暴，中共史料中亦有記載：「蘇軍軍紀不嚴，不得人心，最明顯的事有兩件：一是蘇軍的一些指戰員，組織姦污婦女，在群眾中影響很

---

[54] 蘇若裔，《中國近代教難史料》（新北：輔仁大學，2000），53~63 頁。

[55] 同上，53~64 頁。

[56] 1945 年 8 月日本戰敗後，蘇軍在東滿省（牡丹江地區）屠戮逃亡中的日本僑民，680 餘人最終僅有 20 餘人僥倖逃生。

壞；二是把中國的一些大豆、船隻、機器等東西往蘇聯運，群眾很有意見，失去了民心。」[57]

　　佔領期間，蘇軍大肆拆除東北的工礦企業，掠奪糧食、木材、煤炭資源，造成的經濟損失達 20 億美元。[58] 中共在抗戰勝利後，即認識到東北在未來奪取政權的重要性，由於受到《中蘇友好同盟條約》的制約，蘇聯承諾支持國民政府，但實際上在蘇軍的掩護下，中共開始派遣幹部秘密進入東北，建立地方政權，推動土改擴大影響，在一些教友聚集的村落，在土改運動中遭逢磨難，如吉林蘇家窩棚、黑龍江長髮屯（雙發）[59] 等地，由於年代久遠，消息閉塞，僅有一些口頭流傳，缺乏專業的整理，1949 年後政治環境的變化使得這一時期殉道事件更不為外界所知。

結　語

　　本章通過對中共意識形態（無神論）的分析，及建政前對

[57]　呂清，《合江兩年》，收錄於中共佳木斯市委黨史工作委員會、佳木斯市志編審委員會辦公室編，《佳木斯黨史資料》第一輯，1985 年 7 月，126~146 頁。

[58]　蔣清宏，〈蘇軍拆遷東北工礦業與戰後賠償研究〉，《抗日戰爭研究》，2004 年第 2 期，195 頁。

[59]　長髮屯為瑞士白冷外方傳教會服務的村落。1947 年土改開始後，當地教友開始被批鬥，小德蘭傳教會修女劉依撒伯爾，及兩位貞女任保臘、劉瑪爾大在運動中被槍決。詳見《三朵鮮紅的玫瑰》：https://books.ziliaozhan.win/modules/article/articleinfo.php?id=38

宗教團體統戰策略的回顧，已足可顯見中共與天主教會的關係不會一帆風順。中共政權在特定的歷史條件下（如抗戰時期），可以容忍教會的存在，甚至在某些方面有所合作；但意識形態上的對立則從沒發生改變，一旦外部環境發生改變，昔日的統戰聯合對象一夕之間即成為十惡不赦的敵人，這在 1949年之後的歷史中體現的淋漓盡致。隨著中共取代國民政府開始統治中國，天主教會也將面臨著嚴峻的考驗。

第三章

政治運動下的天主教會

　　中共自 1949 年建政後，政治運動不斷。截至 1979 年改革開放前三十年間，歷經鎮反、土改、抗美援朝、三反五反、反右、大躍進、四清、文革、大小運動數十起，波及範圍之廣，牽連人數之多，世所罕見。在這一系列政治運動中，所有宗教團體都難逃厄運，天主教及基督教團體由於具有西方背景，更加成為運動中重點關注對象。本章主要集中於 1950 年代一系列政治運動對於天主教會的衝擊與影響。

一、抗戰勝利後的教會概況

　　1945 年抗戰結束後，經歷了戰爭洗禮的中華大地未能享受和平陽光的普照，國共兩黨很快兵戎相見，內戰烽火再起。教會剛從中日戰爭中獲得片刻喘息，再度面臨著抉擇。抗戰期間，教會夾雜在不同政治勢力之間，舉步維艱。本以為抗戰勝利後，教會能擁有一個穩定的恢復期，但事與願違，局勢日趨惡化。

　　教廷 1942 年正式與中華民國建立邦交關係，但由於當時歐戰正酣，教廷使節未曾來華就任。1945 年 12 月教宗庇護十

二世擢升山東青島代牧田耕莘爲樞機；1946 年 4 月 11 日正式
建立中華聖統制，全國劃分爲 20 個教省、79 個主教區、38
個監牧區，共計 137 個教區。[1] 同年 7 月 6 日又在南京設立教
廷駐華公使館，任命黎培理總主教（Antonio Riberi，1897~1967）[2] 爲
首任駐華公使。9 月 10 日國民政府任命吳經熊爲中國駐教廷
公使，雙方關係進一步密切，教廷也積極推動教會當地語系
化進程，提拔任命一批國籍主教，加強對本地司鐸培育，使
之將來能更好地領導中國教會。

　　1946 年 12 月 24 日教宗庇護十二宣布庚子年（1900）間在
山西、湖南殉道的 29 位主教、司鐸、修女及信友列爲眞福；
教會在抗戰期間受到影響的出版、教育、醫療、慈善服務也
開始逐步恢復，《益世報》也增加了上海、南京等六處發行。
黎培理總主教於 1948 年 2 月 15 日在上海成立天主教教務協
進會，協調全國教會傳教事宜，組成人員皆爲當時在華的一
些資深外籍傳教士及優秀的國籍神職人員。[3] 成員來自於不同

---

[1] 羅漁、吳雁，《中國大陸天主教四十年大事記（1945~1986）》
（新北：輔仁大學，1986），2 頁。

[2] 黎培理，1897 年生於摩納哥，1922 年晉鐸，1925 年開始進入教
廷外交部門服務，曾任教廷駐英屬東非殖民地宗座代表，駐華
公使，1951 年被中共驅逐出境。1952 年前往臺灣繼續其使命，
1959 年轉任教廷駐愛爾蘭宗座大使，1962 年任教廷駐西班牙宗
座大使，1967 年被教宗保祿六世擢升爲樞機。

[3] 成員包括如下：

　✦秘書長華理柱主教（James E Walsh，1891~1981），曾任美國
　瑪利諾會總會長、廣東江門宗座代牧，1918 年來華傳教，是瑪

修會及教區，匯聚了一批教內菁英人士，意在推動教會在華
傳教事業的發展。

經過不斷努力，三年時間又有一批新的教區建立，至中
國大陸政權易手前夕，「天主教會在華信徒 327 萬 4740 人，

利諾會來華首批會士之一；1958 年被捕，1970 年獲釋返美。

+ 趙玉明主教（Joséo Prévost Godard，1914~2005），協進會副秘
書長兼修院培育組負責人。加拿大魁北克外方傳教會會士，
1938 年來華在東北傳教，1946 年被教廷任命為熱河省林東宗
座監牧區（今日內蒙赤峰地區）的監牧，教區地處中共冀熱遼
根據地，教務難以開展，趙玉明主教遂被宗座公使調任教務協
進會工作；1954 年被驅逐出境，後任秘魯卡爾帕宗座代牧。

+ 高樂康神父（François-Xavier Legrand, CICM，1903~1984），
比利時聖母聖心會司鐸，曾在西灣子傳教，1946 年後共軍佔領
西灣子後被教廷公使任命為教務協進會文化出版組主任；1951
年被捕，1954 年被驅逐出境。

+ 莫克勤神父（William Aedan McGrath，1906~2000）愛爾蘭高隆
龐外方傳教會司鐸，1929 年晉鐸，1930 年來華在湖北漢陽教
區服務，1947 受教廷公使派遣在中國推廣建立聖母軍，1951
年中共取締聖母軍，莫克勤神父被捕，1954 年被驅逐，此後十
年在英國繼續服務聖母軍團體，也前往美國加拿大服務。

+ 沈士賢神父，國籍司鐸，湖北漢口人，早年留學歐洲，先後在
英國、愛爾蘭、義大利學習，擁有神學、哲學、政治學博士學
位，回國後任上海震旦女子文理學院及震旦女中聖母軍指導司
鐸；他博學多才，被譽為中國天主教會四大才子（董世祉、張
伯達、陳哲敏、沈士賢）；1951 年被捕，1953 年死於獄中。

+ 陳哲敏神父，國籍司鐸，四川渠縣人，1909 年生，羅馬傳信大
學哲學博士，1946 年任宗座公使中文秘書，曾任震旦女子文理
學院哲學教授；1951 年被捕，1961 年死於安徽白湖勞改農場。

+ 其他成員還包括田望霖（Alain de Terwangne）、董世祉神父、
高思謙神父、毛振翔神父等；部分人物容後介紹，不在此贅述。

教區 139 個，神父 5788 人（國籍 2698 人，外籍 3090 人），修士
1107 人（國籍 632 人，外籍 475 人），修女 7463 人（國籍 5112 人，
外籍2351人），教育方面3所大學，156所中學、2009所小學、
216 間醫院，847 間診所，272 間育嬰院。」[4] 戰爭期間離開
的外籍修會開始返回工作崗位，一切都似乎向著光明的方向
發展，也使得教廷對華福傳前景抱有信心。遺憾的是，復興
是短暫的，隨著 1948 年底、1949 年初的「三大戰役」[5] 結束，
中共統一中國的趨勢無可逆轉，使得剛剛復興的教會再次面
臨考驗。

二、中共建政初期的宗教政策

　　1949 年 10 月 1 日，毛澤東在北京天安門宣告中華人民共
和國建立。以《共同綱領》為臨時憲法，組建中央人民政府，
並繼續圍剿國軍殘餘力量。面對形式的改變，天主教會也啟
動了應變之策，首先是轉移年輕修士到安全地區繼續學業，
為未來教會發展儲備人才。1949 年 2 月，兩湖總修院遷往澳
門；魯南總修院、景縣大修院與耶穌會修士們集體轉移至菲
律賓；遣使會的嘉興文生總修院，以及正定、順德、湖南衡
陽教區等 54 名修士轉往義大利熱那亞繼續培育。上海徐家匯

[4] 羅漁、吳雁，《中國大陸天主教四十年大事記》，6頁。
[5] 1948 年 9 月至 1949 年 1 月，國共兩黨三次大規模作戰行動，遼
沈戰役（遼西會戰）、淮海戰役（徐蚌會戰）、平津戰役（平津
會戰），三次會戰國軍損失 150 餘萬人，基本喪失長江以北的地
區，攻守易勢，也是國共內戰的轉折。

總修院 18 名修士亦前往香港華南總修院就讀。但對於不是處
於特殊危險境地的傳教士，教廷秉持善牧不離羊群的原則，
要求他們留守服務堂區。[6] 宗座公使黎培理總主教在共軍佔領
南京前夕，沒有隨國民政府南遷廣州，對於新政權表示友善
姿態，渴望進一步與中共接觸。

　　中共建政之處，在外交方針上奉行「一邊倒」原則，即
完全倒向蘇聯東歐共產國家集團。毛澤東認為，中國革命是
世界無產階級革命的一部分，中國革命的勝利得益於蘇聯的
援助，必須與蘇聯建立穩固的聯盟，而美國為首的西方國家
則為革命的敵人，並且「不承認國民黨時代的任何外交機關
和外交人員的合法地位，不承認國民黨時代的一切賣國條約
的繼續存在，取消一切帝國主義在中國開辦的宣傳機關，立
即統制對外貿易，改革海關制度，這些都是我們進入大城市
的時候所必須首先採取的步驟。……凡屬被國民黨政府所承
認的資本主義國家的大使館、公使館、領事館及其所屬的外
交機關和外交人員，在人民共和國和這些國家建立正式外交
關係以前，我們一概不予承認，只把他們當作外國僑民待
遇，但應予以切實保護。」[7] 其鮮明的態度具有明顯的指向
性。雖然教廷地位超然，不隸屬於任何政治體系，但在中共

---

[6] 羅漁、吳雁，《中國大陸天主教四十年大事記》，7 頁。

[7] 曹應旺，〈毛澤東同志與建國初期外交工作的三大決策〉，《中
　直黨建》2011 年第 1 期：https://web.archive.org/web/201504021
　92643/http://www.zzdjw.com/BIG5/165261/211807/13669032.html

眼中仍是帝國主義幫兇；傳教事業素來被共產黨視為文化侵略，傳教士為「帝國主義」侵華的先鋒隊。如此背景下，註定了黎培理總主教最終命運。

中共在意識形態上視基督宗教為敵人，這是承繼自馬列主義無神論的傳統；但面對教會在華的影響力及各項社會事業，又必須採取謹慎的策略。他們深知無法在一夕之間消滅數百萬人的教會團體。早在 1949 年 7 月中共全面奪取政權前，中共二號人物劉少奇 [8] 訪問蘇聯，向史達林彙報中國革命情況時提及西方國家在華的文化事業：「僅僅英、美兩國，在中國設立的專門學校與大學校有 31 所，神學院有 32 所，圖書館 29 所，文化團體 26 個，中學校 324 所，小學校 2364 所，教會 3729 所，宗教團體 93 個，醫院 147 個，慈善機關 53 個。」[9] 面對這些機構及社會影響，劉少奇承認中共一時之間無法完全徹底解決；但已關閉了一些外國駐華新聞機構。

對於教會團體，劉少奇認為：「對於帝國主義國家在中國辦的學校和醫院等，暫時讓其在遵守我們法令條件下繼續

---

[8] 劉少奇（1898~1969），湖南寧鄉人。1921 年留學蘇聯期間加入中共，參與領導安源路礦工人罷工，1934 年參加長征。長期領導中共白區工作，歷任中共北方局書記，中原局書記，1949 年建政後歷任中共中央政治局常委，中共中央副主席，國家主席，一度為毛澤東繼承人，文革期間被批鬥致死。

[9] 〈劉少奇代表中共中央給聯共（布）中央史達林的報告〉，1949 年 7 月 4 日，《建國以來劉少奇文稿》第一冊（北京：中央文獻，1998），13 頁。

辦理，但不許再設新的，待將來國家有力量接收這些學校和醫院時，將加以接收。對宗教機關，一方面允許其在遵守我們法令的條件下繼續活動，另一方面進行一些反宗教的宣傳。對教堂的土地，則在教民同意之下予以沒收分配。其他外國機關團體的土地亦予以沒收分配。」[10] 在條件尚不成熟時，暫時容忍教會學校及社會服務機構存在，未來要收歸國有。總結來說，對於宗教團體政策就是限制其發展空間，縮小其社會影響，沒收教會產業使之變得赤貧，最終不得不依靠官方扶持，改造成為政權有力的工具。這類思想在稍後的三自革新運動中得以貫徹實行。

三、三自革新運動的興起背景

三自主張（自治、自傳、自養）早在十九世紀末廿世紀初來華的基督新教團體中已經形成並發展，初衷是為改變國人視基督宗教為「洋教」的不良印象。部分外籍傳教士亦積極推動建立本色化中國教會[11]，如美國長老會傳教士倪維思（John

---

[10] 同上，13 頁。

[11] 英國聖公會福音派牧師 Henry Venn（1796~1873）及美國海外傳道會暨美部會（American Board of Commissioners for Foreign Missions，ABCFM）領袖 Rufus Anderson（1796~1880）在十九世紀中葉首先提出本色化教會（indigenous church）理念，他們認為基於新約的記載，地方教會建立應保持自傳（Self-propagating）、自治（Self-governing）、自養（Self-supporting）原則，降低對外部資源的依賴。Henry Venn 亦將此理念在非洲試行，美部會傳教士在華傳教期間，亦重視

Nevius，1829~1893）認為：應該培養本地教會領袖，建立自給自足的地方教會，而非依賴外國差會的贊助，中國信徒應該能夠支援本地教會的發展，外籍傳教士只是提供靈性幫助（如聖經培訓等）。[12]

1906 年，中國籍牧師俞國楨[13] 在上海建立中華耶穌教自立會，宗旨為信徒自立自養自傳，不受西方差會管轄。自立會建立後開始向周邊省份傳播，1920 年舉行第一次全國會議，代表來自全國16個省，信徒2萬餘人。此後，相繼出現王明道的基督徒會堂、倪柝聲的基督徒聚會處（小群教會），以及具有靈恩派背景的耶穌家庭，這些本色化教會雖然神學思想不盡相同，但基本上都奉行自立自養的原則，主張政教分離。正如王明道回復華北基督教聯合促進會[14] 的信函所言：

> 來函敬悉，承囑參加基督教聯合促進會一事，恕難照辦。查貴會之設立原係以促進從前有西差會之教會，使之自立、自養、自傳為宗旨，敝會堂自創立迄今，向

該理念的實踐。

[12] John Mark Terry, "Indigenous Churches", in Moreau, A. Scott (ed.), *Evangelical Dictionary of World Missions* (Grand Rapids, MI: Baker Books, 2000), pp. 483~485.

[13] 俞國楨（1852~1932），浙江寧波人，1867年畢業於美國北長老會在杭州建立的育英義塾，畢業後成為長老會湖州教堂牧師，提倡中國教會自立，不接受傳教差會經濟援助，後脫離長老會建立獨立教會。

[14] 華北基督教聯合促進會，1942年日本佔領當局在華北地區籌畫建立的基督教組織。

係自立、自養、自傳，自無參加貴會之必要，再者，貴會係由若干信仰不同之教會所組成，敝會堂為保守純一之信仰起見，礙難與信仰不同之教會聯合。所屬派遣代表參加聚會一事，不克從命，幸希鑒諒為盼。[15]

由此可見，早期三自是單純宗教意義上的運動，不含有特定政治目的，是基督新教在華本色化運動的體現。與 1950 年代中共發起的三自愛國運動有著本質的區別。

相對於基督新教，天主教會也在二十世紀初開始了當地語系化進程，教宗本篤十五世 1919 年發布《夫至大》宗座牧函，反對歐洲本位主義，呼籲重視本地神職培育，使之能夠領導本國教會，外籍傳教士應尊重所在地文化。這份牧函雖是針對普世教會層面而言，但也觸及當時中國教會的一些積弊。1922 年教廷任命剛恒毅總主教（Celso Costantini, 1876~1958）為駐華宗座代表，就任後積極推動牧函精神，召開全國教務會議，1926 年祝聖首批六位國籍主教，截至 1949 年，國籍主教人數 34 人，國籍教區 24 個。[16] 雖然數目在全國範圍看並不突出，但考慮到 1930 年代中國局勢動盪，戰火紛飛，抗戰內戰接踵而至，勢必在某種程度上影響了當地語系化進程，因而能夠有此成果實屬不易。

---

[15]　王明道，《五十年來》電子版，145 頁。

[16]　劉志慶、尚海麗，〈國籍教區發展的歷史回顧與反思〉，《普世社會科學研究網》，2018 年 9 月 7 日：http://www.pacilution.com/ShowArticle.asp?ArticleID=8957

中共建政初期，鞏固政權為首要工作，對於天主教及基督教問題亦採取相對和緩政策。1950 年 8 月 19 日 [17] 中共發布〈中共中央關於天主教、基督教問題的指示〉，這是中共建政後針對天主教與基督教發出的首份重要文件。文件分為八部分，涉及到在華天主教基督教概況、信徒構成及分布、兩教之間的差異及工作側重點，旨在強調中共奉行馬克思主義無神論原則前提下，如何改造兩教對全國做出了指示。值得注意是，文件對於兩教信徒人數的統計接近於當時教會統計資料，如：

> 全國天主教教士（依靠宗教為生的神父、修女、修士等）中，外國人幾占半數（12000 人中占 5500 人），基督教教士中外國人占 17%（10000 人中占 1700 人）。天主教在組織上是統一的，屬羅馬梵蒂岡教皇所管，基督教則組織上不統一，分成許多派系：天主教的活動比較注重鄉村，並有大量土地，基督教則比較注重城市，並有青年會、女青年會為其週邊團體……中國天主教徒約三百萬人，80% 左右在農村。基督教徒七十萬人，70% 左右在農村。農村中的教徒，絕大多數是貧苦農民。城市中的教徒，絕大多數是貧苦市民、工人、小販等。教徒中婦女

---

[17] 文件發布的具體日期，學術界近年來有不同看法，有觀點認為應為 1950 年 7 月 23 日，詳見劉建平，〈「中共中央關於天主教、基督教問題的指示」時間考〉，《當代中國史研究》第 6 期（2009），101～103 頁。

幾及一半。[18]

在對兩教分析之後，兩教雖都有西方背景，但天主教組織嚴密，上下一體；而基督教派系林立，各自為政，相對於天主教易於各個擊破，容易掌控。要在兩教內部培養「進步人士」為黨所用，文件特別讚揚基督新教中的「進步人士」吳耀宗[19]：

> 我們正鼓勵基督教中有愛國心的份子吳耀宗等，簽名發表宣言，號召以逐漸脫離帝國主義的影響與經濟關係，實行自治、自傳、自養為教會今後的目標。對於這個簽名運動，各地的黨政機關和人民團體應從旁予以適當的贊助，經過適當關係，組織有愛國心的教徒，簽名回應，並在教徒中進行宣傳。[20]

文件中已經清楚顯示了各級黨政機關在三自運動中的角色，與「進步人士」要形成台前與幕後的關係，要做到表面上都是教會內部發起的運動，與政府無直接關聯。在對基督教三自運動抱有樂觀態度的同時，文件對於天主教則是頗有

---

[18] 〈中共中央關於天主教、基督教問題的指示〉，1950 年 8 月 19 日，《建國以來重要文獻選編（1949~1950）》第 1 冊（北京：中央文獻，1997），408、409 頁。

[19] 吳耀宗（1893~1979），廣東順德人，1918 年在公理會受洗，曾任北京基督教青年會幹事；1924 年赴美留學，先後就讀於紐約神學院、哥倫比亞大學，獲取哲學碩士；1927 年回國任上海基督教青年會幹事。1930 年代與周恩來相識，與中共關係緊密，是基督新教內部相應中共號召發起三自運動的代表人物。

[20] 《建國以來重要文獻選編》第 1 冊，410 頁。

擔憂，「但在勢力更大的天主教中，現在尚未發起此種運動，望各地注意團結天主教徒中有愛國心的份子，以求在適當時機發起同一運動。」[21]

為了表達對三自革新運動的支持，1950 年周恩來在接見中華全國基督教協進會[22] 代表時發表了四次講話，贊同吳耀宗所提及的三自原則；基督教在中國要獲得「新生」必須要建立「自治、自養、自傳的教會，這樣基督教會就變成中國的基督教會了。」[23] 需要注意的是，周此處贊同的三自原則，與歷史上基督教內部本色化教會主張的明顯不同之處，在於政治力量的主導與介入。

周恩來對於吳耀宗擬定的三自宣言也表示贊成，主張一

---

[21] 同上，410 頁。

[22] 中華全國基督教協進會（National Christian Council of China）成立於 1922 年，是在上海建立的全國性基督教跨宗派組織。自近代以來，新教不同宗派在華傳播，彼此之間缺乏必要的聯繫與溝通，導致派系林立。協進會成員包括了 16 個宗派及其他獨立教會，如基督會、監理會、自立會、浸禮會、崇真會、中華基督教會、中華聖公會、華北公理會、禮賢會、美以美會、浸信會、中華行道會、行道會、循道公會、遵道會、友愛會，以及中華基督教教育會、中華國內佈道會、廣學會、中華聖經會、中華基督教青年會全國協會、中華基督教女青年會全國協會。協進會下設不同部分負責教育、醫療、福傳等工作，集中資源推動教務發展，支援建立本色化教會。在 1954 年三自愛國運動委員會成立後，協進會名存實亡，1958 年正式解散。

[23] 〈周恩來關於基督教問題的四次講話〉，1950 年 5 月 2 日談話，《建國以來重要文獻選編》第 1 冊，222 頁。

字不改。1950 年 7 月 28 日吳耀宗與其他基督教不同宗派領袖聯名發表〈中國基督教在新中國建設中努力的途徑〉暨著名的〈三自宣言〉，文中呼籲全中國的基督教會要「徹底擁護〈共同綱領〉，在政府的領導下，反對帝國主義、封建主義及官僚資本主義，為建設一個獨立、民主、和平、統一和富強的新中國而奮鬥。」[24] 在具體辦法上，要教育基督徒團結反帝、反封建、反對資本主義、割斷與西方教會聯繫。宣言公布後徵集全國各地基督教領袖簽名，主要宗派的領袖[25] 都簽字表示了贊同。但內部也有不同意見，如基督教協進會在 1950 年 10 月在上海召開的第 14 屆年會上，會務主席曾任滬江大學董事長的繆秋笙認為宣言政治色彩太為濃厚，主張教會應該立場超然，不應介入政治，與會部分代表醞釀起草一份《告全國信徒書》來反駁三自宣言，並試圖從宗教角度來闡述三自的原始含義。但在政治壓力下，該計畫最終胎死腹

---

[24] 《中國教會史》第三部第五章，從改革到三自愛國運動：
https://cclw.net/gospel/new/zgjhlsjy/htm/chapter11.html

[25] 如中華基督教會全國總幹事崔憲祥、中華基督教浸禮會總幹事鮑慶哲、中華衛理公會江長川會督、華北基督教協和會總幹事公理會牧師王梓仲、基督教男青年會總幹事塗羽卿、全國協會副總幹事江文漢、基督教女青年會全國協會總幹事鄧裕志、全國協會執委會主席孫王國秀、重慶神學院院長陳崇桂、燕京宗教學院院長趙紫宸、燕京大學校長陸志韋、華中大學校長韋卓民、華西協合大學校長方叔軒、華南女子文理學院院長王世靜、福建協和大學文學院院長檀仁梅等，一些基督教不同宗派代表人物，都在宣言上簽字。

中。基督教協進會內部這場活動，被官方視之為一種反叛，是政治不可靠的體現，預示了協進會未來被解散的命運。

1950 年 9 月 23 日《人民日報》發表了三自宣言，並配發社論〈基督教人士的愛國運動〉，鼓勵基督徒們響應三自宣言，進行一場轟轟烈烈的改革運動，改革的成功將帶來中國基督教新生。9 月 26 日中共中央發出〈關於在基督教、天主教中展開響應「基督教宣言」運動的指示〉，肯定基督教三自宣言的推動作用，要求各地利用此一契機，「**在教徒群眾中造成廣泛運動，並利用這個運動加強基督教中的進步力量，孤立和打擊其中的反動力量，以便為實際割斷基督教與帝國主義聯繫創造充分條件。**」[26]

在對基督教工作取得進展的同時，文件特別關注天主教會的沉默，督促各地方黨委政府機關要推動天主教中的三自革新運動：「**在天主教徒中亦應設法發動同樣的運動。因天主教係直接受羅馬教廷管轄，其中反動力量更雄厚，進步份子很少，故發動這一運動是一個更嚴重的鬥爭，必須進行更艱苦的工作來實現這個任務。**」[27] 為了儘早突破天主教這一堡壘，各地方機關應積極物色合適人選來發起類似簽名運

---

[26] 〈宣傳基督教宣言和割斷天主教、基督教同帝國主義聯繫的指示〉，1950 年 9 月 26 日，中共中央宣傳部辦公廳、中央檔案館編研部編，《中國共產黨宣傳工作文獻選編》1949~1956（北京：學習，1996），123 頁。

[27] 同上，123 頁。

動，及早尋找在天主教內類似於吳耀宗一類的人物。在凡有
基督教、天主教的地方，「各中央局、分局及各省、市委、
地委均應根據中央歷次指示及本地實際情況，訂出具體執行
計畫，由各級宣傳部和統戰部共同負責主持（青年會、女青年會
工作由青年團主持），並與政府的民政、公安及外事部門密切聯
絡。各地工作計畫和執行情況仍由各中央局、分局向中央報
告。」[28] 在中央積極推動下，各地黨政機關多管齊下，開始
積極推動天主教的革新運動，〈廣元宣言〉便在此背景下出
臺了。

四、〈廣元宣言〉與天主教三自革新運動的興起

　　1950 年下半年中共政府加緊推動三自革新運動，一個重
要背景是 6 月 25 日韓戰（朝鮮戰爭）的爆發。近年來很多學者
在論及三自運動時，都強調韓戰對於中共天主教、基督教政
策轉變的影響[29]，認為中共初期對於兩教持包容和緩的態度，

---

[28] 〈宣傳基督教宣言和割斷天主教、基督教同帝國主義聯繫的指
　　示〉，1950 年 9 月 26 日，《中國共產黨宣傳工作文獻選編》，
　　123 頁。

[29] 海內外學者如：劉建平，《紅旗下的十字架：新中國對基督教天
　　主教政策演變及其影響 1949~1955》（上海：華東師範大學博士
　　學位論文）；梁潔芬，《中共與梵蒂岡關係 1949~1976》（新北：
　　輔仁大學，1995）；陳方中、江國雄，《中梵外交關係史》（台
　　北：商務印書館，2003）；陳聰銘，《中梵外交史：兩岸與教
　　廷關係（1912~1978）》（台北：光啟文化，2016）；邢福增、
　　梁家麟，《五十年代三自運動的研究》（香港：建道神學院，

對於教會的迫害只是零星的個別事件，韓戰的爆發促使中美決裂，中共加快了整肅天主教、基督教步伐，使之完全要與西方世界割裂，成為官方馴服的工具。筆者對此觀點在認可的同時也有一些不同看法，固然韓戰起了催化劑的作用，但根本上是中共傳統的意識形態對於宗教的敵視態度。前述中共在 1949 年建政前，已在解放區對於教會開始了打擊政策，無論是江西時期或延安時期，在土改鎮反歷次運動中教會都是衝擊的對象，只是由於當時落後的通訊條件和相對封閉的環境，迫害事件鮮為外界所知，從不同地區傳教士的回憶來看，即可證實迫害的普遍存在，至於限制打壓更成為常態。抗戰勝利後在東北地區土改中，針對教會的暴力事件更是普遍，由於歷史觀念的缺乏和後來政治環境的變化，親歷者都三緘其口，很多歷史便逐漸淹沒於煙塵之中。[30]

　　隨著韓戰的進展，中共發起抗美援朝運動，派遣志願軍入朝參戰，中美兩國在朝鮮半島兵戎相見。中共加緊了對國內各種社會團體的掌控力度，面對在基督教內部已經取得初步成效的三自運動，官方亦加大力度針對天主教的工作，在川北地委的運作下，成都教區所屬的廣元縣本堂司鐸王良佐[31]

1996）；涂京威，〈韓戰時期中國共產黨的天主教政策變化〉，《中國大陸研究》64 卷第 1 期（2021）。

[30] 近年所做的一些對於倖存者口述回憶整理，將會是對於這一段歷史的彌補。

[31] 王良佐（1920~1997），四川綿陽人，1948 年晉鐸，自 1962 年起先後擔任中國天主教友愛國會第二、三、四屆副主席。關於

於 1950 年 11 月 30 日發表了〈天主教自立革新宣言〉，宣言內容與風格與基督教三自宣言類似，強調自天主教傳入中國後即被帝國主義利用，充當侵略急先鋒，與美帝勾結破壞中國革命。教會的教育慈善等社會服務是「美帝用金錢和各種小恩小惠的誘惑，意圖是把持中國教會，作為長期對我國進行侵略破壞的工具。」[32]

此宣言作者可能有意或無意忽略了天主教進入中國的時間，即使不以唐代景教來華算起，單以元代孟高維諾總主教在華傳教也已超過六百年，那時何來帝國主義？如果宣言果真是王良佐神父所作，作為一位受教會培育多年的司鐸難道連基本常識都不清楚？與基督教三自宣言相比，天主教宣言內容充斥了更多政治口號與術語配合當時抗美援朝運動，主張要肅清「親美、恐美、媚美的思想，自力更生建立自治、自養、自傳的新教會。」[33] 宣言的結尾呼籲信友們踴躍參加三自革新動員大會，並且宣稱會議已經「邀請當地首長蒞臨指導，教友們要積極回應以確保運動成功。」[34] 官方聲稱在宣言上簽字的信徒有 500 多名，但實際上當地信徒總數不超

王的身分海內外曾有不同說法，至於是否是潛伏臥底人員無從確認；從後來中共檔案來看，他後來有所悔意，被批評為立場不穩。但他所發表的〈廣元宣言〉則是在中共川北地委推動下產生的，這一點在中共檔案中已經明確表明。

[32] 羅漁、吳雁，《中國大陸天主教四十年大事記》，13 頁。

[33] 同上，13 頁。

[34] 同上，13 頁。

過 300 人，多餘的 200 餘人不知從何而來？

從影響來看〈廣元宣言〉，並沒有取得中共預期的效果，除了內容的空洞與泛政治化，其主張與天主教教義更是大相逕庭。宣言出臺後，成都教區即著手調查並與王良佐談話，詢問〈廣元宣言〉出臺的前因後果。在推廣過程中各地回應者不多，且多為平信徒，極少神職人員參與。王良佐本人也表達了悔意，讓中共川北地委相當不滿，在給中央的報告中批評王的立場不穩，並對運動推廣表達了憂慮，認為最早發表革新宣言的廣元天主教，由於教徒和神父對革新運動並無認識，故革新運動迄無進展。成都主教曾派人赴廣元調查發出革新宣言一事，對神父王良佐進行恐嚇，說要免他的職。王良佐表示這次革新是政府叫他們革的，發表宣言是為了應付政府，並未考慮如何進行徹底革新，他對積極份子說：「**我要聲明，這是你們幹的，你們要負責。**」自此，革新運動即無法開展。法籍神父安朗如（Grange Louis，1916~1993）宣稱：「**革新是叛教的行動，也阻礙了這一運動的進展。這種現象不僅廣元如此，川北其他縣份也如此。**」[35] 革新運動雖然受阻，但對於中共來說依然是打開了局面，雖然影響有限，下一步則是在全國範圍內推廣，尤其在大中城市如北京、上海、廣州等教會中徵集簽名支持三自革新，重點是要爭取神職人員

---

[35]〈廣元、重慶宗教革新運動迄無進展〉，新華社西南總分社 1951 年 3 月 20 日訊，收錄宋永毅編，《中國五十年代初中期政治運動資料庫》（美國：哈佛大學費正清中國研究中心，2014）。

尤其是主教們支持。

　　1951 年 1 月 4 日，《人民日報》發表社論〈歡迎天主教人士的愛國運動〉肯定三自革新運動，鼓勵中國天主教信友們參與支持，並且呼籲那些尚未表態的教會領袖及信友們要跟上形勢，參加並推動這一運動，使之深入發展。1 月 17 日政務院總理周恩來接見華北地區天主教會代表時重申政府支持三自運動，針對天下教友是一家的說法，周說：「**天下教友是一家中所說的教友，當然是指虔誠善良的教徒而言，教徒中的叛徒敗類不能算作教友，猶如像我們共產黨裡的張國燾一樣。**」[36] 誰是叛徒敗類呢？中央宣傳部長陸定一在二次全國統戰會議上對於周恩來的觀點進一步解釋：「**你們（天主教）中不善良的教徒如猶大、于斌等**」[37] 自然就不能是一家人了。顯然這是統戰策略的運用，凡是對於三自革新不贊同者，皆可劃為叛徒敗類如同張國燾[38] 一樣。

---

[36] 中央文獻研究室編，《周恩來年譜 1949~1976》上卷（北京：中央文獻，1998），119 頁。

[37] 陸定一，〈爭取和團結廣大教徒，肅清帝國主義在中國的文化侵略影響〉，1951 年 1 月 19 日，中共中央統戰部研究室編，《歷次全國統戰工作會議概況和文獻》（北京：中國檔案，1988），48 頁。

[38] 張國燾（1897~1979）中共早期領導人之一，紅四方面軍領導人，曾任六屆中央政治局委員，長征時期率領的紅四軍曾是紅軍中實力最為強悍的部隊，後在中共黨內鬥爭中失敗被邊緣化，1938 年脫離共產黨投奔國民政府，1949 年中共建政後遷居香港，1968 年移居加拿大。

　　為將廣元經驗推廣到全國，中共中央於 1951 年 3 月 5 日發布〈關於積極推進宗教革新運動的指示〉，明確指出各級黨政機關應該積極領導而不是消極等待，表揚了一些取得成效的地區，如「**去年七月基督教徒發出的革新宣言，是在中央的直接推動下產生的。去年十月在上海舉行的中華全國基督教協進會年會，通過擁護革新宣言的決議，是在華東局的積極領導下產生的。廣元天主教徒王良佐等所發表的〈天主教自立革新運動宣言〉，也是在川北地委積極推動下產生的。**」[39] 文件也規劃了未來推動革新運動的具體措施，要各地方機關軟硬兼施，組織茶話會宴請主教神父參加，對於青年教徒則要集中學習，強化「愛國主義」教育，使之認識到宗教本質，最終逐步放棄信仰。但要注意方法，「**把耶穌說成馬克思一樣，是不合事實並且脫離群眾的。對教徒的愛國主義的教育工作，在教會的『三自』運動已成為潮流的今天，是非常重要了，應該使之有計劃地全面進行。**」[40]

　　文件中罕見提及了在老解放區已經被消滅的教會重建，敦促各地注意這一現象，要加強當地民眾的思想教育，不可使教會重新復興。[41] 在中央積極推動下，各地方政府開始部

[39] 中央檔案館、中共中央文獻研究室編，〈中共中央關於積極推進宗教革新運動的指示〉，1951 年 3 月 5 日，《中共中央文獻選集 1949 年 10 月～1966 年 5 月》第五冊（北京：人民，2013），239 頁。

[40] 同上，241 頁。

[41] 在許多老解放區，原有的教堂現在已不存在，但將來教會可能

署推動三自革新運動，並視為配合抗美援朝運動的一部分；但實質意義上，這是中共在建政後對於外交整體布局的一環，政治上在一面倒向蘇東集團的同時，在意識形態領域也要與西方劃清界限，為了實現這一目標，針對教會「革新」的各項舉措相繼出臺，中國教會面臨著嚴峻的考驗。

五、三自革新運動的發展

　　為有力推動革新運動，1951 年 4 月 7 日天津宣布成立天主教革新運動促進會，9 月 16 日北京成立促進會並發表革新宣言，《人民日報》在 9 月 18 日轉載了宣言，並表達鼓勵與支持。在北京市天主教革新宣言中強調全體教徒一定要團結起來，繼續堅持完成革新運動，號召教友要「感謝毛主席！有了他的偉大領導，我們中國才得到了解放，我們天主教才得以走上革新之路，在人民政府和毛主席的領導下，為建設自由幸福的新中國而貢獻我們的一切。」[42]

　　在此運動中，發動教友控訴外籍神職人員，是革新運動的重要環節。由起初的徵集簽名，到批判外籍神職，運動在起初就已經具有明顯的計劃性與針對性。長久以來，外籍傳教士在華從事牧靈、教育、慈善等社會服務，他們的奉獻精

　　派人再去傳教。在這些地區，把原來的教徒加以愛國主義的訓練是很重要的。參：同上，241 頁。

[42] 〈北京市天主教革新委員會成立宣言〉，《人民日報》，1951 年 9 月 18 日。

神在信友心目中享有較高的威望，卻被中共視為推動革新運動的阻礙；在官方看來，只有打破外籍傳教士的威信，才能進一步「解放」信友的思想。他們將在土改運動中批判地主的方式（即控訴）引入到三自革新運動中，在政府的積極引導下，發動「進步教徒」起來批鬥外籍傳教士，但在表面上還要做到是教會內部自發性運動。控訴的對象幾乎全是在華外籍神職，罪名也相當統一，「帝國主義間諜」這一頭銜成為屢試不爽的罪名。

　　1951 年 4 月 15 日天津天主教革新促進會組織了控訴大會，參與者 500 餘人，促進會主任吳克齋[43] 開幕典禮上講到：控訴會目的是「**因為許多教友群眾要求把過去受到帝國主義的欺騙、蒙蔽以及被利用的事實控訴出來，讓大家認清帝國主義利用天主教進行侵略的真面目，進而洗清思想中的帝國主義殘餘毒素，割斷與帝國主義的聯繫。**」[44] 會議上積極份子晶國屏、申慶余、梁俊棟、佟德義等 13 人控訴外籍傳教士與帝國主義罪行；天津多數信友面對這種批判神長的會議，抵制情緒是明顯的，很多人感念昔日傳教士的恩情，樸素的

---

[43] 吳克齋（1895~1955）河北薊縣人，1922 年進入天津《益世報》工作，歷任會計、營業主任等職。1945 年任《益世報》副經理兼會計主任；1948 年反對報館南遷；1950 年積極參與發動三自革新運動，出任三自革新籌委會主任、天津市政協常委、天津市人大代表。

[44] 〈天津天主教徒的反帝控訴〉，1951 年 4 月 15 日，《中國五十年代初中期政治運動資料庫》。

情感使得他們不願意違背良心去批鬥自己的恩人，加之教會傳統誡命勿妄證他人，這些因素都使得控訴大會達不到預期的效果。

官方又發動教會學校的青年學生起來批判神職人員，津沽大學學生申慶余、崔秀文在會上控訴了法籍神甫卜相賢[45]、鮑翊華、房如晦等人，指控毒害中國青年等罪行。積極份子將矛頭對準天津教區主教文貴賓[46]，指責文主教是天津教會內帝國主義總頭目，積極份子佟德義說：「我們西南角教堂所有的教友都在想：為什麼到現在還讓這樣的帝國主義份子騎在我們頭上？這是對整個天主教的恥辱！」吳克齋在控訴文貴賓時，列述其罪行：「文貴賓有計劃地將天津的許多教堂交給外國神甫來掌管，不少中國神甫則被關在西開總堂裡，不讓過問。」[47]

---

[45] 卜相賢（Alfred Bonningue SJ，1908~1997），法籍耶穌會司鐸，時任津沽大學副校長。

[46] 文貴賓（Jean de Vienne de Hautefeuille CM，1877~1957），法籍遣使會傳教士，1900 年來華，在華服務 50 年，先在直隸北境代牧區（北京）工作。1915 年被任命為直隸西南助理宗座代牧，1917 年接替去世的顧其衛主教（Jules-Auguste Coqset C.M.）出任正權代牧，1923 年出任天津宗座代牧，1937 年文致和主教（Franciscus Hubertus Schraven C.M.）遇害後署理正定代牧區，抗戰期間與日軍斡旋保護中國民眾與信友，1949 年後反對三自革新運動，1951 年被逮捕驅逐出境。

[47] 〈天津天主教徒的反帝控訴〉，1951 年 4 月 15 日，《中國五十年代初中期政治運動資料庫》。

1951 年 9 月 16 日北京市天主教革新促進會在輔仁大學禮堂舉行控訴大會，中央人民政府文教委員會宗教事務處處長何成湘到會監督指導，北京市副市長吳晗到會講話並接受代表們獻旗，發言控訴的有各教堂教友代表與司鐸、修士等 23 人。控訴者在發言中都首先向毛澤東畫像鞠躬，高呼毛主席萬歲，共產黨萬歲。[48] 控訴的內容如同土改中批鬥地主一樣，羅列大量「罪名」來證實被控訴著「罪大惡極」；發言代表有廣安門天主堂代表杜恩隆、輔仁本堂神父宋靜山、趙登禹路天主堂神父孟環禺、北堂代表賈壽山、第二區天主教教友代表陳綿、南堂 73 歲老教友董敬三、東堂代表師國芝、南崗子天主堂代表金宏道、北京教區副主教李君武、北堂代表史文奎、東交民巷天主堂代表盧建如等。[49] 控訴對象爲聖母軍[50]及田耕莘、于斌兩位主教，指責他們濫用神權爲帝國主義服務，疾風暴雨似的批判，爲下一步的行動鋪平了道路，外籍神職罪名被公布後，隨之而來的即是逮捕與驅逐。

與基督新教控訴會不同的是，天主教的控訴大會除了聲討外籍神職人員外，更多的則是針對天主教仁慈堂孤兒院等社會機構的攻擊，控訴言辭猶如晚清反教謠言一樣，服務孤

---

[48]〈北京市天主教革新委員會昨成立 與會代表激憤控訴帝國主義者利用宗教侵略中國的罪行〉，《人民日報》1951 年 9 月 18 日。

[49] 同上。

[50] 天主教信友善會組織，成立於愛爾蘭，聖母軍問題在稍後會詳細介紹，在此從略。

兒院的修女們被指控為殺嬰兇手，殘害中國兒童，代表性的事件有武漢花園山育嬰堂案、廣州淘金坑育嬰院案、南京聖心育嬰院及慈愛育嬰院事件，全國各地教會所辦的育嬰院幾乎都面臨同樣指控，數十年來的服務事業被完全否定。類似的控訴內容大體相當，據廣州教區鄧以明總主教回憶，自 1951 年 1 月起政府即要求淘金坑育嬰院修女們報告每日嬰兒死亡數字，修女們如實上報，負責育嬰院的修女是來自加拿大蒙特利爾聖母無染原罪會的修女。重男輕女的思想在中國民間長期流行，加之天災人禍，貧窮家庭女嬰很多被遺棄，民間這種不良風俗使得很多女嬰死於非命，教會建立的孤兒院收留了大量棄嬰，很多嬰兒由於送到育嬰院時即感染疾病，雖經救治也有很多死亡，加拿大修女們便將死亡嬰兒統一掩埋，沒想到最後這些無辜嬰兒的屍骨成了修女們的「罪證」。

　　1951 年 12 月 2 日廣州市中山紀念堂舉行控訴大會，將挖掘出嬰兒屍骨作為罪證展覽，六千餘人參會，修女院院長潘亞芳修女及其他四位修女接受公審，會場不知從何處找來為數眾多的棄嬰家長們，控訴帝國主義份子殺嬰罪行，修女們則完全被剝奪回話權利，審判結束後，修女們被集體捆綁遊街，最終被驅逐出境。[51] 重慶仁愛堂醫院及仁愛護士學校在 1951 年 4 月 19 也舉行了控訴大會，控訴美國修女白玉珍、加

---

[51] 鄧以明，《天意莫測》（香港：明愛印刷訓練中心，1990），25~27 頁。

拿大修女何志賢（助產師）、法國修女沙淑明（前院長）、法國修女甘吉、仁愛堂醫院，他們雖然長久以來對貧苦病人有免費醫治及施藥政策，深得當地民眾的歡迎，但在控訴會上這一善舉被指爲「修女們把過期失效的藥或是廉價的代用品拿來做爲免費藥」；但由於控訴會響應者太少，結尾時宣布「第一次控訴會結束了，但全體中國教友與職工與帝國主義份子的鬥爭，並沒有結束，而且正在緊張的進行。」[52]

　　限於篇幅，在此無法涉及全部控訴會，但所選事例具有很強的代表性。各地控訴會模式大致相同。平心而論，在當時社會醫療條件下，嬰兒死亡率本就很高，如果沒有孤兒院的收養，會有更多的死亡事件發生；當然並不否認育嬰院在照顧過程中由於人爲疏忽及藥品短缺，造成一些意外，但總體並不如控訴會所言育嬰堂是教會有預謀、有計劃的殺害虐待嬰兒。這一切指控是爲徹底驅逐外籍傳教士所作的輿論準備，控訴運動也嚴重傷害了教會的形象，加深了教外人士對教會的誤解，鋪天蓋地的輿論宣傳與稍後的政治舉措，教會完全被剝奪了申辯的權利，只有全盤接受，社會各界對於教會的負面印象則是深植於心，延續至今日。

　　在接收教會社會福利機構的同時，中共也開始推動教育文化機構的國有化措施。在抗美援朝背景下，中共政務院副

---

[52] 〈極端殘忍的「仁愛堂」外國修女：一篇殺害中國婦女和嬰兒的血債〉，1951年4月19日，《中國五十年代初中期政治運動資料庫》。

總理郭沫若於 1950 年 12 月 29 日做了〈關於處理接受美國津貼的文化教育救濟機關及宗教團體的方針的報告〉指出：

> 據 1936 年統計，美國教會及慈善機構在中國的投入達 4190 萬美金，其中醫藥方面占 14.7%，教育方面占 38.2%，宗教及救濟活動費占 47.1%。在中國的二十所教會高等學校中間，受美國津貼的即占十七所之多；三百餘所教會中等學校中間，受美國津貼的約近二百所，幾占三分之二；小學方面受美國津貼的約 1500 所左右，約占全部教會小學的四分之一。宗教方面受這些美國差會津貼的中國基督教會約有 15 個。此外還有各種教會的聯合組織和青年團體、出版團體和救濟團體等等，屬於美國系統或和美國有關的天主教修會約有六、七個，在全國 123 個主教區中間，有 13 個主教區的主教是美國人。[53]

為了打擊美國的影響，中國政府決定全面接收與美國相關的教育文化機構，實則是全面接收教會在華的教育文化機構，包括那些沒有美國背景的教會機構在內。政府的接收方針是：「接受美國津貼之文化教育醫療機關，應分別情況，或由政府予以接辦改為國家事業，或由私人團體繼續經營改為中國人民完全自辦之事業，其改為中國人民完全自辦而在

---

[53] 郭沫若，〈關於處理接受美國津貼的文化教育救濟機關及宗教團體的方針的報告〉，1950 年 12 月 29 日，《中國共產黨宣傳工作文獻選編》，164 頁.

經費上確有困難者，得由政府予以適當的補助。……接受美
國津貼之中國宗教團體，應使之改變爲中國教徒完全自辦的
團體，政府對於他們的自立自養自傳運動應予以鼓勵。」[54] 在
全面接收的政策下，教會所屬的大中小學主動或被迫的國有
化。

　　1951 年 1 月 16 日教育部組織全國教會學校負責人召開處
理接受外國津貼的高等學校會議，鼓勵他們揭露帝國主義操
控學校的罪行，與會的天主教震旦大學校長胡文耀 [55] 發言
稱：「在帝國主義統治下，我是一個有名無實的校長，大權
操在外國人手裡；今天我這有名無實的校長也翻身了。我要
盡我的力量爲人民服務。」[56] 參與此次會議的教會大學有十
九個單位，即：之江大學、文華圖書館專科學校、東吳大學、
金陵大學、金陵女子文理學院、協和醫學院、協和大學、津

---

[54] 同上，166 頁。

[55] 胡文耀（1885~1966），浙江鄞縣人，1908 年畢業於震旦學院，
後赴比利時魯汶大學留學獲得數學博士學位，回國後任北京大
學理學院數學教授，1932 年任震旦大學校長，1949 年後積極回
應三自革新運動，1951 年支持政府接管震旦大學。1952 年在高
教改革運動中，中國政府肢解震旦大學，其院系被合併至其他
高校中，原震旦大學醫學院與聖約翰大學醫學院及同德醫學院
合併組建上海第二醫學院（上海第二醫科大學），胡任上海第
二醫學院副院長。胡文耀是三自革新運動幹將，曾任上海天主
教友愛國會主任、中國天主教友愛國會副主任、一屆全國政協
委員、一至三屆全國人大代表。

[56] 中央教育部召開「處理接受外國津貼的高等學校會議」，1951
年 1 月 16 日，《中國五十年代初中期政治運動資料庫》。

沽大學、華中大學、華西協合大學、華南女子文理學院、聖
約翰大學、滬江大學、齊魯大學、銘賢學院、震旦大學、震
旦女子文理學院、燕京大學、嶺南大學。[57] 基本涵蓋了天主
教與基督教在華的高等院校；上述高校中，未包括已經被國
有化的天主教輔仁大學[58]。在教會所辦的中小學由各省市教育
廳（局）具體辦理，官方要求於年底前將教會中小學處理完畢。

通過沒收教會教育社會服務機構，使得教會影響及聲譽
大受影響，部分信徒在官方教育下開始放棄信仰，教會以往
的貢獻被完全抹殺。抗美援朝運動雖然加速了這一進程，但
正如前述這並非唯一原因，如何系統化縮小教會影響力及壓
縮其發展空間，才是這一時期一系列政策的背後主因。雖然

---

[57] 同上。

[58] 輔仁大學國有化可以說是偶然性與必然性的結合。在中共建政
初期，輔仁大學辦學方天主教聖言會（SVD）代表校務長美籍
芮歌尼神父（Harold W. Rigney，1900~1980）已經預感到形勢變
化對於一所公教大學的威脅，開始調整課程結構：教會不干預
學校行政方面事務；作為辦學團體，將繼續提供每年教育經
費。但形勢的發展很快超出了他的預期，中共組織建立的教員
會及稍後成立臨時校政會，提出了取消公教倫理及教會史課
程，增加馬列主義等政治教育課程，並且解除芮歌尼神父校務
長職務。1950 年 9 月 26 日，聖言會羅馬總會致電芮歌尼神父，
將終止對輔仁大學的贊助；10 月 12 日中共接管輔仁大學；1952
年在高等院校改革中，輔仁大學併入北京師範大學，從此在中
國大陸消失。輔仁大學接收事件程序頗為複雜，詳情可見劉建
平，〈1950 年「輔仁大學事件」歷史考察〉，《中共黨史研究》，
2014 年第 2 期。

在運動中官方還在強調《共同綱領》中保障信仰自由的原則，但是實際的政治操作中，地方各級幹部已經將天主教、基督教視爲異己力量而加以限制，在宣傳及實踐中，各地基本奉行寧可過火決不能寬鬆的原則，並且可以今日錯殺將來再予以平反，這在中共歷次政治運動中可謂是屢見不鮮。

在剝奪教會一切服務機構後，在地外籍傳教士們已在控訴運動中遭受打壓，又被扣上了帝國主義間諜的罪名，幾乎全部在華外籍主教（無論其國籍是否是美籍）都被指控爲美國間諜。1951 年 10 月 21 日香港《星島日報》報導各教區主教被監禁者 13 人，軟禁者 4 人，被逐者 9 人。[59] 具體名單如下：湖南長沙意籍藍澤民總主教（Secondino Petronio Lacchio, O.F.M，1901~1976）、四川宜賓法籍林主教（René-Désiré-Romain Boisguérin M.E.P，1901~1998）、廣東梅縣的美籍福爾德主教（Francis Xavier Ford, M.M，1892~1952）、四川嘉定的法籍華郎廷主教（Pierre-Sylvain Valentin, M.E.P，1880~1962）、湖北武昌的美籍郭主教（Rombert Casimir Kowalski, O.F.M.，1884~1970）、河北易縣的意籍馬迪儒主教（Tarcisio Martina, C.S.S.，1887~1961）、湖南沅陵的加拿大籍歐克瀾主教（Cutbert Martin O'Gara, C.P，1886~1968）、江蘇揚州的美籍費濟時監牧（Eugene Fahy, SJ，1911~1996）、黑龍江哈爾濱的波蘭籍齊克圖（Andrèj Cikota, M.I.C.，1891~1952）監牧、山東周村的美籍楊光

---

[59]〈大陸各基督教教會已迅速趨向關閉 天主教主教多遭拘禁〉，《香港星島日報》，1951 年 10 月 21 日。

被主教（Henry Ambrose Pinger, O.F.M，1897~1988）、山西太原的意籍李路嘉總主教（Domenico Luca Capozi，O.F.M，1899~1991）、遼寧營口的法籍費安德主教（André-Jean Vérineux M.E.P.，1897~1983）、河北趙縣的國籍張弼德主教。接著是四位被軟禁在主教公署的主教：山西潞安的德籍康主教（Francis Gerard Kramer, O.F.M，1903~1998）、陝西漢中的意籍孟若瑟主教（Giuseppe Maggi P.I.M.E，1989~1963）。已被驅逐出境的主教有九人：教廷駐華公使黎培理總主教（Antonio Riberi，1897~1967）、黑龍江齊齊哈爾的瑞士籍胡幹普主教（Paul Hugentobler, S.M.B.，1983~1972）、河北天津的法籍文貴賓主教（Jean de Vienne de Hautefeuille, C.M.，1877~1957）、湖北沙市的美籍狄隆主教（Julian Edward Dillon, O.F.M，1899~1961）、江西吉安的意籍梅雅誼主教（Gaetano Mignani, C.M.，1882~1973）、安徽安慶的班籍梅耿光總主教（Federico Melendro Gutiérrez，S.J.，1889~1978）、四川重慶的法籍尚惟善總主教（Louis-Gabriel-Xavier Jantzen, M.E.P.，1885~1953）、河南開封的意籍陽霖總主教（Gaetano Pollio, P.I.M.E.，1911~1991）、江西余江的美籍光一幸主教（William Charles Quinn, C.M.，1905~1960）。此外尚有四位被捕後獲釋的主教：廣西梧州的美籍唐汝琪主教（Frederic Anthony Donaghy, M.M.，1903~1988）、河南歸德的班籍貴主教（Arturo Quintanilla Manzanares del Rosario O.A.R.，1904~1970）、四川萬縣的國籍已退休的王澤薄主教、四川嘉定的國籍鄧及洲主教。[60]

---

[60] 蘇若裔，《中國近代教難史料》（臺北：輔仁大學，2000），

在一系列驅逐主教過程中，中共逐漸形成一套工作模式。1951 年 6 月 15 日中共天津市委在驅逐文貴賓主教事件中，將經驗上報華北局及中共中央，中央向各地批轉了天津經驗作為各地參考榜樣，應在各地天主教革新運動中推廣。天津經驗可以總結如下：

第一，廣泛發動群眾，組織愛國主義教育培訓班，培訓教徒，主張要「長期地耐心地不厭其詳地反復宣傳帝國主義，利用天主教侵華的事實，不放鬆每一機會，並結合抗美援朝愛國主義的正面教育，使群眾真正有所覺悟。最後將一切歸結到帝國主義份子首腦文貴賓頭上。」[61] 分化利用信徒，爭取積極份子，打擊落後份子，縱使不能一時轉化思想也要讓其保持沉默。

第二，發動國籍司鐸批鬥外籍神職長上。官方認識到在天主教內只依靠平信徒推動革新是不行的，必須有神職參與，而且位階越高越好，文件特別提及天津教區副主教趙振亞[62]、神父李德培[63]，他們在驅逐文貴賓主教過程中發揮了積

51~48頁。引文中外籍主教原名並未注明，筆者根據相關資料將外文姓名補齊，且引文中有謬誤，山西潞安的德籍康主教 Francis Gerard Kramer , O.F.M 國籍應為荷蘭，特此說明。

[61] 〈中共中央關於處理天主教問題的指示〉，1951 年 6 月 15 日，《中國五十年代初中期政治運動資料庫》。

[62] 趙振亞（1902~1976），天津人，又名趙錦華，1917 年畢業於天津西開學校，1925 年入北京文生修院讀書，曾任滄縣副本堂，慶雲縣何家莊教堂本堂，1941 年任天津望海樓教堂副本堂兼誠正小學校長，1945 任靜海本堂，1947 年任天津教區副主教。

極作用。

第三，要發動廣大教外群眾，僅依靠天主教信徒是不足以推進革新運動的。「如完全限於教內，勢必陷於孤軍作戰。因此，必須發動各界人民參加這一反帝鬥爭，公開表示支援，以壯聲威，擴大宣傳，教育落後群眾，提高覺悟，孤立反動份子，經驗證明很有效。」[64]

第四，廣泛搜集資料作為控訴之用，借鑒土改鬥爭經驗，同時強化對於神職人員的思想工作，避免出現思想反復。值得注意的是，即使發揮了積極影響的部分，國籍神職如趙振亞也是繼續觀察人物不可予以信任。文件特別報告要密切注意趙振亞動向，可以由革新促進會任命推舉為代理主教，要「拉攏神父，會上爭取能有神父控訴文貴賓的罪惡。我們已在教徒最多的（約占全市教徒十分之七、八）西關教堂和望海樓教堂結合抗美援朝，控訴文貴賓，展開愛國主義教育。第二期積極份子訓練班準備開學，促進會機關報『廣揚』正找神父

---

[63] 李德培（1901~1991），天津人，曾任天津教區紀莊子本堂司鐸，1950 年代參與三自革新運動，遭到文貴賓主教的批評，積極支持驅逐文貴賓主教；1957 年中國天主教友愛國會成立後，李任第一至第四屆副主席；1963 年成為天津歷史上第一位自選自聖主教，未獲羅馬認可。雖然李德培積極參與三自革新及自選自聖，在文革中依然被紅衛兵捆綁遊街批鬥。晚年改信佛教（據信友講述，真偽不敢完全確定，僅作參考）。

[64] 〈中共中央關於處理天主教問題的指示〉，1951 年 6 月 15 日，《中國五十年代初中期政治運動資料庫》。

積極份子。」[65]

　　中共中央在回覆中肯定了天津市委的報告，並且附加了指導意見，認爲有了天津經驗就可以「**在今後逐步地把外國人的主教、總主教驅逐出去，換上較好的中國人當主教，並在鬥爭中團結教徒和提高其政治覺悟。望各地努力實現這個任務。至於反動的外國神甫、修士、修女的驅逐和反革命的中國教徒的處理，仍照以往辦法辦理。**」[66] 明確天主教工作重點就是驅逐外籍神職，摧毀聖母軍。

　　天津經驗的推廣，使得各地驅逐外籍神職成爲一種趨勢與潮流，中國教會面臨著巨大的挑戰。與此同時，教會在歐洲也並不平靜，二戰結束後蘇聯勢力擴展至東歐諸國，在蘇軍武力支持下，東歐諸國紛紛建立共產政權，共產主義勢力在歐洲盛極一時，正如英國首相邱吉爾在鐵幕演說所言：「**從波羅的海邊的斯德丁到亞得里亞海的里雅斯特，一幅橫貫歐洲大陸的鐵幕已經拉下。這張鐵幕後面坐落著所有中歐、東歐古老國家的首都——華沙、柏林、布拉格、維也納、布達佩斯、貝爾格勒、布加勒斯特和索菲亞。這些著名的都市和周圍的人口全都位於蘇聯勢力範圍之內，全都以這種或那種方式，不僅落入蘇聯影響之下，而且已受到莫斯科日益加強的控制。**」[67]

---

[65] 同上。

[66] 同上。

[67] 孟廣林，《西方歷史文獻選讀》當代卷（北京：社會科學文獻，

六、兼論共產主義在歐洲此時期對天主教會的迫害 與教廷的回應

　　共產主義在歐洲的歷史對於天主教會可謂是夢魘一般的存在。1917 年蘇俄共產革命勝利後，開始積極輸出革命支援歐洲各地共產主義組織。1936 年西班牙共產黨及其他左翼政黨組建的人民陣線在選舉中上臺執政，左翼政黨激進政策引發了西班牙內戰，在三年內戰期間（1936~1939）天主教會成為左翼聯盟攻擊的對象，「6832 名天主教神職人員遭到屠殺，其中包括 13 名主教、4172 名教區司鐸和修士、2364 名隱修士及 283 名修女。對於個別教區來說，統計資料甚至更令人痛心。例如，在巴巴斯特羅（Barbastro），88%的教區神職人員被屠殺，在萊里達（Lerida）有 66%、托托薩（Tortosa）62%、塞戈爾貝（Segorbe）44%神職被屠殺，馬拉加、米諾卡和托萊多（Malaga, Minorca and Toledo）約有一半的神父被屠殺，在皇家城和伊維薩（Ciudad Real and Ibiza）40%，三分之一在阿爾梅里亞、科爾多瓦、賈恩、馬德里—阿爾卡拉、塔拉戈納、巴倫西亞和維克（Almeria, Cordoba, Jaen, Madrid-Alcala, Tarragona, Valencia and Vic），巴賽隆納昆卡（Barcelona Cuenca）、赫羅納（Gerona）、特魯埃爾（Teruel）和烏爾格爾（Urgel）分別為第四至第五名。奧維耶多教區有 100 多名神父被殺。共和國其他地區的受害者

2016），64頁。

人數較少，但仍然是一個驚人的數位，巴斯克地區除外。」[68]

　　西班牙教會的悲慘境遇震撼了歐洲，也讓教廷痛心疾首。教宗庇護十一世覺得有必要對普世教會發表一份通諭，提醒信徒警惕共產主義對於基督信仰的威脅。1937 年 3 月 19 日公布《預許救主》通諭，重申教宗庇護九世與良十三世對於共產主義的譴責，提醒信友共產主義理論對於公教信仰、家庭倫理及生命觀念的威脅：「違反天主啟示真理，違反理智摧毀國家基礎，顛覆社會秩序；拒絕承認國家的真正來源、性質及宗旨；否認並剝奪私人的人格尊嚴，權利和自由。」[69] 共產主義理念否定靈魂，否定天主，篤信階級鬥爭，崇拜暴力革命，並以發生在蘇俄、墨西哥、西班牙的教難為證，視天主教會為大敵，必欲除之而後快。因此全球信眾應該謹記：「共產主義的本質便是邪惡無比的。凡立意保衛基督文化於隕落者，在任何事上不得與之合作。如果有人為共產主義所迷惑，曾經幫助共產黨人在本地立足，則他們將首先嘗到其錯誤的苦果。一個地區，其基督文化歷史越悠久而燦爛，淪入共產黨人手中後，其遭受無神論者的狂怒與殘

---

[68] Julio de la Cueva, "Religious Persecution, Anticlerical Tradition and Revolution: On Atrocities against the Clergy during the Spanish Civil War", *Journal of Contemporary History*, July 1998, Vol. 33, pp.355~356.

[69] 〈預許救主：關於無神論的共產主義〉，1937 年 3 月 19 日，韓山城譯釋，《近代教宗文獻論公教政治理念》（臺北：思高聖經學會，1965），177~231 頁。

暴，亦越爲可怖。」[70]

　　《預許救主》通諭可謂是教會對共產主義最爲系統清楚的說明，教會的反共立場也相當鮮明。但在二戰後，共產主義已經超出蘇俄一國的範圍。東歐諸國中，波蘭、捷克斯洛伐克、匈牙利皆有爲數衆多的天主教信徒，尤其是波蘭信友更高達九成以上，如今都落入蘇聯勢力範圍內。各國新建立的共產政權對於天主教會都抱有敵意，新一輪的宗教迫害首先在東歐上演了。

　　1948 年匈牙利共產黨當局指控首都布達佩斯總主教敏眞諦樞機（József Mindszenty，1892~1975）和天主教會是匈牙利最大的地主及反革命力量，逮捕主教及沒收教會學校及社會福利機構，敏眞諦樞機在獄中飽受折磨。匈牙利共產黨政府開始組建「和平」協會，由匈國政府支持的「進步司鐸」領導教會，逐步排除忠於教廷的神職人員。

　　捷克斯洛伐克共產黨政府在 1948 年 2 月制定了四點工作計畫：「第一建立一個完全由政府掌控的教會。第二限制教會發展縮小其影響。第三培養任命親共神職佔據教會高層並且要破壞神職階層的團結。第四解決主教們的自治問題。」[71]爲了進一步削弱教會影響，捷克當局沒收教會產業，取締修會。計畫徹底消滅東方禮教會，因爲其主教被當局認爲難以

---

[70] 同上。

[71] Karel Kaplan, "Church and State in Czechoslovakia from 1948 to 1956", *Religions in Communist Land*, Vol.14, 1986, p.180.

控制。1948~1949 年間「沒收男修會會院及附屬建築 429 所，隱修院及女修會會院 670 所，沒收修會在銀行的帳戶存款數千萬克朗（捷克貨幣）捷克國家藝術館接收來自於各修會珍藏的 629 幅畫作及 247 尊雕塑，捷克修道院珍藏的 180 萬冊圖書也被沒收，藝術與工業博物館（實際上稱為工藝與應用藝術博物館）收到了 1100 件藝術品。國家文化委員會從奧洛穆克、斯特拉霍夫和韋萊赫拉德（Olomouc, Strahov and Velehrad）的修道院拿走了 2000 多件珍貴的歷史文物。這份清單並不能說明所有情況。相當數量的具有文化價值的物品被部分或完全銷毀。」[72]

在波蘭面對數量龐大的天主教徒，波蘭統一工人黨（共產黨）實行分化教會策略，揀選一些支持共產主義且反對主教們的司鐸，稱之為「愛國司鐸」，他們建立協會，國家支持這些組織，對於拒絕加入的則指控他們為反革命份子，缺乏與國家的團結，陰謀勾結梵蒂岡。[73] 1949 年建立兒童之友協會（Society of Children's Friends），宗旨是以無神論教育波蘭兒童，在各個中等學校及高等院校建立青年中心，以馬列主義無神論培養青年作為共產主義支持者。波蘭官方發起對教會的輿論攻擊，宣傳梵蒂岡和波蘭的主教們親德份子，將梵蒂岡與法西斯政權、納粹德國相連接，聲稱教宗庇護十二世為西班

---

[72] Ibid, p.187.

[73] Richard F. Staar, "The Church of Silence in Communist Poland", *The Catholic Historical Review*, Vol. 42, No. 3 (Oct. 1956), pp. 296~321.

牙弗朗哥政權及戰時法國維西政權負有責任，甚至十八世紀波蘭被瓜分亡國也是由於梵蒂岡削弱了波蘭的國家實力。種種荒謬的指控層出不窮，在波蘭政府宣傳中凡是忠於教廷的神職人員都被扣上法西斯份子的帽子。

在東歐各共產政權反教會的浪潮中，教廷駐當地代表被驅逐迫害（1945 年 4 月匈牙利當局驅逐教廷大使，1948 年保加利亞當局驅逐宗座代表，1950 年 7 月羅馬尼亞當局驅逐教廷大使，1950 年 3 月教廷駐捷克代辦被驅逐，波蘭則是二戰後由於共產政權的建立無法派遣大使，直至 1989 年）[74]。尤其值得一提的是，宗座駐阿爾巴尼亞代表在 1945 年被驅逐後，其指定代理人竟於 1948 年被當局槍決[75]，上演了在東歐迫害教會運動兇殘的一幕。阿爾巴尼亞勞動黨（共產黨）領袖霍察（Enver Hoxha，1908~1985）自 1946 年開始執行打擊宗教政策，沒收教會所有產業，並驅逐所有修會，要求天主教會與梵蒂岡斷絕一切關係，政府直接任命主教。1950 年代開始宣布在家祈禱從事宗教活動也是非法，神父被發現私下舉行彌撒即處以死刑。1966 年在阿爾巴尼亞勞動黨第五次全國代表大會上宣布一切宗教都是違法，必須要消滅，宣稱阿爾巴尼亞是世界上第一個無神論國家：「1976 年修改的新憲法第 55 條規定：國家不承認任何宗教，所有宗教活動為非法活動，凡持有宗教印刷品者處 3~10 年監禁；罪行

---

[74] 陳聰銘，《中梵外交史》，218 頁。
[75] 同上。

嚴重者，可處死刑。凡被告持有聖經者，即使在證據不足的情況下，也至少要判刑 12 年。1979 年一名被押在獄中的主教因想舉行復活節彌撒被看守打死。1990 年政府又宣判了一名為 2 個嬰兒施洗的神父的死刑。」[76] 殘酷的宗教迫害政策直至 1990 年勞動黨政權倒臺。綜上所述，東歐共產政權在執政後對於天主教的打擊是相似的，只是程度上有所不同，其中阿爾巴尼亞最為激進。東歐各國針對教會的措施，對中共的天主教政策制定發揮了影響，尤其是建立獨立教會，切斷與教廷關係上，基本一致。

讓教會擔憂的不止是東歐教會的困境，二戰後共產黨在西歐勢力也十分強大，尤其在法國、義大利。法國共產黨在二戰後一度入閣參政，法共領袖多列士（Maurice Thorez，1900~1964）曾在 1946~1947 年出任內閣副總理兼國防部長。義大利共產黨也在戰後積極參與選舉，擴大影響。義大利共產黨總書記陶里亞蒂（Palmiro Togliatti，1893~1964）在戰後初期歷任義大利政府副總理兼司法部長，1947 年退出聯合政府，挑戰天主教民主黨領導的政府，意圖在大選中獲勝。1947 年大選可視為義大利共產黨奪取政權之戰，在外有蘇聯金援下，義共開動一切宣傳機器，甚至修改黨章允許信徒入黨以降低教會對它的抵制，教廷也相當緊張這次選舉，深恐義共一旦掌

---

[76] 黃陵渝，〈阿爾巴尼亞的宗教〉，《蘇聯東歐問題研究》，1991 年第 5 期。

權，勢必迫害教會，遂針對義共各種宣傳予以反制。教宗庇護十二世發表講話，呼籲信徒踴躍投票支持那些擁護基督信仰價值觀的議員候選人，終於挫敗義共掌權計畫。

　　經過 1947 年義大利的這次選舉，教廷也深刻認識到共產黨宣傳的鼓動性與迷惑性。為了使信友不在一些問題上困惑，教廷聖職部[77]於 1949 年 7 月 1 日發布法令，用 Dubium 的方式（一問一答）表達了教會對於信友的要求，問題共有四個：第一是否允許教友加入或支持共產黨？答：不可以。第二是否允許教友發表出版傳閱支持共產主義書籍及文章？答：不可以。第三如果教友是在自由意志下從事前兩項活動，是否可以領受聖事？答：不可以。第四對於教友信奉傳播唯物共產主義理論，並為之辯護，此類叛教者，是否將受到保留於宗座的自科絕罰？答：是的。[78]三不一是法令的出臺，是教會希望在鐵幕下的教友能夠堅定信仰，面對苦難亦能保持信德。教會並非鼓勵信友主動去挑戰共產政權，而是力求在迫害環境中能夠維持信仰底線，不被無神主義所蠱惑而最終失去對基督的信賴。

---

[77] 聖職部前身為教宗保祿三世 1542 年設立的異端裁判所，1904 年教宗庇護十世改組為至聖聖部（聖職部），梵二大公會議後，1965 年改組為今日的信理部，負責捍衛天主教正統信仰。

[78] 原始出處：*Acta Apostolicae Sedis* 01-07-1949。參："papal-decree-against-communism", https://thelibertariancatholic.com/papal-decree-against-communism-1949/

七、三自革新運動的後續發展

　　黎培理總主教接收到教廷指令後逐向全國各地主教傳達。正如教廷預估，1950 年的三自革新運動興起，教廷成爲受攻擊的對象，各類宣傳品層出不窮，尤其是各地天主教革新促進會的刊物，攻擊批判教會不遺餘力。黎培理總主教作爲教廷駐華公使，一方面要嚴格執行教廷的指令，秉承「善牧不離羊群」的原則，反對國籍主教離開自己的教區，對田耕莘樞機和于斌總主教的出走不滿；另一方面又要執行與中共接觸的原則，以瞭解新政權對於教會的政策與態度，甚至對於與中共政權繼續維持邦交抱有幻想。

　　黎培理拒絕國民政府的南下請求而留守南京，迎接「解放」，但現實是殘酷的，中共從未打算承認教廷的合法地位，也拒絕承認一切曾駐國民政府外交官的身分，對於黎培理總主教僅承認其是摩納哥公民與普通在華外國僑民無異，只是暫時沒有驅逐而已。隨著三自運動的開展，黎培理作爲教宗的代表自然是持反對態度，在中共看來，已經是運動的阻礙必須清除，客觀形勢註定了其被驅逐的命運。1951 年 3 月 7 日中共中央做出了關於處理中國天主教徒與羅馬教廷關係問題的指示，文件共三點，開宗明義指出中國天主教的三自運動就是「必須脫離羅馬教廷統治以後才能眞正完全實現的。因此，我們應當有意識地引導天主教徒在革新愛國運動中逐

步覺悟，最後達到完全脫離羅馬教廷之目的。」[79] 但在現階
段，如果立即提出切斷與教廷關係，會造成很多信徒的困擾，
因此還需要時間去努力做工作，要應鼓勵進步份子多發表言
論，提高他們的地位，擴大他們的影響；地方各級政府現階
段不要立即對信徒提出斷絕與羅馬關係的言論，而主要是幫
助「進步派」壓倒反動派而取得領導權。文件稱中國多數主
教神父們思想落後，「多數中國教徒尚未認識脫離羅馬教廷
之必要，要在全國解決這個問題，還須要相當時間的宣傳和
努力。」[80]

在中央文件指導下，1951 年 3 月 31 日《新華日報》刊登
了南京教區副主教李維光[81] 及其他神父信友簽名的革新宣
言，黎培理總主教看到後立即表示反對：「我特別不贊成的
地方就是字句上包含著教宗干涉國家的內政，和教徒反對本

---

[79] 〈中共中央關於處理中國天主教徒與羅馬教廷關係問題的指示〉，
1951 年 3 月 7 日，《中國五十年代初中期政治運動資料庫》。
[80] 同上。
[81] 李維光（1898~1964），江蘇無錫人，1913 年入上海徐匯小修
院，1917 年入徐匯大修院學習神哲學，1923 年晉鐸。先後任江
蘇興化、高郵、江陰等地本堂司鐸，1947 年任南京教區副主教
兼無錫總鐸，1951 年發起驅逐黎培理簽名運動，被教廷絕罰。
1956 年積極倡議成立中國天主教友愛國會，1957 年出任中國天
主教友愛國會副主席、江蘇天主教友愛國會主席。1958 年成為
南京教區首位自選自聖主教，曾任第一、二屆全國人大代表、
江蘇省人大代表、江蘇省政協常委。

地教會的教長。」[82] 這份宣言攻擊教宗、攻擊南京教區主教于斌，部分簽字者後來表示懺悔。但在政府支持下，6 月 24 日李維光等人在《新華日報》上發表驅逐黎培理的宣言書；6 月 29 日在南京抗美援朝聲援大會上，天主教「代表」提出驅逐黎培理的臨時動議，並獲得與會各界代表的支持。7 月 25 日南京天主教組織驅逐黎培理示威遊行，遊行公推李維光為代表向南京市政府請願驅逐黎培理，各界聲援者 2000 餘人，各黨政機關在遊行隊伍所經過之處設立茶水站、服務處，南京市長柯慶施親自接見李維光表示支持。基督教金陵大學校長李方訓帶領另一隻隊伍包圍教廷公使館，高呼口號聲援天主教的示威；金陵女子大學校長吳貽芳也端茶送水支援遊行，表達「人民意願」。各種媒體也是火力全開，紛紛發表譴責黎培理言論，1951 年 6 月 17 日《解放日報》發表上海震旦大學校長胡文耀控訴文章，指責黎培理領導的教務協進會是天主教內帝國主義份子進行反對中國人民的活動中心，反對天主教徒的愛國三自革新運動。[83] 同日新華社亦發電譴責是梵蒂岡教廷干涉中國內政的執行人，他控制著中國天主教的各教區，表示各地天主教徒和廣大人民一致要求將黎培理

---

[82]　宋國慶，〈南京天主教改革的來龍去脈〉，《鐘山風雨》，2014 年第一期，9 頁。

[83]　胡文耀，〈天主教教務協進委員會：帝國主義分子黎培理的工具〉，《解放日報》，1951 年 6 月 17 日。

驅逐出境，這種要求是正義的！[84]

值得注意的是，這一系列舉措表面上看似都是教會內部人士發起、社會各界廣泛響應的活動，政府是被動響應民眾呼求；但實際上任何活動中共無疑最大的幕後主腦，前臺配角的戲演出完畢，主角便閃亮登場。在各界聲討遊行結束後，南京市人民政府傳訊了黎培理總主教，自 6 月底開始黎培理與其秘書即已失去人身自由，被軟禁於公使館，9 月 5 日被驅逐出境，9 月 8 日黎培理總主教抵達香港。公使被逐，也標誌著教廷對華期望的落空，帶頭驅逐公使的李維光神父也成為中國教會被教廷開除教籍的第一人，亦有官方教會領袖認為李維光是被開除教籍的唯一之人。[85]

伴隨著教廷公使的離開，各地外籍神職人員被驅逐數量與日俱增。截至 1951 年底，共有 1200 餘位外籍神職人員被驅逐，300 餘位被捕，主教 42 人被逐。[86] 中國教會形勢日趨惡劣。教宗庇護十二世十分關注在華信友的境遇，1952 年 1 月 18 日發布《教宗勖勉中國苦難教胞》通諭，讚揚了中華文明悠久歷史與文化，天主教會尊重各民族優點並且接納各民族優良文化傳統，教會是歡迎一切民族的加入，駁斥了教會

---

[84] 〈堅決與中國人民為敵的黎培理〉，《新華社》，1951 年 6 月 17 日。

[85] 金魯賢，《絕處逢生：金魯賢回憶錄 1916~1982》（香港：香港大學，2013），126 頁。

[86] 羅漁、吳雁，《中國大陸天主教四十年大事記》，21 頁。

為帝國主義服務的論調，強調教會信徒接納一切國家、一切種族：

> 天主教會所收的信友，不限於一個民族、一個人種，惟以基督的仁愛，愛護世界各民族與全球所有人種，使他們互相敬愛，同心結好。既然如此，何以能說教會是替一個國家、替一個政權服務奔走！怎能迫脅教會，破壞教主所立的統一體系，分成各國的教會，而與羅馬宗座脫離關係！羅馬宗庭乃基督耶穌的代表伯多祿坐鎮之地，在世一脈相傳，直到世界末日。凡屬基督信友的團體，若一旦與宗座脫離關係，便像由葡萄樹上所砍下的葡萄枝（若十五6）就要枯萎，再也不能開花結實。[87]

對於外籍傳教士，教宗肯定了他們對於中華教會的貢獻，並強調天主教會的一切工作是「為了神聖救主的命令，她從事這一切事業並沒有其他要求，她所要求的是在人類中應享的自由，有了自由，教會可以盡自己義務，為各國人民謀幸福。」[88] 對於那些在迫害中持守信仰的教友，教宗鼓勵他們並不是孤單的，因為你們的信德已傳遍了普世，「天主賜給你們恩寵，不但叫你們信仰基督，還叫你們為祂受苦（斐

---

[87] 《教宗勖勉中國苦難教胞通諭》，1952 年 1 月 28 日，收錄主徒會恒毅學社編輯委員會譯，《教宗比約第十二世最近文告》（臺北：主徒會恒毅學社，1953），11~16 頁。

[88] 同上。

一29），這為你們並不是羞辱，而是你們的光榮。」[89] 這封公函雖然篇幅不長，但是對於教會的各種攻擊都做出了回應，並重申教會的使命，希望中共政權能夠停止對教會的打擊。但遺憾的是，教宗的呼籲換來的是更大的風暴。

八、聖母軍事件

聖母軍（拉丁文：Legio Mariae，英文：Legion of Mary）是 1921 年成立於愛爾蘭都柏林的天主教平信徒善會組織，創始人是弗蘭克・杜福（Frank Duff，1889~1980），其宗旨是「團員在教會的領導下，以祈禱和積極的態度，在聖母及教會踏破蛇頭，拓展基督神國的工作中，聖化自己的團員。」[90] 聖母軍成立於 1921 年 9 月 7 日聖母誕辰慶日前一天，最初使命活動是探訪、關懷都柏林南部 United Hospital of Dublin 醫院的癌症病人。聖母軍最高領導機構為總會（Concilium），管理全球各地聖母軍的中央組織及分團（Senatus），通常一個國家內設有一個分團，一省區設區域團（Regia），一個教區內可設立一個或多個督查區團（Comitium），區團下設不同的支團（Praesidium，來自羅馬軍團的支隊），此基本單位一般又分為成年支團（Senior Praesidium）和青年支團（Junior Praesidium），每一個支團都以聖母尊號或事件命名，如聖母無原罪支團、聖母往見支團等。

---

[89] 同上。

[90] 梁鳳洲譯，《聖母軍手冊》（愛爾蘭都柏林聖母軍總部發行，1993 年原文審定版本），第二章。

他們效法聖母的聽命精神，光榮天主，成聖自己，聖化他人。其主要工作包括：每週被團長委派，從事傳教、牧民、培育及服務性的實際工作，如探訪醫院、老人院、獨居長者等；教授道理班、兒童主日學；協理青年支團；為人群中的不幸和沮喪者服務、宣傳公教刊物、為青年服務等等。在工作要點中，聖母軍團員不得牽涉政治事務，任何聖母軍團體絕不得受政治影響或被政治利用或幫助。[91] 聖母軍極其重視團員的靈修信仰生活，每個團體都有指導司鐸（神師），團員每次開會都有特定的祈禱經文。聖母軍靈活組織方式及團員們火熱的傳教服務精神，使得團體迅速發展。創立當年在都柏林就發展了 4 個支團、100 多位活躍成員，並且向周邊地區傳播，首先在愛爾蘭，1928 年在蘇格蘭格拉斯哥（Glasgow）創立了團體，1929 年在英格蘭和威爾士，並從英國開始向美國、加拿大、澳大利亞、紐西蘭、印度等地傳播，1936 年非洲亦建立支團，截至 1944 年已建立上千支團。從 1930~1950 年代，超過 30 名全職聖母軍傳教士奔赴世界各地創立支團，聖母軍也在非英語國家如法國、中美洲、埃及、墨西哥、菲律賓建立組織等。

　　聖母軍的活動得到了教廷的支持與讚許，教宗庇護十一世讚揚聖母軍是美妙而神聖的工作，給予特殊的祝福並且為聖母軍祈禱：「希望你們以更大的熱誠，從事你們所開創的

---

[91]《聖母軍手冊》，第卅九章十二款。

祈禱及行動的傳教工作。這樣，天主也要使你們成為救世大業的合作者。這也是你們感謝救世主最好的方法。」[92] 教宗庇護十二世也十分支持聖母軍的工作，在致聖母軍創始人弗蘭克·杜福的信中稱讚聖母軍團員工作收效巨大，且「服從聖座的指示，效忠當地的主教，聽從指導，並忠實奉行。聖母軍團員懷著真正教友傳教的超性特質，勇往直前，繼續作有力的助手，攻擊黑暗的勢力。」[93] 由此可見聖母軍作為新興的平信徒善會組織，在短期內取得了輝煌的成績。庇護十二世認為在二戰後鐵幕國家內，教會正常的信仰生活受到阻礙與威脅，為了維繫信仰不墜，聖母軍靈活熱忱的方式能夠鞏固信友對於基督的忠貞。

　　聖母軍首次傳入中國是在 1937 年，但正值抗戰爆發，阻礙了聖母軍的發展。1946 年黎培理總主教出任教廷駐華公使，開始積極推動聖母軍發展。黎培理對聖母軍的良好印象來自於他在二戰前曾任宗座駐英屬東非的宗座代表，在履行職務期間遇到聖母軍一位出色的女性傳教士 Edel Quinn[94]，對

---

[92] 《聖母軍手冊》附錄一：教宗致聖母軍函件，1933 年 9 月 16 日。

[93] 《聖母軍手冊》附錄一：教宗庇護十二致聖母軍，1953 年 7 月 22 日。

[94] Edel Quinn（1907~1944），出生於愛爾蘭南部的 cork 縣，早年意願加入聖加辣會（Poor Clares），但由於健康原因未能如願，在 20 歲時加入聖母軍。她 1936 年前往英屬東非傳教，在 7 年時間裡克服疾病的困擾及各種挑戰，在英屬東非地區（包括今日的肯亞、烏干達、坦尚尼亞、模里西斯）建立數百個聖母軍支團，為當地教會發展做出了巨大貢獻。1944 年因肺結核病逝

聖母軍在當地牧靈福傳所做的貢獻十分欽佩。當他來華履新後面對中國的形勢變幻，擔憂教會未來的前途，便委託在華傳教的愛爾蘭高龍邦傳教會的莫克勤神父（Fr. Aeden McGrath，1906~2000）[95] 負責推廣。莫神父在江西傳教時曾在自己的堂區組織聖母軍，太平洋戰爭爆發後，日軍將具有英美背景的外籍傳教士集中拘押，莫克勤於 1943 年被送入集中營，兩年後戰爭結束後重返堂區。他原以爲堂區失去牧人會混亂不堪，但出乎意料的是在聖母軍團員組織下，各項事業井井有條，講授成人教理、爲兒童代洗組織主日生活，在沒有神父情況下使得信友沒有失落信仰。當莫克勤神父從公使接獲使命，便積極在中國各教區展開推廣工作，在 1947~1949 兩年期間，他前往北平、上海、天津、重慶、武漢、香港及其他城市，拜會當地主教，建立支會，各地主教十分贊同聖母軍在本地的發展。兩年期間全國各地建立起 2000 個支團 [96]，遍布城鄉教會；在一些城市中，以教會學校裡公教青年爲主的支團也

於奈洛比，埋葬於當地傳教士墓地。

[95] 莫克勤神父在前文注解中已經提及，但其一生經歷十分精彩，與聖母軍有著不解之緣。有興趣瞭解者推薦閱讀 Aedan W. McGrath, *From Navan to China: The Story of a "Chinese Irishman"*, eds. Eamonn McCarthy and Michael Walsh (Dublin: R.A.W. Publishing, 2008)，書中記述了在華傳教經歷及被中共逮捕後關押在上海提籃橋監獄所受刑罰。

[96] Francis J. Peffley, "The Legion of Mary's Role in Strengthening the Church During the Communist Takeover of China", https://fatherpeffley.org/docs/LoMChina.pdf

廣泛建立，這些公青們在稍後的三自革新運動中出於對信仰的忠貞，蒙受了巨大的犧牲。

　　1950 年隨著三自革新運動的興起，各地掀起簽名響應活動，遭到了聖母軍成員的抵制，他們認為這場運動與愛國無關，終極目標是為了消滅教會，因此堅決反對參與。聖母軍團體紀律性與組織性十分強大，在中共看來已經成為運動推行的阻礙力量。1951 年 6 月 15 日中共中央發布關於處理天主教問題的指示，明確指出要摧毀聖母軍。各地接獲指示後開始部署計畫，具有代表性的是中共天津市委制定的取締聖母軍計畫。1951 年 6 月 28 日天津市委宣傳部上報華北局及中央宣傳部取締聖母軍具體措施：

1. 實行分化政策，建立登記制度，鼓勵聖母軍成員主動向公安部門登記自首，退出聖母軍。「教育一般被欺騙的團員，由天津市軍事管制委員會正式發布取締聖母軍的命令，逮捕其中的反革命份子，由軍法處審判懲辦。支會以上職員進行登記，交出組織證件，坦白罪惡，重要者加以管制，一般團員聲明退團，拒不登記者依法懲辦。聖母軍之指導司鐸由公安局控制使用，用於犯罪之財物，由軍法處沒收。具體步驟由公安局會同有關部門負責擬定。」[97] 其中登記制度被全國其他

---

[97] 〈天津市委宣傳部關於取締「聖母軍」的計畫〉，1951 年 6 月 28 日，《中國五十年代初中期政治運動資料庫》。

地區採納，後來歷史證明凡是登記者，縱使宣布退出聖母軍，其記錄也被一直留存，在此後的政治運動成爲罪證之一，升學就業皆受影響。

2. 展開對聖母軍成員的控訴大會，由三自革新促進會出面組織，政府負責指導。

3. 發動輿論攻勢，重點對象是教會所屬的教育機關，而青年學生是突破的重點對象。「組織報導聖母軍的反動性質和罪惡歷史，聖母軍與反革命活動，聖母軍在津沽大學、西開中學、聖功女中等學校及各堂口教徒中所進行的反動活動，市民、教徒的控訴，聖母軍團員的控訴，以及其中反動份子的坦白，各界人民對政府取締聖母軍措施的反映，以及進行登記情況等。組織連續報導，做到深刻生動，以進一步教育教徒，認識帝國主義利用天主教進行侵略活動的罪惡，推進革新運動。」[98]

中共中央在 7 月 8 日批准天津市委計畫並附加指示，要求注意不要製造殉道事件，注意聖母軍在北京、天津、上海、漢口等處活動，做好反擊輿論準備，「動員教內外群眾，孤立反動份子，及準備駁斥羅馬教廷和聖母軍總部的誣衊……在天津宣布取締後，望其他地方亦予注意。天津市計畫轉發

---

[98] 同上。

各地參考。」[99] 在獲得中央批准後，7月13日天津市軍管會發布取締聖母軍命令，逮捕各支團領袖，根據當地媒體報導，行動逮捕了鄭華光、王天賞，在天津的聖母軍團體共有六個「區會」，下轄五十八個「支會」，每個「區會」及「支會」都有一個神父作「指導司鐸」。[100] 面對聖母軍成員的抵制，政府亦採取發動神職人員勸說的活動，如天津教區副主教趙振亞負責勸退聖母軍成員，鼓勵他們到公安機關登記，在官方強力打擊和一些「進步神職」的配合下，聖母軍外在組織看似被取締，但堅定成員已經轉入地下，開始秘密持守自己的信仰。

　　在天津取締成功後，全國其他地區也紛紛回應，中共中央在1951年8月14日向全國各大行政區[101]、省、市公安部門發出指示，要求各地學習領會天津經驗，要在年內完成摧毀聖母軍的任務，提出十點意見要求各地參考執行。各地工作應以軍管會（無軍管會則有公安部門）發令取締，限期要求會員登記退團，「在進行過程中，須隨時搜集材料，發動聖母軍

---

[99] 〈中央轉發天津市委宣傳部關於取締「聖母軍」的計畫〉，1951年7月8日，《中國五十年代初中期政治運動資料庫》。

[100] 魯西良，〈聖母軍在天津的活動〉，1951年7月21日，《中國五十年代初中期政治運動資料庫》。

[101] 中共建政之初在全國設立六大行政區（華北、東北、華東、中南、西北、西南）作為中央與省之間的行政機構，每一大區下轄若干省份。1954年中共撤銷大行政區建制，各省直接受國務院領導。

團員和天主教徒進行控訴，發表宣言，用各種方法在教內、教外及報紙上擴大宣傳，以爭取教育天主教內外之廣大群眾，並應特別注意爭取一部分中國神父參加。」[102] 由於在執行取締過程中，出現了表面退團暗裡依然堅持的成員，被官方認為是偽退團，為了搜捕這類人，特別指示各地要培養臥底，打入聖母軍內部，隱蔽身分，等待時機為我所用。「在聲明退團、進行登記、逮捕及控訴中，應隨時注意選擇對象，培養與發展向我份子，以為取締工作之內應，及為今後鬥爭布置伏線。」[103] 指導意見特別提及要發揮各級三自革新促進會的功能，尤其是其中的革新神職，要利用他們來打擊聖母軍，「取締聖母軍工作應與各地天主教的三自革新運動結合起來，已經建立了在我們領導下的天主教三自革新運動委員會的地方，應使該會積極參加這一工作。各地接電後，望將當地聖母軍情況和取締的具體計畫報告中央……」[104]。

　　中央指示發出後，各地積極部署取締聖母軍運動。上海作為聖母軍十分活躍的城市，自然是打擊的重點目標。在上海教務協進會工作的莫克勤神父曾經一度幻想是中共不瞭解聖母軍，並和當地政府溝通贈送《聖母軍手冊》向他們解釋聖母軍是純粹的宗教組織，且團員不得參與任何政治活動，

---

[102] 〈中共中央關於取締「聖母軍」應注意事項的指示〉，1951 年 8 月 14 日，《中國五十年代初中期政治運動資料庫》。

[103] 同上。

[104] 同上。

聖母軍在世界很多國家存在，都沒有和當地政府發生衝突。對於莫克勤神父的回應則是：1951 年 10 月 6 日上海市公安局突然逮捕他和其他聖母軍支團指導司鐸，10 月 8 日上海市軍管會主任陳毅副主任粟裕聯名發布《中國人民解放軍上海市軍事管制委員會關於取締「聖母軍」的布告》，宣布自即日起取締聖母軍，並頒布《上海市軍事管制委員會對於「聖母軍」人員登記及退團辦法》，明令要求聖母軍成員必須遵照規定，辦理登記或退團手續，且「**聖母軍支會職員以上人員於辦理登記手續時，應隨帶呈繳本人最近二寸半身免冠相片二張**」[105] 作為檔案存留，以備日後審查。雖然在退團辦法第七條明文規定聖母軍之團員，迅速聲明退團不再活動者，不予追究；但後來歷史證明這些檔案在此後的歷次政治運動中，成為這些登記退團者的罪證，尤其在文革期間被批鬥遊行，亦有人死於非命。

配合軍管會命令，同日上海《文匯報》發表社論〈嚴厲鎮壓反動的「聖母軍」〉，呼籲上海市民及全市天主教徒協助政府檢舉隱匿的反動份子；已經被騙受脅參加聖母軍的團員和職員必須遵守政府法令，迅速退「團」，並和愛國教友一同清算潛伏在教會中的反動勢力。[106] 繼上海之後，10 月 10 日南京軍管會也宣布取締聖母軍；成都、重慶、杭州等地

---

[105]〈上海市軍事管制委員會對於「聖母軍」人員登記及退團辦法〉，1951 年 10 月 8 日，《中國五十年代初中期政治運動資料庫》。
[106]〈嚴厲鎮壓反動的「聖母軍」文匯報社論〉，1951 年 10 月 8 日。

相繼開展搜捕聖母軍活動。在各地舉辦的批判大會上，聖母軍祈禱時的歌曲禱文都成了反動「罪證」，如聖母軍聚會時所詠唱的〈萬福母后，我全心屬於你〉，被批判為貢獻身體及財務給反革命團體。種種荒謬批判讓人聯想起清乾隆十一年（1746）福安教案時，地方官府在檢查祈禱經文中以「主我中邦」一句為意圖謀反之證。相關批判聖母軍文章陸續出版為合訂本發行，流傳全國各地，為其他尚未取締聖母軍地區作為參考。[107] 從 1951 年開始取締聖母軍，延續至 1953 年底全國宗教會議召開，官方通報全國已知聖母軍團員 22322 人，在取締過程中登記和退團者占總數 71%。[108] 取締聖母軍雖然獲取了巨大勝利，但官方擔憂殘餘份子依然存在，對天主教革新運動受到的阻力仍需解決，自 1950 年以來宗教工作中的一些問題需要釐清，各機關權責如何劃分，如何避免令出多門，影響工作效率？如何更有效地控制天主教會？中央開始部署全國性宗教會議來解決上述問題。

九、全國宗教會議召開

1953 年 2 月 6 日，中央在總結過去三年天主教政策的基礎上，發出新的《中央關於天主教工作的指示》，制定了天

---

[107] 相關出版物如：政務院文教委員會宗教事務處編，《天主教秘密反動組織聖母軍》，1951 年 9 月，裡面收錄了天津、濟南、青島、太原、開封等地取締聖母軍的報導及宣傳。

[108] 〈關於全國宗教工作會議的報告〉，1954 年 5 月 5 日，《中國五十年代初中期政治運動資料庫》。

主教未來工作三個步驟：首先，在已經開展三自革新的地區，繼續推動驅逐外籍傳教士，建立地方性三自愛國組織。第二步，積極籌劃建立全國性的三自愛國組織，為日後中國天主教友愛國會的成立埋下了伏筆。第三，要爭取高級神職人員（主教們）出來主持獨立愛國組織。為了完成這一任務，「需要進行艱苦的發動教徒群眾，與爭取中國神職人員大多數的工作」。天主教工作的今後任務是：「在全國範圍完成第一步工作，並準備條件，建立全國性的天主教徒愛國組織（第二步）與全國天主教的教務領導機構（第三步）。」[109]

　　由於革新這一詞彙在天主教信友中產生了負面意義，不利於政府工作推進，中央決定在未來成立全國性團體不再使用革新一詞，用愛國代替，成立中國天主教教友愛國會。要申明該組織工作只是進行愛國，並非進行宗教革新。對於不順從的主教等，可採取建立教務會議的方式架空不順從的主教。教務會議和愛國組織聯合管理教區，要「靈活運用策略，並以秘密工作來配合公開工作」。文件承認爭取高級神職人員工作是最薄弱的環節，因為回應者太少：在 2600 多中國神父主教中，參加愛國運動的只有神父 69 人，代理主教、副主教 25 人，其中沒有一個是梵蒂岡祝聖的正式主教；而中國籍總主教僅有 4 人，在國內者 2 人，均被扣押。[110]

---

[109] 〈中央關於天主教工作的指示〉，1953 年 2 月 6 日，《中國五十年代初中期政治運動資料庫》。

[110] 同上。

對於神父和主教應採取不同方針，各地政府機關要針對不同神職制定相關計畫，可以逐步培養政治上合格神職人員取代原主教；對於在華的各修會，財產要全部沒收；而天主教修院對天主教工作的未來發展具有決定性意義，要「**派遣適當的黨員、團員、進步份子去修院學習的工作，現在即須進行**」[111]。文件強調培養潛伏神職，為未來直接領導教會，改造教會，服務國家；最後強調統一管理宗教事務，強調「**宗教工作必須黨委統一領導，在中央局、分局、省市委，應吸收有關部門同志**(統戰、公安、外事、青委、婦委等)，**成立宗教工作委員會**(以前名宗教問題委員會)，**由宣傳部管理，在宣傳部內設該會的辦公室，負責實際工作，在有省市政府宗教事務處的地方，政府宗教事務處的黨員幹部，實際上就兼辦公室的工作。**」[112]

明確了權責劃分及政策走向，1953 年 11 月 27 日至 12 月 26 日中共中央召集各大區，省市及各中央機關代表 60 餘人在北京召開全國宗教會議，會議由中宣部長陸定一和政務院秘書長習仲勳主持。會議議程主要是兩項：（一）彙報總結 1953 年天主教工作情況，制定 1954 年天主教工作計畫；（二）三年來全國基督教工作總結，及今後基督教工作的方針任務。會議回顧了三年來中央領導下的天主教基督教三自運動發展

---

[111] 同上。

[112] 〈中央關於天主教工作的指示〉，1953 年 2 月 6 日，《中國五十年代初中期政治運動資料庫》。

概況，在限制其生存空間、縮小其社會影響下的政策下，取得了成效。值得關注的是，會議報告中提及天主教信徒、神職人員及教堂數量與 1949 年前相比，發生了巨大的變化：

> 解放前天主教徒三百餘萬，經過了解放以來的反帝鬥爭和各種政治運動，現在根據各地宗教事務處的統計，只有一百七十二萬八千多人；天主教大小教堂解放前統計有一萬五千九百一十四所，現在統計全國仍有宗教活動的大小教堂只三千二百五十二所（比解放前減少百分之七十九）；中國神父一九四九年共二千二百七十六人，目前統計有二千二百四十七人。基督教變化較小，解放前號稱有教徒七十萬人，現在統計有六十三萬八千多人，教堂六千七百六十七所，傳教人員約七千人，其中約五分之一至四分之一為牧師。[113]

公開資料中官方極少提及教會信徒數量，但從會議報告中的資料統計可見信徒及教堂數量在三年內的變化。經歷政治運動衝擊後，信徒流失嚴重，其中不乏信仰不堅定者及過去的吃教者（為物質利益入教）；但也有在運動衝擊下隱藏其信仰、秘密度信仰生活者，這些人士在官方的統計中也被計入放棄信仰者行列。棄教者具體數目仍需進一步考證，但不容否認的是在政治打擊下，教會蒙受了巨大的損失，教堂及教

---

[113] 〈關於全國宗教工作會議的報告〉，1954 年 5 月 5 日，《中國五十年代初中期政治運動資料庫》。

產的沒收，使得教會難以自養，迫使一些神職開始謀求政府
的支持，而這正是官方政策之一，使得神職人員無法生活，
最終不得不仰承政府鼻息，成為馴服的工具。

會議也提及三年來驅逐外籍傳教士工作已取得了進展：

> 基督教外國傳教士幾已完全出境（解放前統計是一千七
> 百人，現僅太原尚有外籍女教士一人未處理，廣東連縣尚有外籍傳
> 教士五人均因案扣押準備驅逐），天主教外國傳教士（全國解放
> 時計有二千二百二十九人）現只有三百人（其中準備留下的二十三
> 人，準備驅逐或限令出境的三十四人，已判刑的十七人，在押審訊
> 中的六十人，未處理的一百六十六人）。基督教的外國差會已
> 全部結束。天主教的修會因與基督教的差會性質不同，
> 尚未處理。除秘密津貼外，外國津貼已基本斷絕。全國
> 教會學校、醫院及救濟機關幾已全部接辦。我們已培養
> 了一批愛國積極份子，建立了教徒群眾的愛國組織，在
> 基督教會中已控制了若干大公會，開展了各地基督教徒
> 的控訴運動，在天主教會中也取得了若干重要陣地。[114]

會中討論了未來的工作是要攻破天主教在大中城市的教
會，上海、廣州、武漢是未來工作的重點，尤其是上海教會：
「天主教的主要陣地是在上海，那裡教徒最多，帝國主義的
勢力及影響最大，教會的財產也集中在那裡，以往一向是天
主教最強固的據點。由於這個最主要的陣地──上海教區──

---

[114] 同上。

還沒有最後攻下，因而我們所取得的勝利還是不鞏固的。在全國來說，打垮帝國主義在天主教中的統治地位的工作尚未基本完成。」[115] 對於全國各地天主教會進行了區域劃分，制定責任任務區，依據天主教革新組織力量的大小，全國劃分為三類地區：第一、二類地區為愛國革新運動尚未打開局面地區，仍需繼續戰鬥；第三類指在已由政府支援的革新促進會佔優勢地區，這一地區未來工作主要是鞏固成果，防止反彈。在爭取高級神職人員（主教們）過程中，要運用多種手法，實行打壓與拉攏相結合的方式，對於主教們要保證其生活待遇，提供經濟援助，現階段只需要高級神職人員不公開反對三自革新即可，不必強迫其簽名參加，也不要立即中斷與教廷的一切聯繫，總之要穩定住主教們，革新促進會才能無障礙工作。會議強調這種妥協式的政策是暫時的，「在一定的時期內，容許天主教高級神職人員在人民政府與梵蒂岡之間保持兩面態度，以便在教徒與神職人員中開展愛國運動，並教育和爭取高級神職人員，最後達到變天主教為完全由中國教徒自己管理的教會之目的。」[116]

　　中共一切手段都為了最後的目的，即建立一個獨立於羅馬的官辦教會，類似於十六世紀英國宗教改革中出現的聖公會。為了限制教會在青年中的影響，會議建議除政府部門外，

---

[115] 〈陸定一同志在全國宗教工作會議上的總結〉，1953 年 12 月，《中國五十年代初中期政治運動資料庫》。

[116] 同上。

各地共青團也要負責監督青年思想活動，制定適當辦法來控制教會對於青年人的影響。大會最後重申馬克思主義對於宗教的評價，總體方針是「**必須限制其發展，著重在限制其向青年群眾中發展**（這在很大程度上要靠青年工作的努力，以爭取青年到共產主義方面來）。」[117]

結 語

綜上所述，經歷了 1950~1953 年間政治運動的衝擊，天主教及基督教會都經歷了巨大的衝擊。兩教由於組織形式的差異，造成的影響也各異：天主教由於其組織性較強，抵制各類政治活動的力量也較基督教更爲有力，因而成爲中共打擊的首要目標，在全國宗教會議上更是明確說明 1954 年仍以天主教工作爲主，基督教爲輔。在大方針確立的前提下，1954 年對於天主教會必定是風雨交加的一年，上海將成爲攻堅的目標，也將成爲世界矚目的焦點。

---

[117] 同上。

第四章

社會主義建設時期（1954~1959）的天主教會

　　1949 中共建政後，歷經外部朝鮮戰爭及內部鎮反運動，整合過去社會資源，肅清國民政府遺留的影響。對於各種社會團體及宗教組織進行改造處理，傳統各類民間宗教組織被歸類爲反動會道門予以打擊，代表性有一貫道、同善社、大刀會、九宮道、廟道、槍會等。這些民間宗教團體絕大部分起源於明清時期，從傳統佛道教組織中分離出來，崇尚儒釋道三教合一，他們教義雜糅不同信仰，修習方式各有側重，在流傳過程中吸收了眾多民間風俗，不免帶有迷信成分，以反帝反封建爲號召的中共自然無法容忍這類組織的存在，自1950~1953 年間執行殺、管、關三結合的政策，基本上肅清了各類民間宗教組織。

　　在政權基本鞏固的前提下，中共決定加速由「新民主主義」[1] 向社會主義階段的過渡。1953 年 6 月 25 日中共中央政

---

[1] 「新民主主義」是中共領袖毛澤東在 1940 年《新民主主義論》中
　　提出的觀點，認爲中共革命進程在建立社會主義之前，必須經
　　歷新民主主義這一過渡階段，其任務是無產階級領導的以工農
　　聯盟爲基礎，包括小資產階級、民族資產階級和其他反帝反封

治局提出並經 1954 年七屆二中全會通過過渡時期總路線，即「是要在一個相當長的時期內，逐步實現中國的社會主義工業化，並逐步實現中國對農業、對手工業和對資本主義工商業的社會主義改造。」[2] 總路線實質就是要以社會主義公有制取代生產資料私有制，在總路線推進中出現了大躍進、人民公社化，農民被強制編入合作社。改造期間中共政策日益激進左傾，為隨後的經濟困難及大饑荒埋下了伏筆。在此背景下，宗教政策也更加激進，由初期的改造容忍逐步發展到短期內消滅宗教，對於宗教的定性也由「長期性、民族性、國際性、群眾性和複雜性」[3] 轉變為「麻醉性、欺騙性、消極性、反動性、排他性」。

1954 年 9 月 15 日中共召開第一屆人民代表大會，制定《中華人民共和國憲法》，改政務院為國務院，推選毛澤東為國家主席，劉少奇為全國人大常務委員會委員長。憲法第三章公民權利與義務中，規定中華人民共和國公民言論、出版、集會、結社、遊行、示威的自由；國家供給必需物質上的便

建人們在內的幾個革命階級的聯合專政。「新民主主義」是為向社會主義過渡的準備階段。

[2] 《毛澤東選集》第五卷（上海：人民，1977），89 頁。

[3] 宗教五性論雛形起於 1950 年代初期，中央統戰部部長李維漢在向政治局彙報的〈關於過去幾年內黨在少數民族中進行工作的主要經驗總結〉中，提及宗教具有長期性、民族性、國際性；在1957 年第七次全國統戰工作會議上進一步論述。但 1958 年後李維漢的觀點開始被批評，1964 年被撤職批鬥。

利，以保證公民享受這些自由。第八十八條明文規定中華人民共和國公民有宗教信仰的自由。[4] 憲法條文雖然如此清晰，宗教團體是否能夠享受憲法所賦予的權利？毛澤東對於憲法的評價可謂是一針見血。1958 年 8 月 24 日毛在北戴河會議上講到：「不能靠法律治多數人。民法、刑法有那麼多條，誰記得了？憲法是我參加制定的，我也記不得。我們基本上不靠那些，主要靠決議開會，一年搞 4 次⋯⋯我們每次的決議都是法，開一個會也是一個法。」[5] 後來進一步表示中國「要人治，不要法治。《人民日報》一篇社論，全國執行，何必要什麼法律。」[6] 由此可見憲法的作用在現實中的窘態。政治局勢的走向決定了 1953 年底全國宗教會議制定的針對天主教的工作計畫已經不夠革命，在一片躍進的氛圍中多次修正，更加激進的政策相繼出臺，教會在中國處境也更趨惡劣，中國與教廷的關係也達到無法再惡化的狀態。

一、驅逐外籍傳教士運動的發展

　　三自革新運動以來，通過控訴批鬥相結合的方式，在輿論宣傳上外籍傳教士已經聲譽掃地，在民眾中形成了負面反動的印象。為了全面驅逐外籍傳教士，各類政治指控開始層

---

[4] 共產黨員網：https://news.12371.cn/2015/03/18/ ARTI1426665514681575.shtml

[5] 辛向東、戴劍華，〈董必武與毛澤東〉，《黨史天地》，2009 年第 5 期。

[6] 同上。

出不窮，其中廣泛應用的就是間諜指控。從 1950~1953 年間，幾乎全部被驅逐或監禁的外籍傳教士都被指控為美國搜集情報，反對三自運動的國籍神職及虔誠的信友則被指控為帝國主義走狗，在一系列案件中以 1951 公布的炮擊天安門事件最為著名。根據官方的起訴書顯示，1950 年 9 月 26 日北京市公安局逮捕義大利人李安東（Antonio Riva，1896~1951）、北京法文圖書館管理員日本人山口隆一（1904~1951）及其他五位中外人士 [7]，指控他們受美國駐北平總領館武官包瑞德上校（David Barrett，1892~1977）[8] 指揮，意圖在 1950 年 10 月 1 日國慶大典上以迫擊炮謀殺中共領袖毛澤東等人。

在被指控的一干人犯中，教廷駐華公使黎培里總主教在北京的代表馬迪儒主教（又譯瑪律蒂納，Tarcisio Martina，1887~1961）赫然在列。馬主教 1887 年生於義大利東北部烏迪內省傑莫納（Gemona del Friuli），1903 年加入印五傷司鐸會（Congregation of the

---

[7] 五位中外人士有：馬迪儒；魏智（Henri Vetch），法國人，時任北京法文圖書館經理；義大利教師哲立（Quirino Victor Gerli）；甘斯納（Walter Genthner），德國寶世公司（Robert Bosch Co.Ltd.）駐北平代理人；馬新清，中國人，二戰期間曾任美軍翻譯。

[8] 包瑞德上校（David Barrett），美國軍人、外交官、漢學家。生於科羅拉多州，二戰期間曾任美國駐華大使館武官，精通中文。1944 年代表美國出訪延安，出任美軍駐延安觀察組組長，和中共高層具有良好的關係。1949 年為美國駐北平總領館武官，曾努力與中共溝通謀求外交上的突破，但在中共宣布實行一邊倒的外交政策下，溝通任務失敗。他於 1950 年 2 月離開北平前往臺灣。1952 年退伍，返回美國任科羅拉多大學中文系教授。

Sacred Stigmata），1911 年晉鐸，1926 年來華傳教，曾任宗座駐華代表剛恒毅總主教秘書。他刻苦學習中文及中華傳統文化，在國民政府北伐成功後，三民主義理論成爲學校必修課程，馬迪儒曾將闡述三民主義的書籍翻譯爲義大利文供剛恒毅總主教瞭解，是否與天主教信仰相衝突。1929 年教廷從保定代牧區劃出易縣自治區，任命馬迪儒爲自治區主管；1936 年 1 月 3 日自治區升格爲易縣宗座監牧區，馬被任命爲宗座監牧；1947 年出任宗座公使駐京代表。馬迪儒主教長期以來在華工作，全心投入福傳事業，由於在這一特殊時期的任命，使得被捲入這場著名的間諜案件中。

　　1951 年 5 月中共官方公布起訴書中，指稱公安人員從李安東處查獲六零迫擊炮（60mm 口徑，圓柱炮腿）一枚，手槍一支，手槍及步槍子彈 235 發，從日本人山口隆一處搜獲一封航空信件及手繪圖，標識天安門、金水橋、華表等，並繪有兩條拋物線，一條指向天安門城樓，旁邊文字注明消防壓水機能超過屋頂。圖紙與信件成爲謀殺領袖的罪證，馬迪儒主教被控幫助李安東藏匿武器。1951 年 8 月 17 日中國人民解放軍北京市軍事管制委員會宣判「被告李安東、山口隆一爲美國政府搜集我國情報、策劃武裝暴動、謀殺我國家元首及中央人民政府其他首長。兩被告均處死刑。被告馬迪儒爲國民黨匪幫組織特務武裝、破壞解放區，爲美國政府搜集我國情報，並爲陰謀暴動充當美國政府特務的李安東隱藏軍火武器、處無期徒刑。被告魏智搜集我國情報，供給美國政府，窩藏陰

謀暴動充當美國政府特務的山口隆一，處徒刑十年，被告哲立為美國政府搜集我國情報，處徒刑六年。被告甘斯納為美國政府刺探我國情報，處徒刑五年。被告馬新清為充當美國政府間諜的哲立供給與傳遞情報、隱匿財產，處徒刑九年，剝奪政治權利十五年。」[9] 馬迪儒主教被關押三年後，1954年被驅逐出境，1961年去世。

　　面對這場撲朔迷離的間諜案，起訴書中提及的主犯包瑞德上校早在1950年2月即離開了中國。在炮擊天安門事件公布後，他在臺北曾召開記者會予以反駁，否認組織暗殺中共領袖，並且質疑案件並不單純。中共建政後的安保工作一向嚴密，在華外國人在1949年後一切舉動依然受到嚴密監控，加之國慶慶典人數參與者在十萬以上，如何在眾多民眾中執行迫擊炮刺殺任務？現場又有荷槍實彈士兵防守，並不具備刺殺的可能性。如果真是預謀刺殺，從事發（1950年9月）到逮捕馬迪儒主教（1951年5月）中間間隔超過半年，為何在失敗後不處理相關聯繫信件及藏匿武器，反而將所有證據準備齊全，似乎在等待中共來搜捕，海外長期以來對於該案都有不同程度的質疑。[10]

---

[9] 〈中國人民解放軍北京市軍事管制委員會軍法處判決書〉，1951年8月17日，《中國五十年代初中期政治運動資料庫》。

[10] John N. Hart, *The Making of an Army "Old China Hand": A Memoir of Colonel David D. Barrett* (CA: University of California Inst of East, 1985).

從該案的發生背景來看，正值朝鮮戰爭爆發之際，中美關係已經走向決裂與對立，中共高層已經視美國爲威脅國家安全的頭號敵人。這場「間諜」案件是在中共外交方針宣布一邊倒向蘇東陣營之後的政治舉措，象徵意義大於實質。至於馬迪儒主教捲入案件，一定程度上是與其公使代表身分相關，此時中共正在籌劃驅逐宗座公使計畫，將此案件與宗座公使連接，可對正在進行中的天主教三自革新運動起到促進作用。這場間諜案件隨著後來中美關係的改善，也發生了戲劇性的變化，1971 年周恩來對來訪美國朋友謝偉思（John Service）表示，當年指控包瑞德上校捲入炮擊天安門案件是個錯誤，歡迎他來中國訪問。[11]

在炮擊天安門事件中形成的處理間諜模式，也廣泛應用於驅逐其他傳教士的事件中。1951 年 10 月 16 日瀋陽市軍管會法庭指控營口主教費聲遠[12] 及六位神父（都是法國人）──德

---

[11] 李耀宇，〈我所知道的延安美軍觀察組〉，《南方週末》，2004 年 2 月 19 日第 1045 期。

[12] 費聲遠（André-Jean Vérineux，1897~1983），法國巴黎外方傳教會會士，1922 晉鐸，1926 年被派遣至中國東北地區傳教，1949 年 7 月 14 日教廷宣布從瀋陽主教區劃分出營口教區，任命費聲遠爲營口教區正權主教，同年 10 月 16 日在瀋陽由吉林教區高德惠主教主禮，四平街教區主教石俊聲襄禮晉牧。祝聖主教後，由於政治原因無法履職，1951 年被驅逐出境。1952 年教廷在臺灣設立花蓮宗座監牧區（花蓮、台東兩縣），費以營口主教名義被委任爲署理花蓮教務。此後數十年間，費聲遠主教全心致力於當地福傳，並邀請同樣被中國驅逐的瑞士白冷外方

尚朴（Raphael Ibarrart, MEP，1923~2014）、安寧、裴舫濟（Sylvain Pérès, MEP，1877~1963）、彭光遠（Pierre Peckels, MEP, 1904~1977）、賈浩然（Jean-Pierre Cornic, MEP, 1913~1986）——陰謀組織反革命集團，為美國搜集情報，並且在教堂搜獲往來書信及武器，其罪證與處理方式與天安門案件如出一轍。軍管會法庭宣布「**費聲遠徒刑三年，緩期執行，驅逐出我國國境；德尚朴、安寧、裴舫濟、彭光遠、賈浩然五犯都驅逐出我國國境。**」[13] 同日新華社亦報導南京、太原和石家庄三市的軍事管制委員會最近相繼下令取締該三市的國際性秘密反動組織「聖母軍」，聖母軍指導美籍杜華神父（Louis J. Dowd）[14] 被指控派遣弘光中學青年學生接受美國培訓[15]，被逮捕驅逐出境。1953 年 3 月

傳教會來台東服務。1973 年退休。1983 年 1 月 10 日，費主教在花蓮病逝，為當地教會發展做出了巨大貢獻。

[13] 〈瀋陽市判決帝國主義傳教士陰謀破壞案〉，《新華社》1951 年 10 月 16 日。

[14] 杜華（Louis J. Dowd SJ，1911~1950），美籍耶穌會神父，1911 年生於美國紐約州一個富裕的牙醫家庭，1931 年加入耶穌會，1937 年來華服務，1944 年在上海晉鐸，晉鐸後從事青年教育，先後在上海金科中學、揚州震旦中學、南京弘光中學任教，擔任聖母軍支團的指導司鐸。1951 年被逐出境，輾轉至新竹傳教，1957 年創立類思學生中心，1964 年創立天主教社會服務中心，服務於社會弱勢族群，關心青年，留下眾多感人事蹟。詳見〈杜華神父逝世二十五周年紀念文集〉及〈至潔老友永懷耶穌會士杜華神父〉，載臺灣《天主教週報》第 539 期。

[15] 〈上海南京等市軍管會宣布取締「聖母軍」〉，《新華社》，1951 年 10 月 16 日。

25 日和 6 月 15 日，上海市公安局宣布破獲兩起外籍傳教士間
諜案；3 月 25 日公安局逮捕兩名比利時傳教士田望霖（Alain
Terwangne）、林仁（Clement Renirkens），及八名從犯，起訴書指
控二人以金錢收買中國教徒搜集情報，其實兩位傳教士被逐
主要原因是與宗座公使關係密切。6 月 15 日又逮捕翟光華[16]、
斐有文[17]、葛懷仁[18]、格壽平[19]、梅占元[20]，及國籍信徒共十
三人。罪名除了「間諜」的指控外，增加了對修會的指控：
「遣使會、耶穌會多年來曾不斷地、大量地私套外匯，轉移
財產，隱藏武器，又曾誘騙強迫青年赴國外受反動訓練，阻
止聖母軍份子登記，破壞土地改革及鎮壓反革命運動。」[21] 為
了壯大聲勢，上海市徐匯區在 6 月 22 日組織萬人控訴大會，
周邊地區杭州、南京、無錫、嘉興、徐州等地人民也紛紛集
會，聲援上海教會。上海市政府文教委員會組織了「帝國主

---

[16] 翟光華（Charles Joseph McCarthy），美國籍，時任耶穌會徐匯
神學院院長。

[17] 斐有文（Thomas Leonard Phillips），美國籍，時任耶穌君王堂
本堂。

[18] 葛懷仁（Joseph Patrick McCormack），美國籍，瑪麗諾會駐上
海辦事處負責人。

[19] 格壽平（Fernand Lacretelle），法國籍，時任耶穌會上海地區會
長。

[20] 梅占元（Joseph Jean Deymier），法國籍，時任遣使會遠東區視
察員。

[21] 〈粉碎帝國主義利用天主教進行的破壞活動〉，上海《解放日報》，
1953 年 7 月 16 日。

義利用天主教進行陰謀破壞活動罪證展覽會」，參觀者三天之內超過五萬人，直接前往登記要求參觀的已有一千多個團體單位共二十八萬二千多人。南京、海門等地的天主教徒也推派代表前往上海參觀。[22]

在官方大規模的宣傳動員下，在華的外籍傳教士依然成爲眾矢之的，面對各項指控完全被剝奪了答辯的權利，只能被動接受一切安插的罪名。除了在大中城市外，一些天主教信徒聚集的縣城或鄉村地區，也被捲入「間諜」指控之中。1953 年 7 月河北省滄縣專署公安處在獻縣破獲反革命案，中國籍耶穌會神父張思謙（獻縣人，獻縣天主教區代理主教，耶穌會會長）、賈書善（任邱縣人，獻縣總本堂神父）和從犯王峻德（耶穌會天津會院院長）、藍路一、王德望等八人均已就捕。[23] 由於被指控者皆爲國籍人士，所以罪名爲帝國主義「爪牙」。張思謙神父在耶穌會培育階段的海外學習，被指控爲罪證之一：由北京去巴黎轉羅馬受專門「訓練」，和修會長上的教務彙報則成爲向帝國主義提供情報，教會制定各堂區的傳教計畫成爲「進行刺探情報、散布謠言、瓦解民兵組織等破壞活動」[24]。

自 1950 年以來，數年之間各地外籍傳教士被指控爲間諜事件密集爆發，且手法都高度一致，處理方式也極其雷同：

---

[22] 同上。

[23] 〈河北獻縣破獲以天主教爲掩護的反革命案〉，《河北日報》，1953 年 9 月 7 日。

[24] 同上。

從「人民」檢舉到公安搜捕、罪證展覽、鬥爭控訴大會、軍管會宣判、最終驅逐出境，完整的流程明顯可見背後政治操作的痕跡。隨著驅逐運動的擴大，損害的不僅是外籍傳教士的聲譽，天主教會也被嚴重汙名化，雖然表面上提倡是要由「愛國」的教徒領導新生的教會，但實際上這個所謂的新生教會，已然在政治運動中被外界誤解為帝國主義在華工具。在此後數十年間，中國民間對於天主教負面印象根深柢固[25]，很大程度上都是拜這些政治運動所賜。

二、1954 聖母年與教宗對華通諭

　　1953 年 9 月 8 日教宗庇護十二世頒布《光耀之榮冠》（*Fulgens Corona Gloriae*）通諭，為紀念先教宗庇護九世 1854 年 12 月 8 日頒布《不可錯誤之天主》通諭中欽定聖母無染原罪信理一百周年，特定 1953 年 12 月至 1954 年 12 月為聖母年，在聖母年期間，各堂區「可於聖年內，指定日期中，令諸信友踴躍參加共同之祈禱，表示其對聖母之信仰與愛慕。餘深信露德聖地，斯時斯境也，於聖童貞瑪利亞無染原罪始胎者

---

[25] 為配合政治運動，中共製作了一系列「反特」電影，從 1950~1990 年代，文藝電影作品中出現的神職人員基本上都是特務間諜形象，代表性有《斬斷魔爪》、《光輝燦爛》、《控訴》、《神秘的旅伴》、《鬥鯊》、《黑三角》、《聖保羅醫院之謎》和《十字架的魔影》，這些文藝作品的廣泛流傳，加深了中國普通民眾對於天主教會的誤解與敵意。

之敬禮，當更加倍熱誠。」[26] 在此聖年中，教宗特別呼籲全球教會爲青年祈禱，尤其要爲那些處於苦難之中的教會：「緣目前聖教會於若干地區中，遭逢浩劫，已盡人皆知，而諸凡所加於聖教之欺壓、誹謗、掠奪，與夫若干教區之主教被慘無人道之放逐，或無理之囚禁，甚至橫加困擾而不能繼續盡其職守；又諸如在各該地區限制設立學校，不得發行報章、公開講學、辯護及宣傳基督福音，以及以教義訓導青年者，不一而足。」[27]

在教宗呼籲下，全球各國教會都安排聖母年慶祝活動及祈禱朝聖安排。深處困境中的中國教會對教宗的呼籲更有深刻的體會。1954 年元旦，上海各堂區在龔品梅主教帶領下舉行了恭迎聖母典禮，信友踴躍參加，禮儀隆重。上海公教青年設計了多幅精美的聖母聖像，並舉行了三天的聖像展覽。各教堂自早晨六點至晚間七點教友輪流在聖母像前祈禱。一位在上海公幹的捷克斯洛伐克信友參加了耶穌君王堂的彌撒，他形容人數眾多，堂外亦擠滿了信眾，一些基督新教的信徒也參與了君王堂的彌撒，教友虔誠令人感動。[28] 除上海外，河北、山西、山東、陝西等地教會都組織了朝聖活動，

---

[26] 教宗庇護十二世，《光耀之榮冠》通諭，見：

http://archive.hsscol.org.hk/Archive/database/document/P138.htm

[27] 同上。

[28] 蘇若裔，《中國近代教難史料》（臺北：輔仁大學，2000），54-2頁。

信友參與踴躍，引起了官方的高度關注。1954 年 2 月中共山西省委向中央及華北局彙報山西各地朝聖活動，並且制定政策請求中央批示，文件中要求儘量控制朝聖活動，要求各地愛國教徒們要活動起來「各級黨委應組織各有關部門的力量，並動員天主教內的愛國份子，主動向教徒群眾揭發天主教內反動份子發動集體『朝聖』的陰謀。」[29] 對於組織活動的神職人員則有如下指示：

> 但對不聽勸告、堅持組織「聖母年」非法活動的少數為首的反動份子，應以逮捕、傳訊（逮捕必須事前呈請省委批准）等方法予以必要打擊；對多數動搖的中間份子，則應積極爭取，以瓦解其反動領導核心，使「聖母年」的活動能夠停止或縮小規模，並限制在我們所允許的宗教活動範圍以內。同時必須有計劃地加強偵察工作，嚴密控制其活動，隨時瞭解其動態，這是對付他們的重要環節。[30]

華北局對山西省委的彙報予以肯定，並且增加了處理建議，要採用「最好事先用釜底抽薪辦法，不讓朝聖活動搞起來」為最佳處理，但是完全壓制容易激起信眾反抗，因此要嚴格限制規模：「在教堂內活動，不能到教堂外去，不能集

---

[29]〈山西省委關於對天主教組織「聖母年」集體朝聖活動的具體措施〉，1954 年 2 月 9 日，《中國五十年代初中期政治運動資料庫》。

[30] 同上。

體遊行，使其活動由大化小，由集體變爲分散，不超出規定範圍之外。」[31] 中共中央在接獲華北局和山西省委彙報後制定了回覆意見，在官方文件中可以一窺當年朝聖規模及信友的熱心程度：「今春以來，各地已發現聖母年朝聖活動者，計有華東、華北、西北及中南，包括八個省及三十多個市、縣的廣大地區。在個別地區他們已經組織了比較大的活動，例如山西太原在主教郝鼐主持下，舉行了近四千人的『游聖母』大會；上海朱家角在迎供聖母七天中，連日組織漁民和農民教徒輪流進堂朝拜，每批六百人左右。」[32] 原則肯定華北局和山西省委的意見，要求各地黨委如果無法阻止朝聖活動，要由各地黨委支持的「進步神職」掌握朝聖的主動權。對於「進步神職」不佔優勢的地區，要謹防「落後份子」組織的朝聖活動，必要時應予以逮捕、限制、訓斥、傳訊。[33]

官方對聖母年慶祝活動如臨大敵，一方面固然是出於意識形態的對立，另一方面現實的擔憂則是懼怕藉由聖母年的朝聖活動強化信友的信仰意識，尤其對三自愛國運動帶來衝擊，因此要用各種方式限縮聖母年對中國信眾帶來的影響。經歷了數年政治運動，官方原以爲教會已經受到了打擊，政

---

[31] 〈華北局對天主教大規模「朝聖」的對策〉，1954年2月26日，《中國五十年代初中期政治運動資料庫》。

[32] 〈中央複對天主教聖母年集體朝聖活動的處理問題〉，1954年5月1日，《中國五十年代初中期政治運動資料庫》。

[33] 同上。

府能透過扶植的「進步神職」掌控教會，但在聖母年的朝聖活動中，他們意識到消滅教會的困難，加速了推進建立全國性愛國會的組織的步伐，力圖建立一個完全脫離羅馬的教會。

　　1954 年 10 月 7 日玫瑰聖母瞻禮，教宗庇護十二世頒布《致中華人民》的通諭，回顧了教會在華以往的業績。感慨今日天主教會在華所面臨的種種困境，針對國內對於教會各種指控做出了回應，強調「中國的公教人，對於自己尊貴的祖國，愛慕之切，服務之勤，絕對不後於人，凡是居心正直的人，都可以看到這一點。」[34] 教宗也闡述了宗教意義上的三自和官方鼓吹三自本質上的區別，指出中國國內鼓吹三自運動的目的是「圖謀在你們國內創一個國家教會。可是這樣的教會，已經不是公教會，因為已經推翻了公教的『至公性』；而天主耶穌所立的教會，則超然立在各民族之上，伸手懷抱著一切的民族。」[35] 教宗勸勉那些三自運動的追隨者們要誠心悔改，應該銘記「沒有人能夠奉事兩個主人……沒有人能夠取悅耶穌，又取悅於人。因此，即使為至死忠於神聖的救世主，應受窘難，便該毅然承擔一切。」[36] 教宗的通諭對中國信友尤其是還在參與三自運動的一些神職，產生了一定的影響，此後的官方輿論反應，部分參加三自的神職人員思想

---

[34] 教宗庇護十二世，〈致中華人民通諭〉，香港《公教報》，1955 年 1 月 2 日。

[35] 同上。

[36] 同上。

出現了波動，不願意背棄信仰，官方爲了鞏固三自運動成果，決定軟硬並施，於 1954 年 12 月在武漢處決四名司鐸及一位教友 [37]，以震懾反對三自者。

爲了儘快成立全國性的愛國會團體，1955 年初中央召開了第三屆全國宗教會議，總結 1954 年工作經驗：

被驅逐出境的〔外籍傳教士〕已有二千一百一十人，現只剩一百二十四人（在押的二十一人，已經批准將驅逐或限令出境的二十八人，批准留下的八人，尚未處理的六十七人）。破獲間諜案四十七起，其他反革命案二十餘起，在全國三十多個大、中城市和二十一省的一百餘縣取締了天主教反動組織「聖母軍」，計登記退團的職員、團員一萬七千餘人，約占「聖母軍」總數百分之七十。天主教所辦的學校、醫院及救濟機關已爲我接辦。發動了教徒群眾（包括一部分神職人員）參加反帝愛國運動，使他們受到了愛國主義教育，提高了政治覺悟，爭取和控制了相當數量的神職人員，其中有一部分高級神職人員在全國建立了二百個教徒愛國組織。我們已初步控制了若干重要城市、一部分教區以及若干農村的天主教會。[38]

---

[37] 被處決的三位司鐸爲武昌教區代理主教史憲章神父、漢口教區楊少懷神父、武昌教區陳良佐神父，及聖母軍支團副主席李伯魯教友。他們被控反對三自運動、參與聖母軍、從事「反動」活動等罪名。詳見香港《公教報》，1955 年 1 月 16 日。

[38] 〈一九五四年全國天主教工作總結〉，1955 年 2 月，《中國五十年代初中期政治運動資料庫》。

　　對於工作中的阻力，主要是上海教區還未被攻克，龔品梅主教成爲中共當局整肅的重要目標。打擊龔品梅及上海教區是 1955 年重點工作，因爲「上海天主教內反動勢力相當強大，群眾基礎未被動搖，並受到梵蒂岡及海外帝國主義份子的不斷支持和國內二十幾個教區一百多個地方建立了秘密聯繫。上海應總結過去經驗，加強宗教工作機構，訂出一九五五年天主教全年工作計畫，堅決執行。上海周圍及江蘇、浙江、安徽、山東各省也應加強工作，鞏固現有陣地，打擊龔品梅反動集團所派出的爪牙，壓縮削弱龔品梅反動集團的力量。各地應根據不同情況，有計劃有重點地加強當地天主教的工作，以支援上海反對龔品梅反動集團的鬥爭。有些地方還須開展鬥爭；有的地方應進一步鞏固既得陣地；在教徒集中的農村，應作爲鄉村天主教工作的重點，逐步奪取這個陣地。」[39] 在鬥爭策略上要發揮隱藏在教會內的潛伏勢力，裡應外合，要依據公安部門制定的「關於打擊天主教內帝國主義勢力的基本情況及今後工作意見」報告中的要求，「公開的群眾工作與公安部門的秘密工作適當地結合起來，以便和敵人進行公開的和秘密的鬥爭，從外部和內部去打擊敵人。」[40] 在中央精心部署下，一場針對上海天主教會的鬥爭即將拉開帷幕。

---

[39]〈一九五五年全國天主教工作方針任務報告〉，1955 年 2 月，《中國五十年代初中期政治運動資料庫》。

[40] 同上。

三、龔品梅事件

　　龔品梅主教，又名龔天爵。1901 年 8 月 2 日生於江蘇省松江府川沙唐墓橋鎮（今屬上海市浦東新區）一個天主教家庭，早年就讀徐匯中學，1920 年入修院，1930 年 5 月 28 日晉鐸。龔品梅在多所教會中小學任教，抗戰勝利後出任上海金科中學校長，長期在教育領域裡耕耘服務，對於公教青年有著一定影響力。1949 年 8 月教廷任命龔爲蘇州教區主教，10 月 7 日玫瑰聖母瞻禮由教廷駐華公使黎培里總主教祝聖爲主教。1950 年 7 月兼任上海教區主教及署理南京教區主教；龔一人執掌三個教區事務，在中國教會史上亦屬少見。

　　在中共建政初期，由於田耕莘樞機和于斌總主教出走，龔品梅主教成爲中國教會內一位代表性人物。他在出任主教後，面對聲勢巨大的三自革新運動，採取了抵制的態度。對於參與革新運動的神職及信友，要求他們必須公開懺悔。三自運動是裂教的開始，最終是要和教宗脫離關係，那樣的教會已經不是天主公教會。至於中共官方組織針對天主教神職及信友的政治學習，龔也告誡參與者「政府爲神父和教友組織的『集體學習』，名義上固然是只談政治，而經驗證明，這種學習終要涉及宗教……」，爲了信仰的益處，應避免參加。在聖母軍被鎮壓之時，面對信友們的詢問可否前往公安機關登記，龔勸告他們「今天聖母軍已遭到攻擊，我的態度仍然不變……我只有祝福他們，爲他們祈禱，求主光照他

們，賜他們以愈下去愈需要的勇氣。」[41] 龔主教堅定的信念
及對各種反教會運動的清晰回應，在信友中產生了積極影
響。但對於中共來說，這種行為已經成為推廣三自革新運動
的重大阻礙，龔主教已經成為當局必須清除的眼中釘，因此
在 1954 年宗教會議上制定的工作計畫，即以征服摧毀上海教
區為 1955 年重要的工作任務。

　　經過前期周密的準備工作，1955 年 9 月 8 日夜上海市公
安局統一部署，逮捕龔品梅主教、金魯賢、張希斌、朱洪聲、
范忠良等神父三十餘人及教友共 183 人。[42] 9 月 9 日上海《解
放日報》發表社論〈徹底摧毀龔品梅反革命集團，肅清隱藏
在天主教內的一切反革命份子〉，指責龔主教反對革新運動、
支持聖母軍、反對參加政府組織的政治學習；社論鼓勵上海
的神職及教友要踴躍揭發龔品梅集團的「罪惡」，改過自新，
勇於揭發者視其功績大小予以獎勵。9 月 25 日上海市政府組
織萬人控訴大會，批判龔主教的同時，宣告上海市天主教友
愛國會籌委會成立；上海市政協及各民主黨派也舉行座談會
「熱烈擁護政府逮捕龔品梅等反革命份子的正確措施」。上
海《解放日報》在登載破獲龔品梅反革命集團消息後的三個

---

[41] 〈抗拒上海市軍事管制委員會取締反動組織「聖母軍」的命令〉，
　　1955 年 9 月 17 日，《中國五十年代初中期政治運動資料庫》。

[42] 關於當夜逮捕人數，官方出版的《上海公安志》記載為 183 人，
　　教會方面資料記載當夜逮捕人數包括神父修士及教友至少三百
　　名。詳見《中國近代教難史料》、《中國大陸天主教四十年大
　　事記》。

多星期裡，收到各界人民憤怒聲討和檢舉龔品梅反革命集團
罪行的信件共有 1422 封。中國基督教三自愛國運動委員會主
席吳耀宗、中華聖公會主教院主席主教陳見真、中國佛教協
會副會長趙樸初、上海市佛教協會副會長持松法師，以及清
真寺伊斯蘭教教長馬人斌等，都在報紙上寫文章擁護政府的
正確措施。陳見真說：「**政府將以龔品梅為首的一夥反革命
份子依法逮捕，不僅是為民除害，也是為教除害，這是整個
宗教界的一件大喜事。**」[43]

　　在上海逮捕龔品梅主教的同時，全國其他地區也掀起了
搜捕龔品梅同黨的運動。1955 年 9 月 10 日，浙江台州教區主
教胡若山、永嘉（溫州）教區代理主教蘇希達神父、鄭正希神
父、陳群謀神父等被捕：10 月 26 日武漢市政府宣布破獲漢口
教區代理主教劉和德神父 [44] 反革命集團，武漢市官方報紙《長
江日報》發表長篇社論，譴責劉和德反革命集團是與龔品梅
一樣的反動組織，共同的罪名是反對三自革新、利用公教青

---

[43]〈上海市廣大人民熱烈擁護政府逮捕龔品梅等反革命分子〉，《新
華社》，1955 年 12 月 12 日。

[44] 劉和德（1912~2001），1929 年加入方濟各會，1936 年晉鐸在
漢口總教區工作，1952 年漢口總主教羅錦章被驅逐前，委任劉
和德及楊少懷神父為代理主教。楊少懷神父於 1954 年被中共處
決。劉和德神父忠於教宗拒絕加入愛國會，1954 年被捕打成反
革命集團，長期監禁直至 1980 年代獲釋。1984 年秘密祝聖為主
教，是漢口教區地下教會團體的領袖。1990 年代，在方濟各會
撮合下，與中共愛國會主教董光清和解，在武昌修院任神師，
2001 年去世。

年反對中共政權。[45] 湖北各界組織控訴批鬥大會共有兩萬四千餘人參加，在「愛國」信徒一致要求下，武漢宣布成立天主教友愛國會籌委會。

在龔品梅主教事件後，江蘇、山東、福建、浙江、河北、山西等省，相繼逮捕了一大批忠於信仰原則的神職及教友，他們皆被指控為龔品梅集團的反動「爪牙」，代表性的案件有：青島魏書田、楊學哲反革命集團；濟南董海晏反革命集團；汕頭黃克仁、蘇靈反革命集團；安徽蚌埠張金易反革命集團；福州卓光琳、蔡若望、葉拱峰、黃希明反革命集團等。通過查考各地所謂的反革命集團，所有罪證皆高度類似，相關被指控的神職，無論是否與龔品梅相識，都被視之為「餘黨爪牙」。龔品梅事件及其隨後全國範圍內針對天主教神職的搜捕運動，在 1950 年代中期中共肅反運動 [46] 背景下進行，是和黨內鬥爭相關聯。上海官媒將龔品梅主教與 1955 年潘漢

---

[45] 〈劉和德反革命集團是人民的死敵〉，《長江日報》，1955 年 10 月 26 日。

[46] 肅反是指中共在 1955~1958 年間發動的肅清暗藏反革命分子運動的簡稱，也是 1953 年中共審查幹部運動的繼續，目的是清理共產黨幹部隊伍，加強黨的幹部純潔性。在運動中，從中央到地方建立起專門肅反機構，先後處理了潘漢年楊帆反革命集團案、胡風反革命集團。運動最初在黨內進行，後逐漸向各民主黨派、高校知識份子、社會團體擴展。肅反的激進政策，引發各界尤其是知識份子們不滿。1957 年中共鼓勵大鳴大放，對於肅反提出批評意見的人士，很快在反右運動中被劃為右派，加以批鬥。肅反與整風反右，匯聚融合。

年楊帆反黨集團相連接，聲稱是黨內外反革命勢力聯合。[47] 但實質上這些神職最大的「罪名」就是堅持自己的信仰原則，無法配合官方要求的支持三自革新運動。藉由打擊龔品梅集團案件，進而株連其他地區忠貞神職，減少三自運動面臨的阻力，為全國性的愛國組織鋪平了道路。

四、中國天主教友愛國會成立

隨著龔品梅主教的被捕及全國性的大搜捕後，中共認為時機已經成熟，應該籌備建立全國性的天主教友愛國會。此前各宗教團體都已在政府的介入下成立相關的全國性組織[48]；天主教會由於特殊情況，被中共視為最難攻克的堡壘。在肅反運動對於天主教神職清理的同時，官方加大力度扶植「愛國進步」神職，支持他們掌控教會。1956 年 2 月第二屆全國政協二次會議上，中共邀請九位天主教代表與會，他們是：

+ 王文成：四川南充教區主教
+ 張士琅：上海教區代理主教
+ 李君武：北京教區副主教
+ 董文隆：山東濟南教區副主教

---

[47] 《解放日報》，1955 年 9 月 12 日。

[48] 1953 年 5 月 11 日在北京成立中國伊斯蘭教協會；1953 年 5 月 30 日在北京廣濟寺成立中國佛教協會；1954 年 8 月在北京成立基督教三自愛國運動委員會；1957 年 4 月 12 日在北京成立中國道教協會。在中共官方承認的五大宗教中，此時只有天主教尚未成立全國性機構，中共對此問題十分關注。

✦ 趙經農：甘肅天水教區代理主教
✦ 康思誠：江蘇南京教區無錫總鐸
✦ 李德培：天津教區神父
✦ 張家樹：上海教區神父、徐家匯修院院長
✦ 楊士達：上海教區教友 [49]

　　九位代表參會期間，表達了對社會主義祖國傾心愛慕之情。國務院宗教事務局局長何成湘向中共中央遞交〈關於成立全國性天主教愛國組織的意見〉，表達自 1950 年以來對天主教鬥爭已經獲得了重大進展，尤其在逮捕龔品梅主教後，全國「二十四個省、市共逮捕了反革命份子二千多人，一三七個有神職人員的教區，已有七十六個（約占一三七個教區的百分之六十）為我所控制；北京、天津、南京、上海、杭州、福州、濟南、蚌埠、武漢、長沙、南昌、重慶、成都、貴陽、開封、保定、太原、漢中、天水、瀋陽、哈爾濱等約六十個大中城市的天主教徒愛國組織，都已經在我們的領導或者影響之下；愛國力量也大有增長。加之目前國際形勢的進一步緩和，和國內社會主義建設的迅速發展，更大地提高了教徒群眾的覺悟。在神職人員和教徒中，我們已經培養了一批愛國的進步的份子，各地公安部門還控制使用了一部分神職人

---

[49] 中國天主教友愛國會、中國天主教主教團編，《聖神光照中國教會：中國天主教友愛國會成立五十周年來的輝煌足跡》（北京：宗教文化，2008），53 頁。

員。這些都是成立全國性天主教徒愛國組織的有利條件。」[50]
應該趁此時機，以參加政協會議的九位天主教代表為發起
人，要製造成是天主教內部自願發起的行動，全國各地方宗
教部門要動員本地神職參與。經過初步動員，各地宗教部門
回饋已經動員參與的有 144 人，其中主教 5 人，代理主教和
副主教 28 人、神父 53 人、教徒 58 人；時間擬定於「今年七、
八月間在北京召開發起人會議，成立中國天主教友愛國會的
籌備機構，進行各項籌備工作。」[51] 中共中央辦公廳在 6 月
23 日批准該報告，並轉發全國各省（市）委、自治區黨委：「國
務院宗教事務局黨組〈關於成立全國性天主教愛國組織的意
見〉的報告，已經中央批准。現將這個文件發給你們。關於
這一工作的具體布置，將由國務院宗教事務局另行通知各地
人民委員會宗教事務處（局）。」[52]

　　1956 年 7 月 7 日，參與政協會議九位天主教代表發布〈中
國天主教友愛國會預備會議薦起書〉向全國各地教會發出邀
請，希望派代表於 7 月 18 日來京參加籌備會議。7 月 19 日來
自全國各地的代表 37 人在北京召開會議，商討成立中國天主

---

[50] 〈關於成立全國性天主教愛國組織的意見 中央宗教工作委員會稟
　　報〉，1956 年 5 月 21 日，《中國五十年代初中期政治運動資料
　　庫》。

[51] 同上。

[52] 〈中共中央批准國務院宗教事務局黨組「關於成立全國性天主教
　　愛國組織的意見」的報告〉，1956 年 6 月 23 日，《中國五十年
　　代初中期政治運動資料庫》。

教友愛國會事宜；7 月 25 日會議發表〈中國天主教友愛國會籌備委員會發起書〉，呼籲全國教友在新中國享受充分「宗教自由」的同時，感激偉大人民政府通過各項政治運動改變了祖國落後面貌，從內心感激讚美天主，因爲天主的道路——和平與正義[53]——在黨的領導下正在實現。爲了「更進一步團結全國神長教友，發揚愛國主義精神，積極參加祖國建設與各項愛國運動，保衛世界和平，協助政府貫徹宗教信仰自由政策，我們覺得有必要成立一個全國性的愛國組織。」[54] 希望全國信友支持這一行動，參與愛國愛教，因爲和平的君王耶穌基督也會贊成這一運動。發起人及到會者如下：

1. 王文成：四川省南充教區主教
2. 趙振聲：河北省獻縣教區主教
3. 李伯漁：陝西省周至教區主教
4. 易宣化：湖北省襄樊教區主教
5. 李維光：江蘇省南京教區代主教
6. 董文隆：山東省濟南教區副主教、濟南市天主教友愛國會主任
7. 李君武：北京教區副主教
8. 李德培：天津市紀家莊天主堂神父、天津市天主教友愛國會代主任

---

[53] 《聖神光照中國教會》，54 頁。
[54] 同上。

9. 楊士達：上海市天主教友愛國會籌委會副主任

10. 張士琅：上海教區代理主教

11. 胡欽明：江西省南昌教區代主教、南昌市天主教友愛
   國會副主任

12. 楊高堅：湖南省常德教區代主教、常德市天主教友愛
   國會主任

13. 何春明：河南省開封教區代主教

14. 趙經農：甘肅省天水教區代主教

15. 馬文純：北京市東堂神父

16. 徐振江：遼寧省瀋陽市天主堂神父、瀋陽市天主教友
   愛國會副主任

17. 湯履道：上海市天主教友愛國會籌委會副主任

18. 連秋航：山東省濟南市天主教友愛國會副主任

19. 胡少甫：湖北省武漢市天主教友愛國會副主任

20. 李耀宗：天津市天主教友愛國會副秘書長

21. 高宗才：陝西省西安市天主教友愛國會主任

22. 王克謙：浙江省杭州市天主堂神父

23. 劉建仁：內蒙古自治區呼和浩特教區代主教

24. 陳志雄：廣東省廣州市天主教友愛國會主任

25. 賈振民：北京市北堂天主教友愛國會主任

26. 林泉：福建省福州教區代主教

27. 王聚祥：山東省兗州教區代主教

28. 王良佐：四川省廣元縣天主堂神父、廣元縣天主教友

愛國會主任

29. 曹道生：山西省太原市天主教友愛國會副主任

30. 張家樹：上海教區修院理院神父（因身體情況請假）

31. 李思德：上海市虹口天主堂神父

32. 周健鍾：貴州省貴陽市天主教友愛國會主任

33. 張駿聲：河北省獻縣張家莊天主堂神父

34. 王其威：河北省保定市天主堂神父

35. 康思誠：江蘇省無錫市天主堂神父

36. 龐世宏：內蒙古自治區呼和浩特市天主堂神父

37. 姚光裕：北京市北堂神父 [55]

　　上述名單中的代表，相當一部分司鐸在日後自選自聖開始後成為主教，並且長期擔任所在省市愛國會的領袖，亦有部分人士在隨後的反右運動中落馬，還有部分神職還俗結婚，一言難以道盡。

　　7月26日與會代表在中南海紫光閣得到國務院總理周恩來的接見；周贊成與會代表的主張，並鼓勵要堅持三自原則，繼續推進天主教愛國運動。1957年7月15日至8月2日第一屆中國天主教教友代表會議在北京召開，四川南充教區主教王文成做開幕發言，陝西周至教區李伯漁主教做了關於愛國會今後任務的報告，遼寧瀋陽總主教皮漱石宣讀了閉幕宣言。會議宣布成立中國天主教友愛國會，制定了《中國天主

---

[55] 同上，55~56頁。

教友愛國會章程》和《中國天主教友代表會議決議》，並選
舉了愛國會第一屆主席、副主席及常委：

✦ 主席：皮漱石總主教

✦ 副主席：楊士達教友、李伯漁主教、李維光代主教

✦ 常委：王文成主教、趙振聲主教、董文隆代主教、李
德培神父、曹道生教友

✦ 秘書長：李君武副主教

✦ 副秘書長：易宣化主教、楊高堅代主教、湯履道教友 [56]

大會在閉幕宣言中說明：必須切斷與羅馬教廷政治經濟
關係，僅在當信當行的教規上服從教宗。但這種表述的矛盾
在於：服從教宗卻要反對教宗領導下的羅馬教廷。教廷已經
成為反動組織，要求中國信友必須與其劃清界限。代表中共
官方列席愛國會的代表國務院秘書長習仲勳在會議上提及的
與教廷關係可謂是一針見血：所謂的服從教宗，要在不違反
中國人民利益、不侵害中國主權，和梵蒂岡改變了敵視新中
國政策的前提下，天主教才可以和梵蒂岡發生宗教事務上的
關係，而這種關係是一種獨立自主的宗教關係。[57] 如何界定
中國人民利益，解釋權自然操控在官方手中，這種表面上保
持純粹的宗教關係說法，一開始就具有極大的操作性：在客
觀條件不成熟的情況下，可用於籠絡對於自辦教會尚有疑慮

---

[56] 同上，80頁。

[57] 同上，31頁。

者；一旦條件成熟，與教宗這層若即若離的薄弱關係可隨時切斷。這一切情況在此後的歷史發展中得以驗證。

五、反右與宗教改造

　　1957 年在中國天主教友愛國會全國會議召開之時，中共發起的反右運動也在如火如荼地進行中，並不可避免地對天主教會產生了影響。反右是中共執政後發起的重要政治運動，為此後的大躍進、四清、文化大革命等一系列政治災難埋下了禍根。1956 年 4 月中共中央主席毛澤東在中央政治局擴大會議上做了「論十大關係」的談話，不久又提出了「百花齊放、百家爭鳴」的雙百方針，鼓勵文藝界、科技界在思想學術問題上要有獨立思考的自由，及發表意見、堅持意見的自由，鼓勵各界人士踴躍發言。毛首先主張在黨內要開展整風運動，整頓黨內的「主觀主義、官僚主義、宗派主義」。

　　1957 年黨內整風運動擴大到黨外，毛澤東在 4 月 30 日接見各民主黨派負責人時，鼓勵他們向共產黨提意見，要「知無不言，言無不盡；言者無罪，聞者足戒；有則改之，無則加勉」[58]。1957 年 5 月 1 日，《人民日報》發表中共中央發布的〈關於整風運動的指示〉，鼓勵黨外人士給共產黨提意見，文章言辭懇切，表示此次整風「是一次既嚴肅認真又和風細雨的思想教育運動，應該是一個恰如其分的批評和自我批評

---

[58] 〈中共開展整風運動，黨外人士幫助整風〉：
　　http://cpc.people.com.cn/GB/64107/65708/65722/4444751.html

的運動」[59]。黨外人士尤其是民主黨派和知識份子深受鼓舞，認為中共能如此虛心受教，傾聽各界批評意見實乃國家之福，便真的開始「知無不言，言無不盡」。他們針對中共 1949 年建政後歷次政治運動中缺失及各類冤假錯案，提出批評；對於中共執政前民主承諾和建政後一黨專政的現實，表達了失望，希望中共能夠有所改正。

正當各界踴躍建言的時候，毛澤東和中共高層的態度已經發生了變化。6 月 12 日毛澤東撰寫了〈事情正在起變化〉，指出最近一段時間各類批評意見滿天飛，但還要讓批評者再活躍一個時期，「讓他們走到頂點。他們越猖狂，對我們越有利。人們說：怕釣魚，或者說：誘敵深入，聚而殲之」[60]。10 月 15 日中共中央發布〈關於劃分右派份子的通知〉，凡是意見觸及（1）反對社會主義制度；（2）反對無產階級專政、反對民主集中制；（3）反對共產黨在國家政治生活中的領導地位；（4）以反對社會主義和反對共產黨為目的而分裂人民的團結；（5）組織和積極參加反對社會主義、反對共產黨的小集團；蓄謀推翻某一部門或某一基層單位的共產黨的領導；煽動反對共產黨、反對人民政府的騷亂；（6）為犯有上述罪行的右派份子出主意、拉關係、通情報、向他們報告革

---

[59] 〈中國共產黨中央委員會關於整風運動的指示〉，《人民日報》，
1957 年 5 月 1 日。

[60] 〈事情正在起變化〉，《毛澤東選集》第五卷，423~429 頁。

命組織的機密者[61]，皆屬右派份子，主謀份子被劃分為極右。一大批知名民主人士及知識份子被劃為右派，如中國民盟副主席、農工民主黨主席、交通部長章伯鈞、民盟副主席森林工業部部長羅隆基、《光明日報》總編輯儲安平，全國被劃分為右派者達 552,973 人，受到株連者達 140 萬人。[62] 另有學者根據內部檔案整理，全國的右派份子為 3,178,470 人，加上「中右」份子 1,437,562 人；兩者相加，共 461 萬多人。[63]

被劃為右派的人士依據批評中共的「罪證」大小，分別處以勞改、監督勞動、降級撤職處分；眾多右派份子被發配東北、西北邊疆農場勞動改造，在大饑荒中死亡枕藉。僥倖生還者在此後的文化大革命中再受迫害，在文革後平反中調查發現：倖存者已不及當年右派總人數的十分之一。反右運動直接後果就是：從此之後，黨外及民間再無敢公開批評中共聲音，全國輿論萬馬齊喑，一切唯領袖意志馬首是瞻。毛澤東對中國形勢的判斷，修改了 1956 年中共八大制定的中國在朝鮮戰爭後以經濟建設為中心的路線。毛再次開始強調階級鬥爭的重要性，從中央到地方各級政府在反右運動後，施

---

[61] 〈黨史上的今天 1957 年 10 月 15 日　中央制定「右派」分子的劃分標準〉：https://www.gov.cn/ztzl/17da/content_739324.htm 中國政府網。

[62] 穆廣仁，〈反右運動的六個斷面〉，《炎黃春秋》，2010 年第 10 期，40~42 頁。

[63] 郭道暉，〈毛澤東發動整風的初衷〉，《炎黃春秋》，2009 年第 2 期。

政更加奉行「寧左勿右」的原則，全國形勢急劇左轉，整個
社會都捲入左傾浪潮之中，宗教領域自然難逃厄運。

宗教界在反右運動期間，部分宗教人士在相信政府的雙
百方針下，曾經積極向中共建言，希望修正嚴格的宗教政策。
1957 年 6 月 17 日的天主教代表會議中也大鳴大放，鼓勵與會
代表發言。諷刺的是，這些積極回應政府號召的天主教「進
步人士」想不到他們的發言很快就成為罪證。依據國務院宗
教局文件稱：「**會議採取大鳴大放大辯論的方針，以暴露和
批判右派份子的反動言行**」。中共新華社在 7 月 31 日發表社
論批評天主教內的右派份子，列舉他們的言論。如：四川省
南充教區主教王文成反對代表們揭露梵蒂岡的反動政治面
目，說這是「**挖天主教會的命根**」；對於因參加反帝愛國運
動和赴朝鮮慰問中國人民志願軍而遭到梵蒂岡處罰的神職人
員，他說「**有罰就有效**」，要「**無條件服從**」；河北省獻縣
教區主教趙振聲公開提出教徒「**愛教就是愛國**」、「**走社會
主義道路要自願**」、「**成立愛國會要經梵蒂岡批准**」；浙江
省杭州神父王克謙卻挑撥教徒和共產黨的關係說：「**天主教
主張私有制，這是人的秉性，共產黨領導社會主義是取消私
有制的。上海教徒朱孔嘉說龔主教不讓教友參加土地改革，
不讓教友參加抗美援朝，不讓教友靠近政府，是為了使教友
不受無神論的影響，其動機和立場都是好的，政府若不釋放
他們，如何能搞好和天主教會的團結呢？**」他強調「**要團結**

這就是關鍵」[64]。

　　一些在天主教革新運動初期積極參與的代表，在反右運動中也中箭落馬。如：天津天主教友愛國運動促進會副主任聶國平、常委高慶琛，他們都曾是 1950 年代初發起三自革新運動的領袖，在取締聖母軍、批鬥驅逐天津教區主教文貴賓事件中扮演了重要角色的「進步代表」，得到過政府嘉獎的愛國人士。因為在鳴放中表達個人意見，被打成右派份子，二人昔日回應三自革新的功勞被一筆勾銷，一夕之間從宗教界進步愛國人士的代表，「淪為一貫反共、反人民的帝國主義豢養的爪牙，成為天主教內帝國主義份子進行反革命活動的幫兇」[65]。

　　鳴放期間，一些地方教會感覺社會氛圍相對寬鬆，便開始重新組織被破壞的信仰生活。河北、山西、陝西等地教會開始向地方政府請求發還被沒收的教堂或開放一些被關閉的教堂，這些情況引發了官方的關注。各地整風辦公室向中央彙報應及早遏制這種趨勢。河北省整風辦公室向中央辦公廳彙報，鳴放期間河北部分地區天主教趁機發展的情況：

　　　　據張家口、滄縣兩地區反映，整風運動開始以後，宗教界原來消沉的人現在活躍起來了，原來活躍的人現

[64] 〈愛國的天主教徒反擊內部右派分子　不許梵蒂岡教廷干涉我國內政〉，《新華社》，1957 年 7 月 31 日。
[65] 〈企圖為「聖母軍」翻案　煽動教徒向黨進攻　聶國屏高慶琛是帝國主義的爪牙〉，《新華社》1957 年 8 月 24 日。

在更加活躍了。天主教獻縣教區的教會今年一月份神職人員共有三十二人，現在已增至四十八人；修道士原有十三人，現增至二十二人。有的教會趁機要求修建教堂，河間、交河、獻縣三個縣已修十多個教堂，還正在建設小莊子教堂。主教趙振生要求招收新的修士，十一年來消沉的景縣、天津兩教區的總堂，六月間派出十一名神父到滄縣、鹽山、慶雲、南皮等縣，恢復教會教徒。慶雲縣原有一萬四千名教徒，現在已有百分之六十的人恢復宗教活動。景縣代理主教范文興今年二月以來，數次布置教務，神父林玉振原來在本村活動，現在到東光、吳橋等縣的一百多個村進行活動，神父陳希路在故城縣大白莊招集了十一個村的教會長、虔誠教徒『避靜』。承德地區的教會要求解放教堂；滄縣地區的教會普遍要求修建教堂，進行傳教。張家口專區張北縣天主教神父企圖辦教會學校，說宗教信仰有自由，辦學校也有自由，說從兒童教起，要讀經，不念人民政府發的課本，不受政府領導，由教會領導，這也符合人民政府辦學校的精神。滄縣地區有的教會要求在學校內成立兒童樂理班；獻縣天主教總堂準備派四十多名修女到學校教兒童學樂理。總之，宗教界現在趁大放大鳴的機會，大量吸收教徒，進行反社會主義的活動。[66]

---

[66] 中共中央辦公廳，《情況簡報（整風專輯）彙編》（五），1957

　　部分參加三自革新運動的神職，這時也開始表達對運動的不滿。天津教區代理主教趙振亞在北京參加完第一屆天主教教友愛國會議後，思想有了變化。返回天津後在 1957 年 8 月 15 日（聖母升天瞻禮）彌撒中，向參禮的一千餘名信友表示：「人有了罪就應該承認罪，有了錯就應該改錯。大家都看了報紙，我在北京說了一些不該說的話。我回來以後，心裡很不安。現在，在耶穌面前、在教友面前，我承認錯誤」。關於服從教宗（梵蒂岡）問題，趙振亞說：「我不服從教宗是不對的，我如不服從教宗，神父和教友就都不服從我了」。對於會議通過的抗議梵蒂岡無理剝奪上海教區權利的抗議書，趙振亞說：「通過抗議書，我沒有表示反對是不對的」。他最後要求「教友們原諒我，寬免我，為我念經祈禱」。[67] 趙的變化，讓官方感覺詫異及憤怒，天津市政府秘書長婁凝先和他談話，鼓勵他繼續堅持獨立自辦教會的立場。在籠絡趙的同時，官方也開始布置反擊措施。天津天主教友愛國會秘書組組長隨守義向政府彙報趙的行為：「在天主教內叫『明補贖』，是一種處罰。實行這種處罰，需要由別的主教辦『神功』，否則是自己『降罰』。因此，他懷疑趙振亞的變卦和

　　年 7 月 15 日，收錄宋永毅編，《中國反右運動資料庫 1957~》（香港：中文大學中國研究中心，2010）。

[67]〈天津教區主教趙振亞的反動面目開始暴露〉，新華通訊社編，《內部參考》，1957 年 8 月 17。

其他教區的主教有串聯。」[68]

　　趙振亞的情況並非個例，全國其他地區亦有類似情況。甘肅省平涼教區代理主教馬驥和平涼教區三自愛國革新籌委會主任李青雷神父，在政府驅逐西班牙人高金鑒主教後，面對官方對於教會的輿論攻擊時，表示「革新是反神長，反帝徹底就是要神父娶老婆，要教友背教」。馬驥說：「假若政府認為我反動，那就法辦我好了；畫展畫我們的祭衣那是侮辱教會、破壞教會；今後要叫我再說帝國主義份子如何如何，那是永遠不會有的事。」李青雷說：「今天也反帝、明天也反帝，反到什麼時候為止，還不如把教友們集合起來用機槍掃了來得快些」。馬驥及李青雷拉攏部分落後教徒（共約十餘人）準備喊堂[69]，要向天主說明他們過去參加反帝愛國運動是「錯誤」，他們今後再不反帝了。李青雷並要求解除他籌委會主任委員職務。[70] 這些接受過教會傳統培育的神長，雖經過中共政治教育參與三自革新，但在其內心深處依然還保有一份良知，面對政治運動對於教會的摧殘與蹂躪，內心感到痛苦與彷徨。尤其面對信友的質疑之時，更是感到愧對天主子民對自己的信任與尊重。對於自己參加三自革新運動表達懺悔，可謂是良心覺醒；但在中共當局看來，則是反動

---

[68] 同上。

[69] 西北地方教會方言，相當於公開懺悔。

[70] 〈天主教平涼教區代主教馬驥等反對驅逐帝國主義分子出境〉，1953 年 5 月 21 日，《中國五十年代初中期政治運動資料庫》。

思想根深柢固，教育工作沒有到位，必須加大力度對天主教神職進行思想改造，並在爭取老一輩神職的同時，更要加大培養新一代的年輕神職，保證新一代完全忠於黨的政策，實現新老過渡。至此，神職人員培養和選擇的標準，神學、靈修及知識的培育已不再重要，最重要標準是政治意識第一。

六、大躍進與主教自選自聖的開始

　　大躍進是中共在反右運動後，為求在短期內實現工農業迅速增長、以超英趕美為目標的一場脫離實際的政治社會運動，具體表現在大放農業衛星（虛報糧食產量）、全民大煉鋼鐵（以求鋼產量超越英美）、建立人民公社（一切公有，吃共產主義大鍋飯）。大躍進無論從理論到現實，都給中國社會及民眾帶來災難性的影響。全國以鋼為綱，大量勞動力投入到煉鋼之中，完全忽視品質。各地土法煉鋼，造成了資源的浪費及大量無法應用的廢鋼，環境森林資源遭到破壞，農業勞動力減少，莊稼收成銳減，各地農業部門虛報糧食產量，全國媒體推波助瀾，一時間各種記錄滿天飛。[71]

---

[71] 以中共中央機關的《人民日報》為代表：1958 年 6 月 8 日報導河南省信陽地區遂平縣衛星人民公社在一塊 2.9 畝的小麥實驗田裡收穫了 3821 斤小麥，相當於畝產 2105 斤；7 月 23 日報導，河南省西平縣和平農業合作社小麥畝產達到 7320 斤；8 月 13 日報導，湖北省麻城縣麻西河鄉早稻畝產 3 萬 6 千 9 百斤；9 月 5 日報導，〈廣東窮山出奇跡，一畝中稻六萬斤〉；9 月 18 日報導，廣西環江縣紅旗人民公社中稻畝產 13 萬斤。全

　　1958 年 8 月 27 日《人民日報》發表社論〈人有多大膽 地有多大產〉，糧食畝產量是由人的膽量所決定，各種荒謬的言論在官方媒體上層出不窮。大躍進之後糧食的減產及政策的失誤，導致 3600 餘萬人死於非命[72]，是人類歷史上罕見的和平時期的大饑荒。

　　在跑步邁進共產主義社會的號召下，宗教組織的存在已經不合時宜。以往對宗教容忍限制的政策，被中共高層視為右傾錯誤，主張對宗教實行鬥爭、加速其滅亡的激進政策開始抬頭。1958 年 5 月 12 日中央統戰部副部長張執一在全國宗教工作專業會議上發表重要講話，批評了宗教可為社會主義服務的觀點，重申馬克思主義宗教是鴉片煙的論述；共產黨領導的社會主義革命絕不可能利用宗教去動員廣大群眾，憲法中雖有宗教信仰自由的條款，但要從政治角度考慮，因為：

　　　　保護宗教信仰自由，就是造成條件，促使宗教界內部分化，用他們自己的手，以自我改造的形勢來改造自己，達到消滅宗教。對宗教要限制、削弱以至消滅，這是我們總的方向。但要促進它的消滅，沒有宗教信仰自由是不可能的。宗教信仰自由政策，是限制、削弱、消

國陷入一片浮誇狂熱狀態。

[72] 關於大饑荒時期死亡人數，中外學術界有不同統計數字，大致為 1500 萬至 5000 萬人之間，本人資料來自於楊繼繩，《墓碑：一九五八：一九六二年中國大饑荒紀實》（香港：天地，2008）。

滅宗教的一個重要條件。沒有這個政策對我很不利，不僅會與宗教界上層對立，還會與信仰宗教的勞動人民對立。今天保護他們的宗教信仰自由，正是為了明天能夠消滅宗教，這是個必要的步驟。[73]

對於過去幾年國務院宗教事務局的工作提出了批評，認為他們對於宗教過於強調團結而忽視了鬥爭，是右傾保守，導致一些地方宗教呈現了發展的趨勢；未能及時提出意見制止，是工作中的錯誤。為了加速宗教組織的滅亡，布置未來三項工作：（1）愛國公約；（2）交心運動；（3）勞動生產。注意在宗教團體中培養左派份子。至於和教廷的關係，以往的割斷政治經濟關係、保留單純的宗教關係，這條政策已經不適用，必須要改變；現在要做到「一刀兩斷，割斷一切關係。現在要在天主教上促成他們迅速地堅決的這樣做。公開如何提法，策略上還考慮。總的是加速他們與梵蒂岡割斷一切關係，不是怕梵蒂岡棄絕，棄絕的越多越好，它不棄絕我們就被動。因此要自選自聖主教，要創造條件這樣做，但對條件的要求也不要太高；沒有適當人選，要創造條件，站不起來的人將來可以換掉，不要把他們看的太神聖了……。中國教徒要信上帝，我們自己也可創造一個，創造一個中國上帝，把上帝搬到中國來。」[74]

---

[73] 〈中央統戰部張執一副部長在宗教工作專業會議上的講話〉，1958年5月12日，《中國反右運動資料庫1957~》。

[74] 同上。

對於各地宗教建築，除了保留一些著名寺廟教堂外，其餘「讓它自生自滅，群眾要搞掉的就搞掉它」；各省擬定的宗教建築保護名單不可太多。對於宗教神職人員不可讓他們吃飽飯，且人代、政協要盡可能少安排宗教執業者，免得他們地位高了就替宗教界說話，對我們不利；最好安排一些政治上較為可靠的「小人物」，必要時打掉他們也影響不大。[75]

在中央新政策的指導下，全國各省開始了宗教思想教育運動。在大躍進中，各宗教團體應該響應號召，努力支援國家建設；為表忠心，各宗教團體發起「獻堂獻廟」活動。中國基督教三自愛國運動委員會宣布，過去中國基督新教內部派系林立，一百多個教派散亂不一，各自為政，且都擁有自己的教堂，這是帝國主義侵略陰謀的一部分，是意圖分裂中國人民的陰謀。因此自 1958 年 9 月 7 日起，在上海首先實行宗派合一聯合禮拜，此後向全國推廣「合一」。上海實行聯合禮拜前不同宗派共有教堂 140 餘所，聯合後只剩 23 所，不久後只保留 8 所；廣州合併前有 52 所教堂，合併後為 12 所，最後只保留 1 所；北京的 66 處堂會，縮減為 4 處；河南鄭州的衛理公會、信義會、自立會亦進行合併，河北邯鄲、江蘇淮安、太原、溫州、天津、揚州都紛紛效法，合併教堂，這些空餘的教堂全部捐獻給國家，支援大躍進。[76]

---

[75] 同上。

[76] 趙天恩、莊婉芳，《當代中國基督教發展史 1949~1997》（台北：中國福音會，1997），109 頁。

　　天主教方面，北京教區主教座堂救世主堂（北堂）被捐獻，各修會所屬教堂及正福寺傳教士公墓土地，全部「捐獻」給國家，作為宗教大躍進的積極表現。各地方愛國會也爭先恐後向國家「捐獻」教堂；江蘇常熟縣共有 25 所天主教堂，僅保留 1 所作為宗教用途，其餘全部「捐獻」。據江蘇省資料顯示，1952 年全省「天主教堂數量 659 所，捐獻後僅剩 41 所；基督教各派教堂共 586 所，捐獻後僅剩 83 所。佛教寺廟 1952 年 43750 所，1959 年 467 所；道教宮觀 535 所，捐獻後 42 所；清真寺 82 所，捐獻後 39 所。五大宗教在 1952 年宗教場所合計 45612 所，1959 年僅剩 672 所。」[77] 在天主教徒集中的河北省，各地農村教堂拆除充公者，更難以計數，依據河北省地方誌記載，解放前河北省天主教堂共 5249 所，較大者 311 所，經歷 1958 年捐獻運動至文革前僅剩 48 所。[78]

　　在捐獻教堂後，各宗教都展開了思想教育活動（向黨交心）。基督教方面宣布原各宗派管理機構一律解散，統一接受三自愛國會管轄，展開基督教崇拜儀式改革，統一崇拜禮儀，統一讚美詩，剔除其中包含具有末日、現世虛空的反動消極因素，審查信仰書籍中的毒素。禁止在教堂外舉行宗教儀式，

---

[77] 伍小濤，〈反右與江蘇宗教改造〉，香港中文大學《二十一世紀》雙月刊，2005 年第 12 號，總第九十二期，120 頁。

[78] 《河北省志》第 68 卷宗教志，第四編天主教（河北：中國書籍，1995），528 頁。由於客觀原因，相關檔案資料沒有開放，僅能從已有的文件中部分瞭解獻堂獻廟運動中的捐獻數目，具體數目仍需等待未來隨著相關檔案資料的公布才能知曉。

為了配合國家大躍進，在積肥農忙季節禮拜日暫停一切宗教活動，專務生產。[79] 天主教方面亦不遑多讓，1958 年天津天主教神哲學院響應國家號召，向全國各修院發起「愛國」挑戰賽，呼和浩特大修院與陝西漢中教區若瑟修院覆函回應挑戰，呼市修院聲明：

1. 要痛下決心，清楚帝國主義餘毒，擁護共產黨，斷絕與梵蒂岡一切聯繫；
2. 與一切反社會主義壞人作鬥爭；
3. 絕不放鬆政治理論學習；
4. 厲行節約；
5. 苦戰四十天，保證不讓蒼蠅、蚊子、老鼠、麻雀、跳蚤、臭蟲、蟑螂、蝨子、潮蟲等九害活過五一勞動節，爭取在五一前，建設成無九害的修院；
6. 組織突擊隊，綠化大青山。

漢中若瑟修院向全國各地修院提出四比運動 [80]：

1. 比思想：擁護共產黨，擁護獨立自主自辦教會，和一

---

[79] 趙天恩、莊婉芳，《當代中國基督教發展史 1949~1997》，111 頁。

[80] 〈呼和浩特大修院和漢中若瑟修院向天津神哲學院應戰〉，《廣揚》1958 年第 8 期，總第 161 期，29~30 頁。《廣揚》是天津天主教友愛國會 1951 年創立的雜誌，協助政府宣傳政策管理管制教會，該雜誌使命即是推動三自運動，介紹推廣全國各地天主教會三自愛國運動概況，初期為雙月刊，後改為半月刊，1959 年改為月刊，1960 年停刊。共發行 197 期，是瞭解三自運動發展的一份重要史料。

切有礙於社會主義的言論展開堅決鬥爭；

2. 比學習：堅持每週認眞學習政治課兩節，每晚時事學習一小時，把自己鍛煉成愛國愛教神職接班人；

3. 比自養：保證蔬菜 30 種供應，不外購，要保證養母豬 10 頭，保證每年生小豬 140 頭，保豬圈清潔，小豬一頭不死；保證 1958 年收葡萄 8000 斤，釀酒 3000 斤；

4. 比生活：打破修院陳規，積極參與社會各項活動。

縱觀此類倡議書、挑戰書，在當時各修院流行一時。仔細查看其內容可以發現，作爲培養未來神職人員的修院，在歷經政治教育後與中共黨校已無本質區別，倡議內容全部與當時政治運動相關聯，作爲修士發出的倡議，竟與信仰沒有絲毫瓜葛，不免讓人歎息。透過現象看本質，正如官方文件所言，在宗教改造進程中，首先要將思想改造作爲首要目標，思想改造成功了，修院可以繼續存在，只是培養的都是信奉無神論的司鐸，這類的神職管理教會，也是另一種消滅宗教的成功體現。遺憾的是，類似的政策並沒有隨著時間的流逝而改變，反而重新包裝延續至今。

在修院展開愛國競賽的同時，各地展開批判反動經文運動。1958 年初，上海土山灣印書館發行了司鐸 ORDO（神父做彌撒及念日課的曆書），書中附帶宗座每月祈禱意向，這在天主教內本爲正常之事；但經書發行後，部分「愛國」神職認爲祈禱意向反動透頂，必須要批判。漢口教區代理主教朱雲廣撰文批判：1 月份祈禱意向爲使一切人在公教內尋求教友團

結、2 月份意向求聖母帶給爲基督受苦之人安慰與力量、12
月爲在臺灣教會祈禱的意向，均懷有對中國的敵視，是梵蒂
岡藉祈禱意向反對共產黨建立的新中國，要上海教區爲此事
件負責。長沙教區愛國會司鐸李毅譴責梵蒂岡祈禱意向用拉
丁文書寫包藏反華野心，爲臺灣教會祈禱就是與美帝國主義
合謀分裂中國，因爲 2 月份已有爲中國祈禱意向，爲何在 12
月份祈禱意向中還要添加爲臺灣教會祈禱？貴州貴陽總教區
愛國會主任代理主教鄧及謙神父要求本教區神父不得遵從宗
座祈禱意向，要求將原意向用墨筆塗黑，不得向教友傳達，
並且自己制定新的祈禱意向，取代教廷發布的原意向，增加
爲中國二五計畫順利進行祈禱。上海教區代理主教張士琅宣
布停止發行 1958 年司鐸 ORDO，並且懲處負責印刷事務的神
父袁思德，上海土山灣印書館 100 多工人也組織批鬥會，譴
責袁思德。[81]

隨著批判的深入，1958 年全年的祈禱意向都成了包藏禍
心的陰謀。11 月份祈禱意向是培養教友的傳教精神，被譴責
是爲聖母軍壯聲勢，因爲聖母軍重視教友的傳教精神。3 月份
爲印尼祈禱，期盼建國根基立於對神的信仰[82]，也被指責是印
尼總統蘇加諾與中國、蘇聯共產黨建立外交關係，引起梵蒂
岡的反感，所以要爲印尼祈禱。4 月、5 月份爲印度及錫蘭（斯

---

[81] 〈向羅馬教廷的反動政治陰謀回擊〉，《廣揚》1958 年第 3 期，
總第 156 期，17 頁。

[82] 印尼建國五原則，第一是信仰神（即必須有宗教信仰）。

里蘭卡）祈禱、6 月爲阿拉伯國家和平祈禱，是教廷爲回應美
國總統艾森豪外交政策。7 月、8 月份爲眞正公教生活在奈及
利亞興盛祈禱，是教廷美化英國殖民主義在非洲統治，公教
生活是殖民主義的代名詞，是羅馬教廷反動本質的體現。[83]

　　1958 年香港思高聖經學會開始發行聖經的中文譯本，因
當時尙未完全翻譯完畢，遂發行部分經卷單行本，如四福音
合集、舊約先知書合集、舊約史書上冊等。這些經書進入大
陸後遭到了天主教友愛國會強烈批判，認爲是包藏禍心的反
動經文。各地組織批判文章，山西大同教區神父姚正一撰文
批判：福音注釋中提及旅居現世涕泣之谷，是對新中國的惡
意攻擊與污蔑，因爲「**生活在新中國的我們，個個都眉開眼
笑，心情愉快，爲幸福的生活自豪自慶**」，何來涕泣之聲？[84]
福音序言中爲基督的天國——聖教會——奮勇作戰，及達尼爾
先知及十二小先知書注釋中提到「**獲得光明、安慰、力量已
至在苦難中應有的忍耐**」，是帝國主義份子利用教友的宗教
情感，號召爲帝國主義服務。[85] 貴陽教區張睿哲神父也批判
涕泣之谷是帝國主義份子別有用心的污蔑，他們自己生活在
資本主義社會，那裡才是涕泣之谷[86]，並譴責教廷祈禱意向及

---

[83] 柯林，〈充滿了反動政治氣味的 1958 年祈禱總附意〉，《廣揚》
　　 1958 年第 3 期，總第 156 期，20~22 頁。
[84] 姚正一，〈從利用聖經聖書散毒看帝國主義的嘴臉〉，《廣揚》
　　 1958 年第 5 期，總第 158 期，29 頁。
[85] 同上。
[86] 張睿哲，〈揭發香港帝國主義分子和反動分子利用聖經散毒的罪

聖經經文的文章來自於全國 12 個省市自治區天主教團體，絕
大多數為司鐸或官方任命的代理主教。

　　教宗庇護十二世於 1955 年 5 月 1 日公布聖若瑟勞工瞻
禮。1956 年 4 月 26 日聖禮部發布相關禮儀經文，這完全是宗
教事宜。教宗良十三世於 1891 年頒發《新事物》（*Rerum novarum*）
通諭，主題是關懷勞工事務，同情勞工疾苦，主張政府有權
利和義務保護工人合法權益，工人的勞動條件和時間及合理
報酬是基本權利，工人有權利組織工會來維護自己的權益，
主張私有產權是天賦權利，譴責現代工業的罪惡及對工人的
盤剝，呼籲勞資矛盾要透過對華協商來取代暴力革命，階級
合作替代階級鬥爭。《新事物》被視為天主教社會訓導的基
石，此後教宗亦延續這一傳統。教宗庇護十一在 1931 年頒布
《四十年》延續了良十三世的精神。然而，欽定聖若瑟瞻禮
在中國卻引發了天主教友愛國會的批判，重慶教區神父張治
來稱：欽定勞工瞻禮的目的是出賣工人階級利益，維護資本
主義剝削勞工的陰謀，讓工人在階級剝削與壓迫的陷阱中不
敢越雷池一步。聖禮部發布相關禮儀經文是反動經文，各個
教區要謹慎其毒素，不可使用。[87]

　　隨著批判反動經文運動的發展，自選自聖主教議題也提
上了日程。自 1950 年以來中國各地展開驅逐外籍傳教士運

惡陰謀〉，《廣揚》1958 年第 5 期，總第 158 期，28 頁。
[87] 張治來，〈教宗定聖若瑟工人瞻禮的真實目的〉，《廣揚》1958
年第 5 期，總第 158 期，27 頁。

動，大批教區主教被驅逐，很多教區主教位置出缺，主教被
逐前指定的代理人選在三自革新運動中多數被逮捕，教區運
作出現了問題。教宗庇護十二世在 1949~1955 年間委任了一
批國籍主教，希望他們能在政治運動中維繫教會生存，挽狂
瀾於既倒。[88] 這些主教中，多數在三自運動中被逮捕；也有
一部分參與了三自革新，成爲後來自選自聖的參與者。

　　1957 年第一次全國天主代表會議上就已經提出主教問

<hr>

[88] 1949~1955 年間教宗庇護十二共委任 18 位國籍主教：
1. 段蔭明，瑪弟亞；四川萬縣，1949 年 6 月 9 日
2. 鄧及洲，保祿；四川樂山，1949 年 6 月 9 日
3. 雷震霞，西滿；山西汾陽，1949 年 6 月 9 日
4. 龔品梅，依納爵；江蘇蘇州，1949 年 6 月 9 日
5. 皮漱石，依納爵；遼寧清陽，1949 年 7 月 26 日
6. 張克興，默爾爵；河北西灣子，1949 年 11 月 3 日
7. 韓廷弼，方濟各；山西洪洞，1950 年 4 月 18 日
8. 周維道，安多尼；陝西鳳翔，1950 年 5 月 31 日
9. 鄧以明，多明我；廣東廣州，1950 年 10 月 1 日
10. 范學淹，伯鐸・若瑟；河北保定，1951 年 4 月 12 日
11. 李伯漁，類斯；陝西周至，1951 年 5 月 10 日
12. 李道南，若瑟；湖北蒲圻，1951 年 5 月 10 日
13. 易宣化，方濟各；湖北襄陽，1951 年 5 月 10 日
14. 宗懷謨，亞豐索；山東煙臺，1951 年 6 月 14 日
15. 王學明，方濟各；內蒙古 綏遠 1951 年 8 月 29 日
16. 李宣德，柏濟斐；陝西延安，195 年 12 月 13 日
17. 萬次章，若瑟；湖南衡陽，1952 年 2 月 14 日
18. 楊廣琪，希默利思；山西榆次，1955 年 9 月 20 日
主教列表引自：林瑞琪，〈1949～1955 教宗所委任的大陸主教現況〉，香港聖神研究中心，《鼎》59 期（1990 年），27 頁。

題，由於反右運動的開展，部分天主教代表被打成右派，延緩了進程。1958 年初官方開始興論造勢，主張各地應該推選主教。四川成都在 1957 年 12 月 16 日就選出李熙亭神父爲主教（此時多處教區選舉出主教，但沒有立即祝聖）。天津教區諮議員、西南角教堂本堂神父石道宏提出：「我們不只要自選，還必要自聖，因爲未經祝聖的代理主教不能行使正權主教的職權。如果我們只選不聖，等於承認驅逐的帝國主義份子爲正式主教。我們必須在今天萬馬奔騰的全民大躍進中行動起來，迅速地獨立自主，自選自聖。」[89]

　　1958 年 3 月 14 日下午，南京總教區舉行批判于斌總主教大會，推舉被教廷開除教籍的李維光神父爲代總主教，國務院宗教事務局高山處長及江蘇省南京市的黨政領導出席了大會。3 月 19 日舉行新「主教」（尚未祝聖）就職典禮，李維光在聖堂祭台前手按聖經宣誓就任，其誓詞裡宣稱要率領教區神職修女信友「拒絕梵蒂岡一切反動政治命令，確保教務獨立自主，在黨和人民政府領導下積極參加祖國的社會主義建設事業。」[90] 李的就職誓詞爲以後自選自聖主教就職模式奠定了基礎，但內容被官方認爲還是保守，因此時李尚未祝聖，誓詞被其他教區參考進行了修改，成爲日後其他教區自選自

---

[89]　石道宏，〈我們必須自選自聖主教〉，《廣揚》1958 年第 8 期，總第 161 期，11 頁。

[90]　〈李維光總主教就職誓詞〉，《廣揚》1958 年第 8 期，總第 161 期，15 頁。

聖參考的榜樣。

李維光之後，各省紛紛自選主教：1958 年 2 月 9 日蘇州教區選舉沈初鳴；2 月 11 日選舉昆明總主教孔令忠；2 月 12 選舉濟南總主教董文隆；3 月 7 日選舉太原總主教李德華；3 月 18 日漢口選出董光清 [91] 爲主教；3 月 19 日武昌選出袁文華 [92] 爲主教。在一系列自選之後，4 月 13 日舉行了中國天主

---

[91] 董光清（1917~2007），湖北孝感人，1928 年入漢陽柏泉小修院，1934 年加入方濟各會，1936 年就讀兩湖大修院，1942 年晉鐸，曾任漢口上智中學副校長。1952 年漢口意籍總主教羅錦章被驅逐出境，他指定的兩位代理人劉和德神父及楊少懷神父相繼被捕；董光清於 1955 年 12 月出任漢口代理主教。董接受非法祝聖與中共湖北省委及武漢市委工作密不可分；董在祝聖後歷任湖北省天主教友愛國會主席、中國天主教友愛國會副主席。雖然作爲自選自聖的標杆人物，忠黨愛國的典範，在文革中仍被批鬥遊街；文革後復出，繼續擔任愛國會領袖。據梵蒂岡電臺在其去世後報導，董在 1980 年代末尋求教宗若望保祿二世的認可，表達懺悔，請求接納，最終獲教宗寬恕。但在其去世前（2006）仍然主持一起非法祝聖馬英林事件。

[92] 袁文華（1905~1973），山東濟南人，早年加入方濟各會，1932 年晉鐸，1936 年被派遣到同爲方濟各會傳教區的武昌代牧區工作，1947 年任武昌花園山主教座堂主任司鐸兼文學小學校長。1951 年武昌教區美籍郭時濟主教被驅逐，代理主教史憲章神父因拒絕參加三自革新被中共以特務罪名處決。袁文華選擇與中共合作，積極參與三自革新運動，配合官方打擊忠於教宗的司鐸，代表天主教出席各類控訴大會，批判外籍傳教士。1955 年 10 月 31 日在中共武漢市委機關報《長江日報》上發表長篇批判文章〈擦亮眼睛 認清敵人〉，批判拒絕革新的劉和德神父。1956 年 4 月 13 日在武漢市政協會上發言批判教廷，擁護政府取締聖母軍，要深入推進三自革新反帝愛國運動。他積極的表現獲得

教歷史上第一次自聖主教，被官方譽為中國天主教新紀元。
羅馬對這場「選舉」持否定態度，不接受在官方操縱下的所
謂選舉，並且提醒候選人如果執意接受祝聖，其祝聖與被祝
聖者皆要面臨絕罰的懲處。[93] 但在官方的堅持下，祝聖儀式
依然進行，主持祝聖儀式的是湖北蒲圻教區主教李道南，襄
禮為陝西周至教區主教李伯漁、湖北襄陽教區主教易宣化、
內蒙呼和浩特（綏遠）總主教王學明、湖北隨縣教區署理陳光
祖。中共官方對此次典禮十分重視，調集汽車運送參加禮儀
的神職，北京也特派攝影記者全程記錄。祝聖典禮後，新主
教集體到中共湖北省委、武漢市委市政府報喜，湖北省副省
長陳一新、聶國青，武漢市委書記處書記李爾重、市長劉惠
農接見了新主教，表示支持自選自聖，鼓勵將這一行動堅持
到底。武漢市組織了千人慶祝大會，接受來自各省代表致贈
的禮物，新主教董光清、袁文華發言表示：一定在共產黨的
領導下，帶領教友愛國愛教，在我們教區搞一個大躍進。[94]

　　武漢祝聖一周後，1958 年 4 月 20 日在河北省獻縣張庄總

　　了中共的賞識，成為第一批自選自聖主教，歷任湖北省人大代
　　表、武漢市人大代表、湖北省政協委員、湖北省天主教友愛國
　　會副主席。積極和政府合作的袁文華在文革中被批鬥致死。

[93]　教廷傳信部部長畢翁第樞機（Pietro Fumasoni Biondi，
　　　1872~1960）致電董光清告知自選自聖違反《天主教法典》329
　　　條第 2 款及 331 條之規定，如果接受祝聖，無論是否處於恐懼
　　　及壓力下，將受到絕罰。

[94]　〈獨立自主大躍進 自選自聖主教〉，《廣揚》1958 年第 9 期，
　　　總第 162 期，9 頁。

堂舉行了第二起自選自聖事件。獻縣教區主教趙振聲[95] 主
禮，祝聖宣化教區常守彝、西灣子教區潘少卿、永年教區王
守謙、永平教區（唐山）藍柏露四人爲主教。趙振聲在慶祝會
上表示：「自選自聖主教是獨立自主自辦教會的基礎，是令
人鼓舞興奮的，爲自己能有機會祝聖四位自選的主教感到無
上的榮幸。鼓勵大家要堅定追隨共產黨，爲徹底實現中國天
主教獨立自主。他不滿足祝聖四位主教，表示還要祝聖至少
四十位主教。」[96] 值得關注的是，這次自選自聖中產生的主
教宣誓詞有了新變化：以往宣誓要割斷與梵蒂岡政治經濟關
係，保留單純的宗教聯繫；這次則改爲要與梵蒂岡切斷一切

---

[95] 趙振聲（1894~1968），河北景縣人，出身於傳統公教家庭，
1913 年入耶穌會，1917 年赴歐洲學習，先後在法國、比利時學
習神哲學，獲得神學、哲學博士學位。1923 年在比利時晉鐸。
1925 年回國，曾任天津工商學院校長。1937 年被教宗任命爲獻
縣教區首任國籍主教，1938 年 3 月 27 日接受祝聖。抗戰結束
後，獻縣教區大部分轄區已處於中共控制之下，土改運動中獻
縣教區大量教產土地被沒收，教堂被徵用。趙於 1948 年遷居北
平，接替離境的田耕莘樞機署理北平總教區。1949 年中共建政
後，趙隱蔽於鄉村之間秘密傳教。1953 年在中共運作「勸說」
下，趙的思想開始轉變。1956 年進京參加中國天主教友愛國會
籌委會會議，得到總理周恩來接見。1958 年主持自選自聖，趙
此後任河北省天主教友愛國會主席、河北省政協委員、全國政
協特邀委員。文革爆發後，趙於 1967 年被逮捕，被紅衛兵暴
打，身受重傷，1968 年死於監所，草草埋葬於荒園之中。詳見
《河北省宗教志》，526 頁。

[96] 〈獻縣張莊總堂於 20 日舉行祝聖典禮〉，《廣揚》1958 年第 9
期，總第 162 期，10 頁。

聯繫，包括宗教上的聯繫，實現完全的獨立自辦。由於媒體在報導中沿用了以往的說法，引起新主教王守謙的抗議並發表澄清聲明，表明從今以後與教廷斷絕一切關係。[97] 從此以後新誓詞成了自選自聖主教們必須宣發的誓言，要手按聖經宣誓切斷與教宗一切聯繫。這類誓詞一直延續到 1980 年代。

　　自選自聖主教活動的開展，自然離不開中共官方的支持與指導。1958 年 6 月 12 日國務院宗教事務局向中央彙報自選自聖問題意見，擬定了幾條意見報請中央批准，將全國各教區劃分爲可選主教和不選主教兩個地區：「**教徒群眾和神職人員都很少或沒有神職人員的約有五十個教區，這類教區不再選主教；教徒和神職人員都較多的約有三十個左右的教區，今年應在這類教區選出主教來。**」自選主教的人選要注意，優先選擇政治上對黨忠誠的人，如果一時沒有可以選擇一些中間份子，不必怕他們改變，因爲「**如果其中有些人當選主教後變壞了，我們就發動教徒群眾揭露他，搞臭他，把他罷免掉，另選別人。這樣做，既提高了教徒群眾的政治覺悟，又破除了他們對主教的迷信。**」[98] 重要的是，選聖主教不必通知梵蒂岡：

---

[97]〈王守謙主教更正啓示〉，《廣揚》1958 年第 10 期，總第 163 期，15 頁。

[98]〈國務院宗教事務局黨組關於天主教自選自聖主教工作中的幾個具體問題和意見的報告〉，1958 年 6 月 12 日，收錄宋永毅編，《中國大躍進─大饑荒資料庫 1958~1962》（美國：哈佛大學費正清中國研究中心，2013）。

關於新主教的誓詞和「祝聖」時的「考問」，因原有的充滿了效忠梵蒂岡等反動內容，必須修改，增加適合中國天主教獨立自主自辦的新內容，並應該用中國語言進行宣誓和考問。中國天主教友愛國會擬就了新的誓詞和「考問」，已經我們審定，將發各地試行。[99]

上述意見在 7 月 30 日由中央批示同意，並轉發全國各省市自治區頒布施行。自選自聖一開始就是政治介入教會的產物，以思想改造與組織動員方式推行，在天主教內部形成一個獨立於羅馬之外的團體，雖然外表上還保留著天主教禮儀，但其核心是否還保有信仰的真諦，是中外多年來爭議的焦點問題。

既然要與梵蒂岡斷絕一切聯繫，只有自選自聖主教是不夠的，因為所用的禮儀經本依然是教廷核准發行的，為了能夠為我作用，必須還要進一步清理反動經文，羅馬彌撒經書成為改革的對象。教宗良十三世於 1884 年通令普世教會在彌撒後加念聖額彌爾天神禱文，抵抗魔鬼對於教會的攻擊；1934 年教宗庇護十一宣布增加為蘇俄教會祈禱的意向，這一傳統以行之多年。在清除教會內「帝國主義毒素」過程中，這段經文被稱之為包含反蘇反共，反對無產階級革命運動的反動經文。這篇經文內容：「聖額彌爾總領天神，請爾護我以攻魔，衛我於邪神惡計。吾又哀求天主，嚴儆斥之。今魔魁惡

---

[99] 同上。

鬼，普遍散世，肆害人靈，求爾天上大軍之帥，仗主全能，麾入地獄。阿門。」內蒙古呼和浩特教區主教王學明連同其教區六位神父聯合發表批判文章，譴責「今魔魁惡鬼，普遍散世，肆害人靈」意指什麼？是對蘇聯及對共產革命的攻擊，蘇聯人民在蘇聯共產黨領導下享受著信仰自由的陽光（蘇聯對於宗教的迫害，請參本書第一章），教宗的祈禱意向是對蘇聯共產黨的攻擊，「我們內蒙古教區及南京教區早已不頌念此反動經文，呼籲全國教會摒棄這段反動經文，凡是繼續頌念下臺經的教區，就是為羅馬教廷的反動政策服務。」[100]

　　全國其他地區教會也回應對此的批判，湖北兩湖修院的副院長塗世華[101] 表示，他早已發現反動經文，去年在修院彌撒中就取消了下臺經。天津教區宣布自 7 月 4 日取消彌撒後

---

[100]　王學明，〈不能頌念反動的下臺經〉，《廣揚》1958 年第 12　　　期，總第 165 期，8~9 頁。

[101]　塗世華（1919~2017），湖北沔陽人，12 歲入小修院，1944 年　　　晉鐸。曾就讀於北平輔仁大學司鐸書院，1949 年後在武漢上智　　　中學與兩湖總修院教書。1959 年被自選自聖為漢陽教區主教，　　　被教宗若望廿三世絕罰。塗世華是中國官方教會裡積極反對教　　　宗的代表人物，撰文支持獨立自主自辦教會，反對梵一會議欽　　　定的教宗不可錯之特權。1979 年代表官方出席加拿大蒙特利爾　　　舉行的國際神學研討會，發表〈獨立自主自辦教會是我們的神　　　聖權利〉。他長期擔任中國天主教友愛國會副主席、中國主教　　　團副團長、全國修院第一任院長，自 1980 年起長期居於北　　　京。塗世華是中國官方自辦教會堅定支持者，數十年如一日致　　　力於反對教廷。2018 年在其死後，獲得了教廷赦免，在中國教　　　會內部引發了爭議。

下臺經；山東臨清教區、煙臺教區均表示停止頌念該經文。永平教區（唐山）主教藍柏露下令除下臺經外，教友祈禱手冊中求平安誦、奉獻耶穌聖心祝文、爲中國及蒙古歸化誦、奉獻賠補聖母無玷聖心誦，均包含反動因素，信友不得誦念。因中國已是無產階級專政的社會主義國家，無神論是國家主流意識形態，經文中爲中國歸化祈禱，祈求聖心降臨於中國，都是違反國家政策，必須停止。甘肅平涼、天水教區均表示要刪除所有爲教宗祈禱的經文，審查經文、歌本中反動要素，增加歌頌祖國與社會主義新內容。[102]

在自選自聖過程中，教廷以法典爲依據，譴責此類行爲。爲了打破部分神職的恐懼，愛國會開始組織批判天主教法典，認爲法典對於中國教會帶來的危害巨大，法典破壞反帝愛國運動、破壞愛國會、阻撓自選自聖、自辦教會的道路。「教會法典維護的是反動的資產階級利益，如果我們還遵守法典，那就是喪失民族氣節。中國天主教只有追隨共產黨，才有光明前途。」[103] 大同教區姚正一神父主張對於法典要懸而不守，使之名存實亡。與社會主義相抵觸的條文如私有產權的不可侵犯，則要直接廢除。[104] 對法典 889 條保守告解秘

---

[102] 〈堅決摒棄經文中的反動渣滓〉，《廣揚》1958 年第 14 期，總第 167 期，30 頁。

[103] 夏德發，〈用事實說明法典究竟給中國教會帶來些什麼〉，《廣揚》1958 年第 15 期，總第 168 期，22~23 頁。

[104] 姚正一，〈我也談談法典問題〉，《廣揚》1958 年第 18 期，總第 171 期，24~26 頁。

密的條款，是教會為帝國主義掩蓋罪行的條款，不能遵守，是對國家的威脅。[105] 對於教會內有部分神職認為法典中關於聖事部分的條文應該要遵守，這種觀點遭到了湖北沙市教區代理主教鄭德清及河南鄭州總本堂白晴嵐神父的反駁，鄭、白二人認為法典中聖事部分條文是教廷利用聖事來為帝國主義利益服務，以絕罰恐嚇中國支援自辦教會的人士，法典的反動本質十分明顯，中國教會沒有遵守法典的必要。[106]

對於姚正一神父相對溫和的觀點，亦展開了一場批判，認為姚對法典的曖昧態度暴露了他的政治立場是「**十足為資產階級服務，為梵蒂岡竭力辯護的態度，這是毒草，應當拔除。**」[107] 天津教區神哲學院院長王洗耳神父發表長文〈「聖教法典」解剖〉，從法典結構入手，從總則開始，每一編選擇若干條款予以批判，尤其是罪罰部分，指出法典之罰已對今日中國教會無效，如何看待法典，取決於個人的政治立場了。[108] 對法典批判運動，持續了一年左右，是批判反動經文運動中重要的組成部分。愛國會動員部分神職發起對法典的

---

[105] 姜建文，〈法典是為帝國主義效勞的工具〉，《廣揚》1958 年第 19 期，總第 172 期，31 頁。

[106] 鄭德清，〈法典問題我見：白晴嵐、駁姚正一神父對法典問題的觀點〉，《廣揚》1958 年第 21 期，總第 174 期，11~18 頁。

[107] 王安德，〈駁姚正一君對法典問題的論斷〉，《廣揚》1958 年第 22 期，總第 175 期，19~22 頁。

[108] 王洗耳，〈「聖教法典」解剖〉，《廣揚》1958 年 23~24 期，總第 176~177 期，23~33 頁。

批判，雖然目的是為了打消參加自選自聖神職的心裡負擔，破除教廷權威，但在批判中仍可見到部分神職猶疑心態，官方採用了當時流行的政治批判模式，用上綱上線的方式，將對法典的態度與政治立場相結合，強力否定法典的效力，力圖為進一步推動自選自聖活動清掃障礙。

　　為了迎合中共發起的大躍進運動，一些教區主教開始修改或廢除主日及瞻禮日罷工要求，神職人員每天誦念日課的義務也被豁免：「全國人民在總路線照耀下，正在忘我的以夜以繼日建設社會主義祖國，我們若然還墨守成規，將會給社會主義建設事業帶來不可估計的損失，根據以上理由，信友沒有望彌撒和守罷工的必要，這才符合耶穌愛的誡命。一切參加社會主義建設的神長，感到繁忙時，不必要誦念日課。」[109] 永年教區自選自聖主教王守謙也發布命令以適應大躍進，凡主日瞻禮一概寬免罷工，宗座祈禱意向、耶穌聖心臨格於中國、彌撒下臺經、玫瑰經中加念的「吾主耶穌，請寬恕我們的罪過，救我們於永火」這段經文永久禁止誦念，因為其包含毒素，是反動經文；凡經文中包含教宗庇護者，一律禁用。待刪改後另行通知。[110]

---

[109] 王學明，〈適應社會主義建設的新政策 呼和浩特總教區關於主日瞻禮日罷工及神職人員念日課問題的指示〉，《廣揚》1958年第17期，總第170期，29~30頁。

[110] 王守謙，〈永年教區關於主日瞻禮日守罷工望彌撒及禁念反動經文的指示〉，《廣揚》1958年第17期，總第170期，31頁。

　　自脫利騰大公會議（Council of Trent，1545~1563）後，拉丁文成爲教廷欽定的彌撒用語。爲了和羅馬對抗，中國天主教在禮儀中要逐步廢棄拉丁文[111]，聖體降福一律改用中文，其他正在翻譯中的經文，另行通知。羅馬彌撒經書在中國被重新審議出版，刪除所有爲教宗祈禱的經文，刪除的空白部分用聖像塡補。這類經書在全世界教會都極爲罕見，可謂是中國獨立自辦教會的一個「創舉」；和羅馬斷絕一切關係的中國教會，將會走向何方？

七、教宗對於自選自聖的回應

　　隨著中國教會情勢的發展，教廷非常關心其未來走向，也曾與一些國籍主教保持聯繫，並且採取措施希望局勢不致進一步惡化。其實早在中共建政之初，教廷便採取積極政策，宗座駐華公使黎培理總主教拒絕隨國府南遷。願意與新政權保持接觸，期盼能爲教會爭取一定的生存空間，但由於中共外交政策轉變及傳統意識形態對於教會的敵視，雙方關係日漸惡化。教廷雖然在理念上無法贊同共產主義，但現實中並不完全拒絕與共產主義國家接觸，其唯一目的是希望能確保天主教會享有基本的信仰自由。隨著中國三自革新運動的開

---

[111] 諷刺的是，1950 年代中國天主教友愛國會的主教們爲對抗羅馬，主張廢棄拉丁文；梵二後羅馬決議支持各國用本國語言獻祭時，文革後重建的中國天主教愛國會主教們又成爲拉丁彌撒堅定的支持者，抗拒中文獻祭，以示自己和羅馬教廷勢不兩立的態度與立場。直到 1990 年代初，才逐步接受中文獻祭。

展，這種善意的呼籲與希望日漸渺茫，由最初的可與教廷保持純宗教關係到完全否定教宗權威，推動自選自聖主教，中國教會與普世教會已漸行漸遠。這一切使得教宗庇護十二世憂心忡忡，教宗曾於 1952、1954 年兩次致函中國教會，闡述教會對於愛國、自傳、自養的立場，希望能澄清一些基本道理。遺憾的是，局勢與教宗意願背道而馳，自選自聖主教的開始，終於將雙方推入進退維谷的境地。

1958 年 6 月 29 日教宗庇護十二世發布《宗徒之長》通諭，回顧了幾年來教會在中國的境況日益惡化，愛國會的活動已經給中國教會與普世教會的合一帶來嚴重的傷害。教宗指出愛國會的本質，「是假借愛國的美名來驅使公教人士漸漸接受無神唯物主義的理論，進而否認天主與唾棄宗教的原則。並且愛國會也假借保衛和平的美名，接受了敵方所捏造的謠言與罪名，並加以宣傳，以控訴聖職人員，攻擊主教，攻擊聖座，誣陷他們懷有帝國主義的野心，一心專務剝削弱小民族，以固有的成見來敵視中華人民。」[112] 愛國會組織的各種行為、各類的政治學習、簽名活動、對於不順從的神職人員的打壓、「私下的欺騙、公開的恐嚇、被迫的『悔過書』，

---

[112] 庇護十二，《宗徒之長》，1958 年 6 月 29 日：
https://yuyencia.wordpress.com/2017/01/24/%E6%95%99%E5%AE%97%E5%BA%87%E6%8A%A4%E5%8D%81%E4%BA%8C%E4%B8%96%E3%80%8A%E5%AE%97%E5%BE%92%E4%B9%8B%E9%95%BF%E3%80%8B%E9%80%9A%E8%B0%95/

『思想改造所』、『公審』等等，甚至連年老可敬的主教也被污蔑地拉到『公審』的場所裡去」，教宗譴責這種政治迫害，教會期盼眞正的和平，教宗也對中國人民及文化充滿敬意，絕無如愛國會所宣揚一般敵視反對中國人民；但自選自聖是「裂教的先兆。這項事件，使我們作萬民之父，作信友總牧的心腸，遭受了極深的痛苦，有不可言宣的悲哀。」[113]

鼓吹自選自聖的人士「任意圈限了聖座的權利，並標爲主張，遂一方面在口頭上再三聲明，願意在他們所謂的信仰事務和當守的教規上，服從教宗；而另一方面卻狂妄放肆，竟敢拒絕聖座明白確定的指示和訓令，聲言聖座所發出的指示和訓令，暗中含有政治目的，似乎在幕後要危害他們的國家。」[114] 教宗駁斥了自選自聖是爲牧靈原因而行的必要之舉，中國主教的出缺，不是正常緣故所致，而是合法主教被驅逐，其指定代理又遭拘禁。合法主教尙在位就要推舉非法人選取代，違背教會法典及破壞教會聖統，照顧信友不可以破壞教律的方式進行。教宗深知中國教會所處的困難，對於那些因信仰緣故而蒙受苦難的神職及信友，給予特別的關懷與祈禱：「我們和你們同憂同苦，患難與共。你們身心所受的物質和精神痛苦，日夜記在我們心頭。我們特別懷念基督的義士們所受的痛苦，義士中還有些我們的主教神昆。我們

---

[113] 同上。
[114] 同上。

將這些痛苦，聯合全教會的祈禱和犧牲，親手捧上祭壇，獻於救主。」[115]

　　《宗徒之長》是教宗庇護十二世最後一份關於中國的通諭，也是對數年來中國教會情勢發展的一個總結，是針對中國官方幕後策劃、愛國會前臺配合的這齣政治表演做出的回應。教宗態度清晰，明確教會的原則與立場，鼓勵中國信友們在逆境中保持信仰，也希望那些參與自選自聖的人士能夠回頭改過。雖然在當時無法實現目的，但通諭的精神卻在這些人心中產生了影響，文革後許多自選自聖的主教在晚年積極尋求與教廷和解，請求寬恕，表達自己當年的身不由己。也有人責怪教廷太過嚴苛，但平心而論，教宗當時採取嚴厲政策正是爲了避免更大的分裂。東歐諸共產國家也在國內迫害教會，但尚未發展到自選自聖主教地步；它們雖然暗中使用各種手段，但表面上依然採取尊重教宗權威。主教權威需要教宗認可（如波蘭、匈牙利），教廷如果一旦接受或默認中國這種自選自聖的模式，勢必帶來多米諾骨牌效應，普世教會的分裂將更加嚴重且難以彌合。

　　經歷了自選自聖的事件後，中國政治環境在大躍進背景下已經狂飆突進，政治教育（向黨交心）使得中國教會神職與信友更加無所適從，在愛國會及自聖主教的支持下，在大煉鋼

---

[115] 同上。

鐵 [116] 運動中各地教會開始捐獻教會銅鐵製品，貢獻國家煉鋼。漢口兩湖修院將修院大鐵門、鐵爐拆卸貢獻國家，修士們拆除自己的鋼絲床，一律改睡木板床，貢獻鐵 3000 餘斤。山東煙臺將兩座教堂裡可拆除金屬物品共銅 10 餘噸。湖北襄陽易宣化主教將主教座堂鐘樓大鐘拆除，此鐘乃是明代製造，重 4000 斤，已屬古董但也被貢獻國家。湖北武昌教區袁文華、漢口董光清從教堂捐獻燭臺，舊銅鐵及銅制苦像捐獻國家共 3900 斤。漢陽教區拆除教堂大鐘及銅蠟臺共 2070 斤。山東周村教區在主教宗懷德率領下，將使用中的銅壺、銅勺、蠟臺和九部鋼絲床全部捐獻。[117] 中國教會在政治運動的裏挾下，日益沉淪。縱觀這一時期有限的教會出版物中，政治主題的內容佔據了 90%以上的版面，僅有的與信仰相關的文章也是要和政治主題相結合下才能討論。在一片大躍進狂潮中，中國即將邁入階級鬥爭為綱的時代，中國教會的命運將會如何？

---

[116] 大躍進運動持續時間為 1958 年 9~12 月。為實現十五年趕超英國目標，中共北戴河會議 8 月作出決議要實現 1958 年鋼產量1070 萬噸，這一嚴重脫離實際的指標，為了達成目的，動員全國人民捐獻金屬製品，土法煉鋼，各地建立了上百萬座小高爐，最終造成大量人力物力浪費，生產出大量廢鋼。

[117]〈支援鋼鐵元帥升帳〉，《廣揚》1958 年第 19 期，總第 172 期，34 頁。

第五章

階級鬥爭為綱時期（1960~1970 年代）的天主教會

一、中國政經情勢走向

　　1958 年大躍進帶來的直接後果，是經濟發展比例嚴重失調，農業欠收，各地虛報糧食產量，大煉鋼鐵非但沒能實現鋼產量的躍進，反而由於技術落後及錯誤的指導，導致鋼產量下降，造成資源浪費。隨之而來的就是三年大饑荒（1959~1961），餓殍遍地。1959 年 7 月中共在江西廬山召開中央政治局擴大會議和八屆八中全會，商討解決經濟困難及糾正左傾錯誤，作為大躍進政策制定及推動者毛澤東不得不進行有限的檢討，但依然堅持成績是主要的，錯誤是次要的，是九個指頭和一個指頭的問題。他要求參會者在肯定成績的前提下，去總結經驗教訓，三面紅旗[1] 不能否定。

　　7 月 4 日國務院副總理、國防部長彭德懷上書毛澤東，批評大躍進中各類共產風、浮誇風帶來的危害，各地饑荒死亡人數驚人，各地生產片面追求速度，中共犯了嚴重左傾冒進

---

[1] 三面紅旗指：總路線、大躍進、人民公社。毛澤東認為總路線是綱領，大躍進是速度，人民公社是組織。

的錯誤。彭德懷為顧及毛澤東的顏面，是在肯定大躍進成績下向毛澤東提出批評建議，但仍觸怒了毛，下令將彭的信印發與會者討論，將討論中發言支持彭德懷意見的黃克誠、張聞天、周小舟[2]等四人打成反黨集團，廬山會議主題也從糾左傾改為反右傾，一時間廬山風雲變色，參會者唯恐表態錯誤而被打成反黨集團，積極揭發批判彭黃張周反黨集團。毛澤東廬山會議後說：

> 廬山出現的這一場鬥爭，是一場階級鬥爭，是過去十年社會主義革命過程中資產階級與無產階級兩大對抗階級的生死鬥爭的繼續。在中國，在我黨，這一類鬥爭，看來還得鬥下去，至少還要鬥二十年，可能要鬥半個世紀，總之要到階級完全消滅，鬥爭才會止息。舊的社會鬥爭止息了，新的社會鬥爭又起來。總之，按照唯物辯證法，矛盾和鬥爭是永遠的，否則不成其為世界。資產階級政治家說，共產黨的哲學就是鬥爭的哲學，一點也不錯。[3]

階級鬥爭被毛愈加重視，任何對於毛的決策批評都被視為黨內反對派對於領袖的攻擊；毛對於中國出現的各類社會

[2] 黃克誠時任解放軍總參謀長，張聞天為外交部副部長，周小舟為湖南省委第一書記。
[3] 〈機關槍迫擊炮的來歷及其他〉，收錄《毛澤東思想萬歲》（1959年8月16日），見：https://www.marxists.org/chinese/maozedong/1968/4-141.htm

問題，也將之視為階級鬥爭的體現。1959 年 4 月毛澤東宣布不再兼任國家主席職務，專任黨的領袖，劉少奇在二屆人大會議上被推舉為國家主席，成為黨內第二號人物，在鄧小平輔助下共同處理日常事務。劉鄧二人開始修正毛澤東大躍進帶來的負面政策。1961 年八屆九中全會提出了「調整，鞏固，充實，提高」八字方針，調整國民經濟；1962 年 1 月召開中央擴大會議，參會人員從中央到各省市縣各級領導共七千餘人，史稱七千人大會，對於大躍進以來各項錯誤進行總結批評。劉少奇提出大饑荒是「七分人禍，三分天災」。中共中央書記處書記彭真也對毛澤東的威信提出了質疑，毛也被迫做了自我批評。黨內權力結構發生了微妙的變化。毛與劉之間在經濟、黨務、政治問題上矛盾逐漸明顯，毛感到有大權旁落的危機感，遂決定反擊。

1962 年 9 月 24 日中共在北京召開八屆十中全會，毛澤東主持會議，並發表了關於形勢與階級鬥爭演講，強調兩條路線、兩個階級的鬥爭將會長期存在，警惕修正主義的抬頭。十中全會的公報全面接受了毛澤東關於階級鬥爭的論述，人民需要改造教育「在人民中，還有一些沒有受到社會主義改造的人，他們人數不多，只占人口的百分之幾，但一有機會，就企圖離開社會主義道路，走資本主義道路。在這些情況下，階級鬥爭是不可避免的。這是馬克思列寧主義早就闡明了的一條歷史規律，我們千萬不要忘記。這種階級鬥爭是錯綜複雜的、曲折的、時起時伏的，有時甚至是很激烈的。

這種階級鬥爭，不可避免地要反映到黨內來。」[4] 千萬不要忘記階級鬥爭成為當時流行的政治口號，毛在大會討論中特別提到：「從現在起，以後要年年講階級鬥爭，月月講，開大會講，黨代會要講，開一次會要講一次。」[5] 階級鬥爭取代社會主義建設，成為國家主要任務。

　　對內進行階級鬥爭教育的同時，外部環境也在發生變化。1959 年 3 月西藏民眾發起抗爭，抗議中共在藏區推行的「民主改革」。藏人領袖十四世達賴喇嘛出走印度，中印關係驟然緊張，邊境摩擦衝突不斷。1962 年爆發了中印邊境戰爭（中方稱之為對印自衛反擊戰），西南邊疆局勢動盪。更令中共頭痛的，是中蘇關係的惡化與決裂。1953 年史達林死後，赫魯雪夫在蘇共黨內鬥爭中取代馬林科夫出任蘇共中央第一書記。1956 年蘇共二十大上赫魯雪夫做了秘密報告，全面否定史達林，批判個人崇拜，引起毛澤東的不滿。對外政策上，蘇聯改變史達林時期與西方對立的政策，提出了三和路線（和平共處、和平競爭、和平過渡）要與西方共存和平競爭。赫魯雪夫認為在核子戰爭中，沒有最後的贏家，只會是兩敗俱傷，應該儘量避免戰爭。這在毛及中共看來，是與帝國主義講和，

---

[4] 八屆十中全會公報，中國共產黨歷次全國代表大會資料庫：http://cpc.people.com.cn/GB/64162/64168/64560/65353/4442078.html

[5] 毛澤東在八屆十中全會上的講話：https://www.marxists.org/chinese/maozedong/1968/5-021.htm

三和路線就是典型的修正主義。毛相信階級鬥爭只會越來越尖銳，世界大戰無可避免。中蘇雙方在一系列問題上展開了論戰，口誅筆伐，中共指責蘇共是修正主義，蘇共譴責中共是教條主義。[6] 雙方的論戰規模不斷升級，昔日情同手足的中蘇兩黨已經徹底翻臉，掩蓋多年的邊界問題也成為雙方爭執的焦點。蘇聯在中蘇邊境陳兵百萬，中共感到了極大的威脅，1969 年雙方在黑龍江珍寶島發生了武力衝突，引起國際社會的廣泛關注。

　　1960 年代開始，中共內外形勢都發生了巨變。中共領導層主要是毛澤東對於形勢的估計出現了誤判，採取了激進的政策回應。中國這一時期的內外變化亦讓世界感到震驚，一些曾經友好的國家，如首批響應中共和平共處五項原則的印度、緬甸等國，都與中國發生了衝突。在篤信階級鬥爭越來越激烈的中共領導層看來，一切變化都是國際反動勢力的陰謀，必須加大力量進行內部整合。與 1950 年代相比，這一時期政治運動的次數與規模更加頻繁和擴大，整個社會都深深捲入這場狂潮之中。

二、西藏事件中天主教會的政治表態

　　1959 年西藏事件後，中共發起批判達賴喇嘛及駁斥印度總理尼赫魯關於中國宗教迫害的宣傳活動。一些教會領袖利

---

[6] 中蘇論戰詳見：吳冷西，《十年論戰：1956~1966 中蘇關係回憶錄》（北京：中央文獻，2014）。

用一切機會來響應中共號召。中國天主教友愛國會主席、瀋
陽總主教皮漱石發文，稱完全支持政府鎮壓西藏「叛亂」，
反駁印度總理尼赫魯關於中國宗教迫害的說法，宣稱中國人
民享有完全充分的信仰自由。[7] 河北省愛國會主席、獻縣教區
主教趙振聲也發表聲明擁護政府平定西藏叛亂，聲稱建國後
中共政府對西藏人民的信仰及文化，予以切實保護，並做到
了無微不至，對於西藏僧俗上層份子，中央政府已經仁至義
盡，他們的反抗就是背叛祖國，因此堅定擁護政府鎮壓。[8] 全
國各地教會都在踴躍發言，口徑一致，支持政府平叛，宣稱
中國沒有宗教迫害。在批判達賴時，也將梵蒂岡捆綁進來，
說教廷支持西藏叛亂，和西藏奴隸主集團利益一致[9]，而所謂
勾結的證據，就是梵蒂岡電臺報導了西藏事件類似於 1956 年
匈牙利事件。

　　1959 年 4 月 27 日參加中國政治協商會議的天主教代表皮
漱石、董文隆（濟南教區自選自聖主教）[10]、楊式達（教友）、王文

---

[7] 皮漱石、曹道生，〈不許帝國主義者污蔑我們的宗教鬥爭〉，《人
　民日報》，1959 年 4 月 4 日。

[8] 趙振聲，〈擁護政府平定西藏叛亂〉，《廣揚》1959 年第 4 期，
　總第 181 期，3 頁。

[9] 尉中寶，〈梵蒂岡和美國的感慨〉，《廣揚》1959 年第 4 期，總
　第 181 期，6~9 頁。

[10] 董文隆（1902~1978），山東萊蕪人，1926 年德育中學畢業後加
　入修院，1929 年被派至羅馬傳信大學留學，1934 年晉鐸，1935
　年獲得神學博士學位，返國後曾任教會女中校長，1950 年任濟
　南教區副主教，積極參加三自革新運動，控訴教廷公使黎培理

成（四川南充教區主教）、張家樹（上海教區自選自聖主教）[11] 發表
聯席發言，批判羅馬教廷反對三自革新運動及自選自聖，在
西藏叛亂問題上，羅馬教廷與「繼承英帝國主義衣缽的印度
擴張主義份子合作」；而他們幾人代表全國三百萬教友堅決
擁護政府平叛，堅決反對英帝國主義份子、羅馬教廷和印度
擴張主義份子利用宗教與西藏問題干涉我國內政的行為。他
們並指出：中國天主教會必須繼續深入開展反帝愛國運動，
擺脫與羅馬教廷的一切關係，堅決徹底實現獨立自主自辦教
會的任務。[12]

總主教及濟南教區總主教楊恩賚，1958 年 6 月 1 日自選自聖為
濟南教區主教，1962 年任中國天主教愛國會副主席、全國政協
委員、山東省政協常委；1962 年在政協會上發言，被指為右傾
分子，被中共官方拔除主教，發配原籍勞動改造，其主教職務
也被同省愛國會周村教區主教宗懷德兼任。1978 年在復出前夕
去世。

[11] 張家樹（1893~1988），生於上海天主教家庭，早年就讀於耶穌
會主辦的徐匯中學，1910 年入耶穌會，1911 年被派至英國培
育，學習神哲學，1918 年回國，1920 年再度赴英國學習，1923
年在英國晉鐸。1925 年回國，曾任徐匯公學教導主任及校長。
1955 年龔品梅主教被捕後，張家樹被推舉為上海教區第一位自
選自聖主教，1960 年 4 月 27 日祝聖。金魯賢曾提及張對他講：
1960 年祝聖主教後他只做兩件事「寫材料，交代自己，揭發他
人」。參：金魯賢，《絕處逢生：金魯賢回憶錄 1916~1982》（香
港：香港大學，2013），電子版 147 頁。張家樹雖積極追隨官
方步調，仍難逃文革浩劫，被批鬥遊街。文革後復出，繼續出
任上海官方教會主教、上海天主教愛國會主任、中國天主教愛
國會副主席、中國天主教主教團團長及教務委員會主任。

[12] 董文隆、楊式達、王文成、張家樹，〈是可忍孰不可忍〉，《人

在一眾愛國會主教們「義憤填膺，慷慨激昂」發言的背後，西藏本地宗教領袖是如何看待西藏民主改革後的信仰狀況呢？十世班禪喇嘛額爾德尼・確吉堅贊 [13] 經過數年在藏區（包括今日四川、青海、雲南等地藏區）走訪，於 1962 年向中央遞交一份長篇報告《七萬言書》，該報告系統回顧了自 1951 年後中共在藏區以民主改革名義推行的各項政策對於西藏社會各方面的影響，全文包括統一戰線、平叛、人民生活、宗教信仰等十二個主題，因原文篇幅過長，在此只介紹該文關於西藏問題的第七部分。

班禪提到：針對宗教界所謂民主改革，已經在消滅迷信

<hr>

民日報》，1959 年 4 月 27 日。

[13] 額爾德尼・確吉堅贊（1938~1989），第十世班禪喇嘛，生於青海省循化縣，3 歲時被認定是九世班禪喇嘛轉世靈童，1949 年在青海塔爾寺舉行坐床大典。中共佔領青海後，班禪及其屬下辦公機構傾心支持中共，呼籲早日進軍西藏，中共方面也視十世班禪班為重要統戰對象，是抗衡達賴喇嘛的重要工具。1951 年中共入藏後，十世班禪在共軍護衛下返回西藏，1954 年出任全國人大常委、全國政協副主席。十世班禪被認為是西藏上層中最親共的宗教領袖之一。但隨著中共在藏區民主改革的推行，班禪的態度逐漸改變，他 1956 年開始在藏區各地視察，1962 年向中共中央遞交《七萬言書》，引起毛澤東的憤怒。毛批評班禪上書是無產階級敵人的反攻倒算，展開對他的批判。1964 年十世班禪被冠以反黨、反社會主義罪名遭到逮捕，從此消失於公眾視野之中；他在文革中遭到凌辱性批鬥，直至 1977 年才被獲釋，軟禁於北京至 1982 年釋放。獲釋後，他的態度及觀點迥異於1950 年代，對於中共治藏政策多所批評。1989年他的突然去世，也引發了西藏局勢的動盪。

的口號下變成了反對宗教的政治運動：「消滅佛象、佛經和佛塔，千方百計使僧尼還俗。其性質變成了殺無罪的羊，比殺有罪的狼更威風。為了僧尼還俗，掀起尖銳鬥爭的浪潮，願繼續當喇嘛的給予粗暴鬥爭，甚至被管制或關押者為數也不少。甚至將喇嘛、尼姑和俗女各站一邊，強迫互相挑選，這就使得受法律保障的公民權利也難以解釋和交代。」[14] 各地宗教幹部在政策執行中，對於藏傳佛教傳統嗤之以鼻，動員積極份子破壞經卷、佛像：「把《大藏經》用於漚肥的原料，許多畫著佛像和經書用於製鞋原料等。由於作了許多瘋子也難做出的行為，使各階層人民詫異透頂，極度灰心喪氣，眼中流淚稱：我們的地方搞成了黑地方等而哀號。」[15]

尤為過分的是，在動用政治力量摧毀宗教的同時，還要說這是人民的自我解放，是打破宗教權威的正義舉措。對此說法，班禪喇嘛指出：包括他在內的 90%以上西藏人民都不會同意或承認。民主改革前，西藏各地有寺廟 2500 餘座，改革後只有 70 多座；過去僧尼約 11 萬人，改革後，住寺僧尼權且算作 7000 人。僧尼已經失去寺廟的管理權，而官方組建的寺廟民主管理委員會成員多數是積極反宗教份子。藏傳佛教的僧尼傳統培育過程亦被破壞，精通佛教知識的學者及僧侶日趨消失。「西藏土地上昌隆的佛教眼看被消滅，這是我

---

[14] 〈關於班禪向總理報告的提要〉，《中國大躍進大饑荒資料庫》，1962 年 5 月 16 日。
[15] 同上。

和藏族 90%以上的人都無法容忍的」。西藏民眾受佛教影響
長達千餘年，信仰已經成為他們日常生活的一部分，無法割
捨與分離，面對民主改革後佛教的淒慘狀況，很多藏人向班
禪表示：「我們死的太遲了，如果死的早一點，還能得到祈
禱超渡，現在死就像死了狗一樣，氣一斷就會被扔到門外
去。」僅僅從這悲慘之歎息中，就可知道僧俗人民的宗教生
活情況已經到了何種地步。[16]

　　班禪向中央提議要糾正上述錯誤，保證藏人的信仰自
由，希望中共遵守當初的《十七條協議》。1962 年 4 月 21 日
至 5 月 29 日中共在北京召開了全國民族會議，另一位西藏佛
教領袖——中國佛教協會會長喜饒嘉措大師 [17]——在會上對中

---

[16] 同上。

[17] 喜饒嘉措（1884~1968），青海循化人，7 歲時授沙彌戒出家，
接受藏傳佛教嚴格的培育，21 歲時前往拉薩拜師求學，1916 年
在拉薩三大寺辯經中獲取格西資格。1936 年在國民政府蒙藏委
員會邀請下赴南京，獲得國府要員蔣介石、林森等人接見，並
在中央大學演講，介紹西藏佛教歷史、教派發展、語言文化等
內容。喜饒嘉措長期和漢地政府保持聯繫，曾任國大代表，
1947 年出任國民政府蒙藏委員會副委員長，1949 年中共建政
後，他選擇和中共合作出任青海省人民政府副主席，1952 年在
北京發起成立中國佛教協會，1956 年出任中國佛教協會會長兼
中國佛學院院長，1956 年出席尼泊爾舉行的世界佛教聯誼會，
當選為副主席。與十世班禪喇嘛一樣，1956 年中共開始在西藏
推行民主改革後，喜饒嘉措態度也發生改變，對於打擊迫害佛
教的行為無法接受。在 1962 年全國民族會議上向中央統戰部長
李維漢提出意見不久後，即被中共認為是反動奴隸主階級代
表，1964 年中國佛學院展開對他的批鬥，文革爆發後八旬高齡

央統戰部長李維漢說：「我今天要説句真心話，你們有些做法太失人心，蔣介石、馬步芳沒有做過的事，你們做了……你們老愛迴避實質問題而搞數字遊戲……我也向您學習，用幾個數字，講講你們這幾年的毛病：一説假話，二不認錯，三亂整人，四無佛心，不講人道。」[18]

透過上述兩位佛教領袖的言論，可以一窺1950年代在民主改革背景下對於西藏宗教的做法與態度。這並非是發生在西藏的孤立現象，整體上，這一時期宗教政策與走向都是日趨嚴苛；在憲法條文及政策中提及的信仰自由，不過是尚要顧及一定的國際影響，而向全面消滅宗教的過渡條款。1960年代中共政權已經完全鞏固，對內基本上掃清了一切反對力量，宗教的統戰價值與利用意義已經所剩無幾，因此加速其滅亡成為此後的主流意見。文革前，各地消滅宗教活動已經開展，針對的已不是那些被打倒的「帝國主義爪牙」（拒絕參加三自革新的神職人員），而是那些積極鼓吹參與三自革新、自選自聖的積極份子了。

三、大躍進後教會狀態

在經歷大躍進後，中國城鄉教會呈現不同的模式。在大城市中，部分著名的教堂得以保留，但在其他中小城市尤其

的喜饒嘉措在批鬥大會中被打斷腿，死於監獄之中。

[18] 王力雄，《天葬：西藏的命運》（多倫多：明鏡，1998），電子版149頁。

是鄉村地區的教會，則是另一番光景。在一切為了大生產的口號下，參與宗教活動已經被認為是浪費時間，影響了社會主義建設的步伐，大量的鄉村教堂被關閉，信友們只能在家祈禱，神父們基本上被嚴禁下鄉從事牧靈服務。

　　福建福安縣是閩東地區天主教信友比較集中的區域，但在大躍進開始時，各地教會事實上已經無法組織正常的信仰活動。縱使已經參加三自革新的神職人員，也被嚴格限制。據當地一位司鐸回憶，大躍進一開始，福安統戰幹部便召集神職、貞女及信友展開思想教育，批鬥外籍傳教士，由於此時外籍神職已完全被驅逐出境，只能從死去多年的外籍傳教士入手，挖掘外籍神父墓地，將遺骨倒入村民的糞坑之中。教堂也被砸毀，「房內的所有祭衣、祭具共若干箱已被搬走一空；到聖堂一看，情況更使人目瞪口呆：三個祭臺上的立像、苦像、十四處苦路像打得粉碎，臺上的幾十個錫製燭臺和所有飾物已蕩然無存。神父住宅大廳裡懸掛的穆陽及各堂教友祝賀班籍傳教士德彌格司鐸六十和七十壽辰的兩面匾額和幾十面鏡框，或被砸碎或被拿走。」[19]

　　1958~1962 年間一切宗教活動都被停止，此後准許每週主日司鐸做一臺彌撒，平日彌撒不許信友參加。四清運動[20]開始

---

[19] 劉鶴中，〈對 1958 到文革期間閩東天主教情況的回憶〉，《福建省宗教志》（廈門：廈門大學，2014），352 頁。

[20] 四清運動即社會主義教育運動，簡稱社教運動。1963 年毛澤東在中國農村發動一場政治運動，意在防止農村出現修正主義，

後，宗教活動又被完全禁止，神父私下獻祭被視為犯罪行為，一經發現要予以嚴懲。其實早在 1958 年夏天國務院宗教事務局局長何成湘在上海考察時，即詢問基督教三自會領袖能否將中國變為無宗教活動之國？[21] 顯見官方對於消滅宗教已有定見，該問題也令官方教會領袖困惑不已。

　　河北、山西等地鄉村教會，基本上也在大躍進期間停止了活動。神父修女們被發配到各地勞動改造，部分神職還俗結婚。1963 年保定教區自選自聖主教王其威[22] 在政府支持下，帶隊進駐徐水縣安家莊（天主教信友為主的村莊）展開動員教友退教，鼓勵放棄信仰，帶領部分神父公開否定天主的存在，呼籲教友們不要被信仰迷惑，勇敢退教。山西晉中、晉南 10

初期目木一標為「清工分，清帳目，清財物，清倉庫」，後來擴大為「清政治，清經濟，清組織，清思想」。運動於 1965 年結束。四清期間，各地深挖暗藏反革命修正主義分子，牽連眾多無辜人士，數十萬人被批鬥，造成大量死亡，是文化大革命在中國的預演。

[21] 沈德溶，《在三自工作五十年》（上海：中國基督教三自愛國運動委員會、中國基督教協會出版，2000），70 頁。

[22] 王其威，河北保定人，1921 年出生，1945 年晉鐸。1950 年代三自革新運動興起後，王積極參與，並且批鬥合法主教范學淹。1958 年被自選自聖為保定教區主教，後在政治運動中結婚，育有子女；文革後依然佔據保定主教座堂，以主教自居，引起教友們反感。其作為令同是官方教會領袖金魯賢的不滿，在金的回憶錄中提及：王每月由政府提供的優越待遇，帶著妻子四處走動，令教友們不恥，且極少有人進堂。參：金魯賢，《絕處逢生：金魯賢回憶錄 1916~1982》，電子版 177 頁。

多個縣天主教聚居鄉村都進駐了四清工作組，在一些參加三自革新運動的神職人員帶領下，要求教友們在退教書上簽名，宣誓效忠共產黨、譴責教宗、否定天主。一時間滅教之風在全國各地蔓延。

在地方推動滅教的同時，中共中央也開始批判統戰部長李維漢的溫和宗教路線。1963 年中共中央書記處書記北京市委第一書記兼市長的彭眞在中央統戰部部務擴大會上發言，對於幾年來統戰部關於民主黨派、民族、宗教政策提出了批評，強調一切都要從階級鬥爭角度來看待，西藏新疆問題如此，宗教問題同樣如此。宗教代表了什麼？

> 宗教代表剝削階級，爲剝削階級服務的，是被用來欺騙和麻痺勞動人民的。天主教、基督教曾在什麼時候爲農民、爲無產階級、爲抗戰服過務？他們是爲剝削階級帝國主義反革命服務的。在社會主義階段，我們對宗教是削弱還是允許發展？抬高他們的地位？應該明確，宗教一定要削弱，最後消滅，不去削弱是不對的。[23]

彭眞認爲長期以來出於統戰的需要，對於一些宗教上層人物太過寬鬆，導致出現工作失誤，如向中共提意見的班禪喇嘛：「今天在西藏的鬥爭，主要是對班禪的鬥爭，對他非鬥不行。」[24] 要改變以往的軟弱立場與政策，對於民族宗教

---

[23] 〈彭眞在電子版中央統戰部部務擴大會上的發言〉，《中國大躍進大饑荒資料庫》，1963 年 4 月 19 日。

[24] 同上。

問題，「我們要有明確的階級立場、觀點和階級分析方法，才能有明確的階級政策，才能明確團結誰、打擊誰、孤立誰，才能少犯錯誤。階級問題是個根本問題，我們的階級觀點要更提高、更銳敏、更系統。」[25]

在統戰部部務擴大會後，通過了《關於中央統戰部幾年來若干政策理論性問題的檢查報告》，對李維漢1956年以來在統一戰線政策、理論方面的論斷和意見，進行了全面的否定。1964年毛澤東點名批評李維漢說：「統戰部是同國內資產階級打交道的，但是裡面卻有人不講階級鬥爭……要把資產階級的政黨變成社會主義政黨，並且定了五年計劃，軟綿綿地軟下來了，就是要向資產階級投降。」[26] 1964年12月25日李維漢遭撤銷中央統戰部長職務，次年又被免去全國人大常委會副委員長、全國政協副主席等職務，文革中被徹底批倒批臭。

隨著李維漢溫和路線被否定，中共官方媒體上出現了一場關於宗教問題的辯論。一方是以宗教學者、藏學家牙含章為代表，另一方以化名為游驤、劉俊望為代表，雙方在宗教起源、性質、宗教信仰自由政策展開了辯論。總體上來講，雙方在終極目的即宗教必須被消滅上並無區別，分歧在於是

---

[25] 同上。

[26]〈統一戰線工作中「左」傾錯誤的發展〉，《中國共產黨新聞網 統戰歷史》：http://cpc.people.com.cn/GB/64107/65708/65722/4444665.html

漸進消滅還是積極主動、加速宗教滅亡。在宗教本質上，牙含章認為宗教與迷信是有區別的，不能一概而論，對於迷信是要取締打擊。游、劉二人認為宗教與迷信在本質上是相同的，都是保有對神的信仰，將宗教與迷信刻意分離，是在美化宗教，麻痺人民的鬥爭意識。牙氏認為，宗教在歷史進程中有其自身規律，會經過發展消亡的歷史過程，要尊重這一客觀規律。游、劉則認為，宗教的世界觀是與馬列主義的辯證唯物主義與歷史唯物主義完全對立的，馬列主義的信奉者是最徹底的無神論者，是同一切宗教對立的。牙氏主張應該堅持宗教信仰自由的原則，通過政府推廣無神論教育，壓縮宗教的生存空間。游、劉則主張，單純依靠無神論教育無法消滅宗教，國家必須要採取適當的行政措施。[27] 這場辯論從 1963 至 1965 斷斷續續持續了兩年時間，隨著辯論的深入，中央的政策也日漸強硬。李維漢的倒臺，說明強硬派主張佔據了上風，宗教從歷史到現實都被否定，容忍政策已經走到了盡頭，為文革全面消滅、取締宗教做好了輿論準備工作。

四、愛國會發起肅清帝國主義在教會內的影響

1960 年為了配合中共對於美國總統艾森豪訪台的反擊，中國天主教友愛國會發起運動，要肅清帝國主義對教會的影響。愛國會主席皮漱石號召全國各地愛國會組織編寫帝國主

---

[27] 這場宗教辯論詳見：趙天恩、莊婉芳，《當代中國基督教發展史 1949~1997》（台北：中國福音會，1997），138~141 頁。

義利用教會侵華歷史，要求對相關資料進行整理，打破受帝國主義迷惑的部分教友的幻想，要「**徹底揭露批判帝國主義的政治思想在教會內的影響**」。山西省天主教友愛國會出版《帝國主義利用天主教在山西的罪行》，列舉傳教士一萬餘條的罪行，皮漱石為該書做序言，將明末清初以來包括利瑪竇在內的外籍傳教士皆是為帝國主義服務，在宮廷中服務的傳教士是以科學之名，搜集中國的政治、經濟、文化情報。受康熙帝之命為中國繪製地圖的外籍傳教士們被視為集體間諜活動（按其邏輯，外籍傳教士乃是受中國皇帝命令，刺探中國情報），自鴉片戰爭以來，所有外籍傳教士都是帝國主義侵略中國的急先鋒，義和團運動無比正義，所有死於義和之亂下的外籍傳教士皆是罪有應得，無辜死亡的中國民眾則是充當了帝國主義炮灰。[28]

河北、貴州、湖北、湖等十多個省愛國會紛紛撰文批評天主教傳教士在各自省份的「罪行」，除了批判歷史上的罪惡，更要揭發教廷的「罪行」。梵蒂岡被描繪成全球間諜網的中心，教廷的東方教會事務部（處理東方禮天主教機構）被指控為培養間諜、破壞份子和殺人兇手的機構。教廷國際社會研究學院被形容成是美國中央情報局（CIA）幫助建立的諜報機構，由美國耶穌會掌控。美國天主教著名的慈善團體哥倫布

---

[28]　皮漱石，〈給帝國主義利用天主教在山西的罪行一書所作的序言〉，《廣揚》1960 年第 2 期，總第 191 期，33~34 頁。

騎士團[29]、公教進行會，都成爲執行梵蒂岡間諜指令的機構。各國主教的述職報告，是搜集情報的有力證明。梵蒂岡每年用於情報搜集的費用爲 2.5 億美金。[30]

　　在批判過程中，羅馬教宗首席權被批判否定。愛國會主席皮漱石主教說耶穌稱伯鐸爲磐石僅在《瑪竇福音》有記載，其他三部皆無，十分奇怪。耶穌如果眞的立伯鐸爲教會元首，用語理應明確，豈能用比喻？因此，不是另三部福音不提此事，而是沒有這段歷史。《瑪竇福音》中記載的磐石一語，應是後人爲了維護教宗權威私自添加。教宗首席地位既不是耶穌的旨意，也不是教會傳統，而完全是政治產物。我們中國天主教會實行獨立自主自辦教會，擺脫教廷的一切控制，是符合耶穌精神的，中國教會要與教廷鬥爭到底，斷絕一切關係，否定他的一切。[31] 天津教區自選主教李德培也撰文抨擊教宗既不是基督代表，也不是教會元首，所謂的首席權完

---

[29] 哥倫布騎士團（Knights of Columbus），1882 年成立於美國的天主教慈善組織，總部設於康尼狄格州紐黑文（New Haven，State of Connecticut），成員爲 18 歲以上成年男性天主教徒，現有成員 170 萬人，主要使命爲慈善、青年信仰培育、成熟人格培養，在美國兩百多所高校均設有團體。

[30] 朱世昌，〈梵蒂岡的間諜活動〉，《廣揚》1960 年第 3 期，總第 192 期，17~21 頁。作者在 1980 年代任中國天主教愛國會副主席兼秘書長。

[31] 皮漱石，〈中國天主教會與羅馬教廷的關係〉，《廣揚》1960 年第 2 期，總第 191 期，1~11 頁。

全是政治的產物，與信仰無關。[32] 各地愛國會主教司鐸們在積極努力批判教宗的同時，也表示要出版一套揭批外籍傳教士的歷史書籍，作為培養修士教材。可惜他們這番「雄心壯志」未能實現，便在文革狂潮中被打成牛鬼蛇神、階級敵人，被掃進了歷史的垃圾堆。[33]

五、龔品梅與華理柱案件的宣判

龔品梅主教自 1955 年被逮捕後，長期羈押直至 1960 年 3 月 16、17 日開庭審理。法院指控龔主教罪行，與以往相比並無變化，仍是為帝國主義服務、抗拒三自革新運動；一言以蔽之，審理核心即以政治方式解決信仰問題。3 月 28 日上海市中級人民法院也開庭審理了原廣東江門教區主教、天主教教務協進會秘書長美籍瑪利諾會會士華理柱主教（James Edward Walsh，1891~1981）。將二人合併審理宣判，時間點正契合國內的反美鬥爭，也是對美國總統訪台的一種回應。

1960 年 3 月 17 日法庭宣判龔品梅為反革命集團主犯，判處無期徒刑，剝奪政治權利終生。其他成員如：金魯賢有期徒刑 18 年；陳哲敏、張希斌、朱樹德有期徒刑 20 年；朱洪聲、陳天祥、蔡忠賢、王仁生、傅鶴州有期徒刑 15 年；陳雲棠有期徒刑 12 年；朱雪帆有期徒刑 10 年；李式玉、劉季則

---

[32] 李德培，〈羅馬教皇是人為的政治產物〉，《廣揚》1960 年第 4 期，總第 193 期，14~17 頁。

[33] 文革中的流行語之一。

各被判處有期徒刑 5 年。3 月 18 日法庭宣判華理柱主教為美國間諜，判處有期徒刑 20 年。美國國務卿赫脫（Christian A. Herter，1895~1966）發表聲明，表示對此政治判決深感遺憾，其對主教的一切指控完全捏造，並且本人與美國政府對此感到憤怒，已下令美國駐波蘭大使在 3 月 22 日與中國大使會談中提出最強烈的抗議。赫脫稱讚華理柱主教為真正的傳教士，他唯一的任務就是傳教，對於中國亦懷有敬意。[34]

　　在兩案宣判後，中共延續以往模式，發動各界人士聲援支持判決，組織批判會，將對龔品梅與華理柱主教的批判相結合，展開對民眾的反美教育。3 月 19 日在上海召開由江蘇、安徽、浙江等地的天主教友愛國會座談會，代表們紛紛發言譴責龔、華二人：

　　　　上海市徐家匯天主堂神父張家樹說：我們一定要提高警惕，在黨的領導下，繼續開展反帝愛國運動，發揮我們的積極性，為建設社會主義貢獻力量。中國天主教友愛國會副主席、南京教區主教李維光和江蘇省天主教友愛國會副主任汪皓都在座談會上嚴正指出：對龔品梅反革命叛國集團和美國間諜華理柱的審判再一次證明，美帝國主義是我們最兇惡的敵人，羅馬教廷是美帝國主

---

34 〈華理柱主教無辜被判徒刑，舉世譴責中共殘暴，美將提出強烈抗議，赫特指中共所加罪名屬捏造〉，《香港時報》，1960 年 3 月 20 日。此處新聞，美國國務卿的中文譯名，中國大陸譯為赫脫，港臺翻譯為赫特。

義的侵略工具。我們必須與羅馬教廷劃清界線，加強自我改造，堅持走獨立自主自辦教會的道路。安徽蚌埠、江蘇徐州、浙江溫州等地天主教區主教及上海的神父、青年教友和修女等，也都在會上憤怒指斥龔品梅反革命叛國集團和美國間諜華理柱的滔天罪行。[35]

華北地區的天主教團體集會支援上海法院的判決。北京市天主教友愛國會在19日發表聲明說：

我們要一心一意地參加祖國的社會主義建設，我們一定要使反帝愛國運動普遍深入開展，跟梵蒂岡和一切帝國主義者作不懈的鬥爭。天津市天主教教友愛國運動促進會主任委員、天主教天津教區副主教李德培說：龔品梅反革命叛國集團和美國間諜華理柱的反革命活動和間諜活動由來已久，這些人受到法律制裁，完全是罪有應得。我們所有的愛國教徒都認識得很清楚，上海市中級人民法院懲辦他們，絕不是因為他們是天主教徒，而是因為他們是反革命份子和國際間諜，是肅清敵人的問題。天津市基督教三自愛國運動委員會主任委員鄭錫三說，天津市基督教徒完全擁護人民法院對龔品梅反革命叛國集團和美國間諜華理柱的法律制裁。天津市基督教三自愛國運動委員會副主任委員劉清芬等也都認為，這

---

[35]〈上海、江蘇、浙江、安徽宗教界人士擁護對龔品梅等間諜的判決〉，《新華社》，1960年3月20日。

兩個判決狠狠地打擊了美帝國主義的陰謀活動，是反帝愛國鬥爭的重大勝利，也是純潔宗教界組織的重大勝利。[36]

河北省天主教友愛國會主席、獻縣教區主教趙振聲說：龔、華二人是全國人民的死敵，我們必須擦亮眼睛，戳穿美帝國主義和梵蒂岡的反動面目，徹底擺脫梵蒂岡的一切關係。河北省愛國會副主席、宣化主教常守彝表示：龔、華集團成員是披著宗教外衣的豺狼。河北省天主教友愛國會通過擁護處理龔品梅反革命集團和華理柱間諜案的決議，批判大會得到河北省人民委員會宗教局趙和洲局長的支持。[37]

《人民日報》3 月 20 日發表反駁美國國務卿赫脫的聲明，3 月 22 日中國天主教友愛國會主席、瀋陽總主教皮漱石立即響應號召，在接受新華社採訪時說：「美國國務卿赫脫為美國間諜份子華理柱進行辯護的無恥聲明，暴露了美帝國主義堅決敵視新中國的兇惡面目。他完全擁護上海市中級人民法院對美國間諜份子華理柱和龔品梅反革命叛國集團的判決。」[38] 全國政協也組織各宗教團體集會，聲援天主教反帝鬥爭：

　　北京市基督教三自愛國運動委員會副主席閻迦勒、

---

[36] 〈北京天津宗教界擁護依法懲處龔品梅集團和美國間諜華理柱〉，《新華社》，1960 年 3 月 21 日。

[37] 〈河北省愛國會常委會決議　熱烈擁護判處龔品梅反革命叛國集團案和美國間諜華理柱案〉，《廣揚》1960 年增刊，6~7 頁。

[38] 〈中國天主教友愛國會主席皮漱石發表談話　痛斥赫脫為華理柱辯護〉，《新華社》，1960 年 3 月 23 日。

中國基督教三自愛國運動委員會常務委員蔣翼振、北京市天主教友愛國會副主任王汝楫、中國佛教協會會長喜饒嘉錯、中國佛教協會副會長趙朴初、中國伊斯蘭教協會副主任張傑、中國道教協會代會長陳櫻甯、副秘書長黎遇航、天主教界人士賈振民、李靜宜、佛教界人士濟廣、伊斯蘭教界人士安士偉也在座談會上發言。他們強調指出，帝國主義和他們的走狗是不會甘心失敗和甘心死亡的，宗教界人士和宗教徒隨時隨地要提高警惕，同帝國主義的一切陰謀破壞活動鬥爭到底。[39]

在批鬥龔品梅、華理柱的鬥爭中，上海天主教友愛國會也正式成立。會議代表 172 人，中國天主教友愛國會主席皮漱石總主教、副主席李維光主教、趙振聲主教和北京、河北、山東、安徽、江蘇、湖北、浙江、福建等省市的主教、神父、教友 37 人應邀參加了會議。會議宣告上海天主教徒「和全國天主教徒一樣，必須徹底地、永遠地擺脫羅馬教廷的一切控制，走獨立自主、自辦教會的道路。他們表示，今後要更加堅定不移地擁護黨的領導，走社會主義道路，在社會主義建設總路線的光輝照耀下，深入開展反帝愛國運動，並且和全國人民一道為祖國社會主義建設做出貢獻。」[40] 大會推舉胡

---

[39] 〈嚴斥赫脫的無恥讕言　堅決擁護上海人民法院對龔品梅叛國集團和華理柱的判決〉，《新華社》，1960 年 3 月 24 日。

[40] 〈上海天主教友愛國會成立　選舉張家樹神父為上海區主教〉，《新華社》，1960 年 5 月 8 日。

文耀為上海天主教友愛國會主任，楊士達、張家樹、湯履道、陸薇讀為副主任。選舉張家樹為上海教區主教，擇期自聖。回顧對龔品梅、華理柱的批判，與以前政治運動中批判並無太大區別，在階級鬥爭為綱的情勢下，愛國會的領袖們已感到情勢比以往更為嚴峻，部分人士為了自保，更加積極地配合官方的政治指令，在龔、華案件中爭相發言，表白自己對黨的忠誠。但1963年開始的四清運動，全國已經開始發展無宗教地區，山西洪洞、浙江平陽被選作消滅天主教、基督教試點縣市，狂風暴雨已經近在眼前了。

六、中國天主教愛國會第二屆代表會議

1962年1月6~21日中國天主教愛國會第二屆代表會議在北京召開，由主席皮漱石主教做工作報告。皮在報告中回顧了 1957 年愛國會成立以來的工作主要成績，是在黨的領導下，積極參與各項政治活動。在東風壓倒西風的國際背景下，世界社會主義陣營力量日漸壯大，美國為首的帝國主義集團日趨沒落。「**在中國共產黨和人民政府的正確領導下，在廣大神長教友的共同努力下，把我們天主教的反帝愛國運動向前大大推進了一步，取得了不少成績。**」四年來愛國會的工作主要體現在四個方面：

第一、領導全國教會，參加社會主義教育和建設工作。批判教會內的右派份子，學習毛澤東著作，自我改造，踴躍參加大躍進。

　　第二、開展獨立自主自辦教會為中心內容的反帝愛國運動。積極推行自選自聖工作，著手廢除教會內的陳規陋習。[41]參加各類由黨和政府組織的活動，如「參加了首都和各地舉行的一系列的強大示威集會和座談會，支持亞洲、非洲、拉丁美洲各國人民反對侵略、爭取民族獨立的正義鬥爭；支持蘇聯反對美帝國主義擴軍備戰的嚴正立場；反對美帝國主義侵佔我國神聖領土臺灣和製造『兩個中國』的無恥陰謀；擁護上海市人民法院對美國間諜華理柱的正確判決，反對美帝國主義利用天主教侵略我國的罪惡活動。」[42]

---

[41] 陝西漢中教區自選自聖主教李聖學指出，教會的陳規陋習包括：一、徹底廢除教會封建婚姻制度，允許信友自由離婚，取消法典中一切對於婚姻限制的條款。修會人員宣發的貞潔聖願、司鐸的獨身制度是違反國家法律的，應該予以廢除，教會不得阻撓意願結婚的神職人員。二、必須廢除嬰兒受洗、兒童教理班及教授兒童祈禱。為兒童實行信仰教育，違反了國家法律，也是對兒童一種罪惡的欺騙。李特別強調兒童只能接受國家教育，兒童是社會主義、共產主義的接班人，堅決不許兒童學習教理。三、取消彌撒獻儀。四、廢除一切教會封建特權，如禁止神職人員看電影，閱讀進步書籍。五、取消一切有礙生產的規定。廢除主日、瞻禮日守罷工要求，取消朝聖。詳見：李聖學，〈教會的封建剝削和黑暗統治制度必須廢除〉，《廣揚》1960年第7期，總第196期，18~21頁。河北趙縣德蘭會修女亦有撰文批判修會聖願，詳見：繁青，〈修會「三願」害死人〉，《廣揚》1960年第8期，總第197期，18~20頁。

[42] 皮漱石，〈中國天主教友愛國會四年來今後任務報告〉，中國天主教愛國會、中國天主教主教團編，《聖神光照中國教會—中國天主教愛國會成立五十周年來的輝煌足跡》（北京：宗教文化，2008），86頁。

　　第三、接待外國教會訪華團。「邀請了越南愛祖國愛和平天主教友聯絡委員會代表團，來我國參觀訪問。還有神長教友出席了在莫斯科等地舉行的『世界青年聯歡節』國際友好活動。我們也曾在中央人民廣播電臺對外廣播，或在外文刊物上撰寫文章，介紹我國天主教情況。本會和有些地方愛國會多次接待了來我國訪問的天主教人士，並參加了接待來自世界各國，特別是來自亞洲、非洲、拉丁美洲的貴賓們的友好活動，宣傳宗教信仰自由政策，促進了相互瞭解，增強了友誼團結。」[43]

　　在總結以往工作的同時，也制定了未來工作任務。第一、堅決擺脫羅馬教廷的控制，徹底實現獨立自主自辦教會的任務，展開揭露批判新教宗若望廿三世反動面目的活動。第二、加強政治學習，加強自我改造，為社會主義建設服務。第三、配合黨的信仰自由政策。第四、著手展開研究工作，創立愛國刊物，各地愛國會組織編寫天主教在華歷史資料。倡議成立一所全國性修院，統一培訓修士，加強思想培訓，修生招生要招收有一定政治覺悟的和有聖召的青年教友參加。新的全國修院爭取 1962 年開學。[44] 第五、積極參加反對帝國主義、特別是美帝國主義的侵略，和保衛世界和平的鬥爭。

---

[43] 同上，87 頁。

[44] 二次會議後不久，中共開始四清，宗教活動停止，這所修院計畫就此擱置，直至 1983 年才在北京成立，即今日強調政治素質第一、聖召學識其次的全國總修院。

大會在 1 月 21 日選舉了第二屆愛國會全國委員會的領導機構，主要人員如下：

✦ 主席：皮漱石主教

✦ 副主席：楊士達教友、李伯漁主教、李維光主教、趙振聲主教、董文隆主教、李德培主教、曹道生教友、張家樹主教、李君武副主教、王良佐神父

✦ 秘書長：湯履道教友 [45]

愛國會的第二屆代表大會後，新一屆的領導機構工作未能開展就被迫擱置。政治局勢的演化超出了這些愛國愛教領袖們預期，愛國會從其組織構成到工作報告總結，更加顯示了這個機構的政治屬性，已經成為中共反美、反西方和羅馬教廷的工具。在會議進行的同時，世界局勢與全球教會在若望廿三世當選後，也在發生著改變。中國教會將會如何應對教會與世界的變革？

七、對若望廿三世與梵蒂岡第二屆大公會議的批判

1958 年 10 月 9 日教宗庇護十二世去世。樞機團在 10 月 28 日選舉出威尼斯宗主教安傑洛·若瑟·龍嘉利（Angelo Giuseppe Roncalli，1881~1963）為新教宗，即若望廿三世。新教宗曾長期從事外交工作，歷任教廷駐保加利亞、土耳其、法國

---

[45] 中國天主教友愛國會第二屆委員會主席、副主席、秘書長名單見：《聖神光照中國教會—中國天主教愛國會成立五十周年來的輝煌足跡》，95 頁。

的大使，外交官的經歷使他有機會接觸到不同信仰族群，尤其是不同宗教之間甚至是不同意識形態領域的接觸與對話，對他日後的神學思想產生了影響。這些累積的經驗，使這位高齡（77）當選的教宗做出了超乎多數人預料之舉：召開梵二大公會議，邀請全球教長共議天主教會在現代世界面臨的挑戰，甚至打破傳統邀請基督新教及東正教代表以觀察員身分與會。

　　若望廿三世對於人類共同命運十分關注，他當選之時正是冷戰激烈時代，美蘇兩大軍事集團劍拔弩張，地區性衝突時有發生。教會在共產主義國家處於艱難狀態，針對中國的自選自聖，若望廿三世與前任教宗態度相似，在 1958 年 12 月教廷會議中明確指出自選自聖為裂教打開了一條道路，譴責參加自選自聖的主教。[46] 1960 年 1 月 7 日教廷在羅馬召開會議，關注處於迫害中的教會，由聖職部長奧托維亞尼樞機（Alfredo Ottaviani，1890~1979）主持；會議特別關注中國教會，也援引若望廿三世 1959 年耶誕節祝詞中講話，呼籲和平，結束衝突。

　　1962 年爆發古巴導彈危機，美蘇兩國一度處於戰爭邊緣，世界大戰一觸即發，雖然在各方協調下，危機最終和平解決，但戰爭陰影沒有遠去。1963 年 4 月 11 日教宗若望廿三

---

[46] 陳聰銘，《中梵外交史：兩岸與教廷關係（1912~1978）》（台北：光啓文化，2016），312 頁。

世發布《和平於世》（*Pacem in Terris*）通諭，主張國際間的相互關係應按照正義法則來調節，因此必須彼此承認相互的權利、履行相對的義務。呼籲停止軍備競賽：「**我們以身為耶穌基督、救世者及和平締造者的代表的資格，為表達全體人類家庭的熱切願望，有感於對全體人類的父愛，我們認為責職所在，應呼籲全體世人，而尤以掌有國家政權者，應不惜最大努力，促使世界大局的推進，合乎正理和人類尊嚴的原則。**」[47] 通諭跳出了宗教民族界限，而以天主創造的整個人類福祉作為出發點，悲天憫人的情懷贏得了世界讚譽，美蘇兩國元首也對教宗通諭做出了積極回應：美國總統甘迺迪在波士頓演講中提到通諭讓他感到十分鼓舞，從中汲取了教義精神；赫魯雪夫也贊同教宗和平相處的原則，有助於世界局勢的穩定。

　　正當世界為古巴導彈危機和平解決而歡慶之時，中國國內輿論卻有不同的看法。中蘇自 1950 年代後期展開論戰後，毛澤東認為赫魯雪夫主張與美國及西方和平競賽、和平共存的原則，違背了馬列主義，是典型的修正主義；對於國際帝國主義，只有堅持鬥爭，即使世界大戰隨時會爆發，任何堅持和平共存主張的都是為帝國主義釋放的迷霧，來麻醉世界革命人民。教宗若望廿三世的和平主張，自然被中共批判，

---

[47] 若望廿三，《和平於世》：http://www.catholic.org.hk/v2/b5/teach/a02_1963.html

充當批判主力的則是天主教愛國會的領袖們。

若望廿三當選之初，天主教愛國會便指責新教宗的當選，是在美國國務卿杜勒斯（John Foster Dulles，1888~1959）運作之下的結果，證據是杜勒斯放下國內要務，出席庇護十二世葬禮，意圖操縱教宗選舉，確保親美候選人能夠當選。[48] 教宗年輕時代的從軍經歷，被指責是對戰爭政治興趣濃厚；出任駐法大使期間與戴高樂的互動，是對反動勢力的巴結；若望廿三與以往教宗一樣，只會利用耶穌建立的教會去攫取財富，壓榨剝削勞動人民。[49] 教廷歷來派遣的傳教士都具有政治野心，只是形式不同；明末清初來華的利瑪竇、湯若望是文化特務，他們別有用心地向中國輸出歐洲落後的科學知識，有意隱瞞先進的科學理念，掩蓋了他們侵略中國的野心。[50] 若望廿三身邊的樞機們則是一群雙手沾滿鮮血的劊子手，「是希特勒的幫兇，封建勢力的法西斯的黨魁，美國中央情報局的別動隊（編註：意指特別行動隊）。點名指責教廷國務卿塔爾蒂尼（Domenico Tardini，1888~1961）是美國豢養的走狗，副國務卿蒙蒂尼（Giovanni Battista Montini，1897~1978，後來保祿六世教宗）

---

[48] 李德培，〈教皇寶座爭奪戰〉，《廣揚》1960 年第 6 期，總第 195 期，17~21 頁。

[49] 李德培，〈羅馬教皇的殘暴罪行〉，《廣揚》1960 年第 7 期，總第 196 期，1~8 頁。

[50] 曹道生，〈羅馬教廷是殖民實力擴張掠奪的幫兇，是帝國主義文化侵略的先鋒〉，《廣揚》1960 年第 6 期，總第 195 期，22~26 頁。

是法西斯黨的魁首、墨索里尼的門徒。」[51]

　　李世文譴責教宗的和平通諭是反對殖民地人民反抗帝國主義與殖民主義的鬥爭：「通諭為了替美帝國主義推行新殖民主義政策，公然提出殖民地國家同帝國主義國家要實行人口、土地與資金的適當『均衡』，鼓吹經濟不發達的國家，應接受各種形式的支援。所謂的人口、土地的『均衡』，實際上就是帝國主義侵佔殖民地和欺壓弱小民族的代名詞，而資金的『均衡』，就是帝國主義的資本輸出，所謂的外援也是擴張新殖民主義的一種特殊形式的資本輸出。」[52] 這份渴求和平的通諭，被認定是梵蒂岡利用天主教為美帝國主義「和平戰略」服務的反動政治文件。它從頭到尾鼓吹階級合作、階級和平。它要工農勞動者同地主資本家合作，要廣大人民同反動統治者合作，要被壓迫人民同新老殖民主義者合作，要全世界人民同美帝國主義合作。這樣，就實現了梵蒂岡所謂的「人世和平」。原來，梵蒂岡所謂「極端渴望」的「人世和平」，乃是地主資本家壓榨勞動人民的和平，乃是反動統治者欺壓廣大人民的和平，乃是新老殖民主義宰割被壓迫民族的和平，乃是美帝國主義獨霸世界、騎在各國人民頭上

---

[51]　嚴峻，〈群魔嘴臉：梵蒂岡是新戰爭策源地的罪證之二〉，《廣揚》1960年第8期，總第197期，8~10頁。

[52]　李世文，〈梵蒂岡人世和平通諭與美帝和平戰略〉，《信鴿》1964年第1期，9~13頁。《信鴿》是愛國會刊物，1964年創刊，1965年停刊，1980年復刊後，改名為《中國天主教》，為中國天主教愛國會主辦的官方刊物。

作威作福的和平。[53]

　　1963 年 6 月 3 日教宗若望廿三世去世後，天主教愛國會發表評論稱其在位的五年時間，是為美帝國主義鞠躬盡瘁的五年。1959 年 1 月 25 日教宗在聖保祿大殿舉行為中國祈禱的彌撒，支持美國教會發起的 1960 年為中國祈禱的活動，支持輔仁大學在臺灣復校（愛國會認為輔仁大學的復校是為反攻大陸做人才儲備），均予以否定。對教宗召開的梵蒂岡第二屆大公會議，是配合美帝國主義全球戰略的一次總動員。[54] 教宗若望廿三世在召開梵二會議後不久去世，新教宗保祿六世繼續大公會議的各項主題。對於這場對天主教會影響深遠的會議，針對它的各項議題，中國方面進行了批判：首先指出會議是配合美帝和平戰略召開，大公會議設立基督徒合一處，邀請基督新教、東正教代表與會，展開不同宗教的對話，乃是妄圖糾集各宗教內的反動勢力，充當他們的帶頭羊，配合美帝侵略計畫。梵二討論的天主教禮儀革新，使用本地民族語言獻祭、教會自治，是麻痺亞、非、拉美人民反對新老殖民主義的革命意志，是為殖民主義服務的騙人把戲。「我們中國神長教友必須高舉反帝愛國旗幟，保持高度警惕，不斷揭露梵蒂岡和第二屆梵蒂岡公會議的反動陰謀，並同它鬥爭到底。」[55]

---

[53] 同上。

[54] 湘聲，〈為美帝鞠躬盡瘁的教皇若望廿三世〉，《信鴿》1964 年第 1 期，20~31 頁。

[55] 李世文，〈第二屆梵蒂岡公會議在幹什麼〉，《信鴿》1964 年

　　綜上所述，1960 年代中期的中國教會在愛國會支配下，已經完全淪爲官方反對教宗的工具，一衆自選自聖的主教及神父們在公開場合譴責教宗已經成爲常態，教會的信仰、禮儀、傳統被粗暴否定，政治凌駕一切之上。而縱觀此時尚能出版的教會刊物，內容主題基本是以政治論戰爲主，即使刊物的封面也無法再像 1950 年代一樣採用教會主題風格設計，取而代之的是各類政治口號與圖片，教廷及普世教會的一切活動，都被以政治眼光審視。

　　天主教三自愛國運動從最初的切斷與梵蒂岡一切政治、經濟聯繫，僅保留純粹的宗教關係，到徹底割斷一切聯繫，否定教宗首席權，展開各類針對教宗的人身攻擊。這背後固然是政治力量的主導，也能理解部分人士的言不由衷，但近年來教會內外似乎有意淡化當年這些事件，寥寥數語帶過這段歷史。回顧這段被忽略的歷史，並非是要追究誰的責任，而是要留下完整記錄，不能因人因時而異，不能爲了眼前的需要而隨意去剪裁歷史。這段三自革新歷史的演進，正如殉道者董世祉神父 1951 年所言：「今天要我們攻擊教宗的代表黎總主教，明天就會要我們攻擊耶穌的代表——教宗，後天爲什麼不能要我們攻擊天主呢？」[56] 從 1950 年代開始推動三

　　第 2 期，13~18 頁。

[56]　房志榮，〈重慶人民公審《兩全其美》演講中，重印董世祉神父在人民公審大會時演講詞的意義〉，《神學論集》83 期（1990春），50 頁。

自批判外籍傳教士為始，到文革徹底否定天主為終，參與者最終也淪為犧牲品，值得後世反思銘記。

八、1958~1963 年間自選自聖主教列表

✦ 湖北省漢口總主教董光清、武昌主教袁文華，1958 年 4 月 13 日由李道南主教祝聖。

✦ 河北省永年主教王守謙，1958 年 4 月 20 日由趙振聲主教祝聖。

✦ 河北省宣化主教潘少卿，1958 年 4 月 20 日由趙振聲主教祝聖。

✦ 河北西灣子主教常守彝，1958 年 4 月 20 日由趙振聲主教祝聖。

✦ 河北省永平主教蘭柏露，1958 年 4 月 20 日由趙振聲主教祝聖。

✦ 山東省濟南總主教董文隆、山東省曹州主教李明月、山東省周村主教宗懷德、山東省益都主教賈福善，四人皆於 1958 年 6 月 1 日由皮漱石祝聖。

✦ 貴州省貴陽總主教陳元才，1958 年 6 月 15 日祝聖，襄陽易宣化主禮。

✦ 遼寧熱河（錦州）主教趙膄民，1958 年 6 月 22 日祝聖，皮漱石、王學明主禮。

✦ 四川成都主教李熙亭，1958 年 7 月 6 日由南充教區王文成主教祝聖。

+ 河北省保定主教王其威，1958 年 7 月 20 日趙振聲主
  教祝聖。

+ 天津教區主教李德培，1958 年趙振聲主教祝聖。

+ 安徽蚌埠主教周益齋，1958 年 8 月 31 日祝聖，濟南
  主教董文隆主禮。

+ 山東兗州主教石麟閣，1958 年 8 月 31 日祝聖，曹州
  主教李明月主禮。

+ 江西省南昌主教胡欽明、江西省余江主教黃曙、江西
  省贛州主教陳獨清，三人皆 1958 年 10 月 9 日由王其
  威祝聖。

+ 湖南省長沙主教熊德漣、湖南省常德主教楊高堅、湖
  南省衡陽主教郭則謙、湖南省澧縣主教李震林、湖南
  省岳陽主教李樹仁，五人皆於 1958 年 10 月 26 日由皮
  漱石主教在長沙祝聖。

+ 吉林教區主教王維民，1959 年 5 月 31 日皮漱石主禮。

+ 黑龍江哈爾濱王瑞寰，1959 年 7 月 12 日皮漱石主禮。

+ 湖北漢陽主教塗世華，1959 年 7 月 26 日李道南主禮。

+ 北京教區姚光裕，1959 年 7 月 26 日皮漱石主禮，趙
  振聲襄禮。

+ 湖北宜昌主教張鳴謙，1959 年 8 月 15 日董光清主禮。

+ 江蘇省南京總主教李維光、江蘇省蘇州主教沈初鳴、
  江蘇省海門主教郁成才、江蘇省徐州主教錢余榮，四
  人皆於 1959 年 11 月 15 日由皮漱石主禮，趙振聲襄禮。

✦ 四川宜賓教區王炬光，1959年段蔭明主禮。

✦ 上海主教張家樹、浙江杭州主教吳國煥、浙江寧波主教舒其誰、浙江溫州主教吳智剛，以上四人祝聖於1960年4月26日皮漱石主禮，趙振聲襄禮。

✦ 廣東惠陽主教葉蔭雲、山西汾陽主教高庸、河北正定主教劉安祉、廣東韶州主教夏學謙、山西太原主教李德化、福建福州主教林泉、河南開封主教何春明、雲南省昆明主教孔令忠，以上於1962年1月24日由皮漱石主禮，趙振聲、李伯漁、李維光、張家樹、董文隆、易宣化襄禮。

✦ 河南洛陽主教郗民援，1962年8月5日（支持祝聖主教姓名不詳）。

✦ 四川重慶主教石明良，1963年3月31日由鄧及洲祝聖。

✦ 四川南充主教范導江，1963年4月7日由李熙亭主禮，段蔭明、鄧及洲襄禮。

九、文革中的教會（1966~1976）

　　文化大革命是1949年中共建政以來發動最大規模的政治運動。關於文革起因，海內外學術界有眾多看法，整體來說，是1950年代後期毛澤東在國內外形勢變化的背景下，對於社會問題做出錯誤的分析與認知。他主導下的大躍進及其後一系列錯誤的政策，使其威信在黨內外受到了質疑與挑戰，與

劉少奇的矛盾日漸擴大，毛有大權旁落的危機感，力圖透過一場政治運動重回權力核心。

早在 1964 年，毛在檢視文化部工作時就提議整風，認為文化部門的主管周揚、陸定一等人工作不力，批評他們「15年來，基本上不執行黨的政策，不去接近工農兵，最近幾年竟然跌到修正主義的邊緣。如不改正，要變成匈牙利裴多菲俱樂部那樣的團體。」[57] 1965 年 11 月 10 日在毛澤東及其夫人江青授意下，上海文化幹部姚文元在《文匯報》發表〈評新編歷史劇海瑞罷官〉，將戲劇應用於政治鬥爭，影射該劇是為 1959 年被打倒的彭德懷鳴冤叫屈。在毛的支持下，各地媒體紛紛轉載並添加評論，成立中央文革小組，作為發動領導文革的中央機關。1966 年 5 月 16 日中共中央政治局擴大會議發布〈中共中央通知〉即著名的〈五一六通知〉標誌著文革的開始；8 月 8 日中共八屆十一中全會通過〈關於開展無產階級文化大革命的決定〉，指出文革的任務「是一場觸及人們靈魂的大革命，是中國社會主義革命發展的一個更深入、更廣闊的新階段。當前的目的是鬥垮走資本主義道路的當權派，批判資產階級的反動學術權威，批判資產階級和一切剝削階級的意識形態，改革教育，改革文藝，改革一切不適應社會主義經濟基礎的上層建築，以利於鞏固和發展社會主義

---

[57] 〈毛澤東與「黨的文藝總管」周揚〉，《河北黨史網》，2006 年 11 月 13 日。http://dangshi.hebei.com.cn/dsb/dsbc/userobject1ai683.html

制度。這次運動的重點，是整黨內那些走資本主義道路的當權派。」[58]

在該決定的第十條文革教育改革中，提及「必須徹底改變資產階級知識份子統治我們學校的現象。在各類學校中，必須貫徹執行毛澤東同志提出的教育為無產階級政治服務、教育與生產勞動相結合的方針……學制要縮短。課程設置要精簡。教材要徹底改革，有的首先刪繁就簡。學生以學為主，兼學別樣。也就是不但要學文，也要學工、學農、學軍，也要隨時參加批判資產階級的文化革命的鬥爭。」[59] 從此各級學校正常的教學秩序被打亂，學生們開始停課鬧革命，參加文化大革命，紅衛兵應運而生。1966 年高考也停止招生，毛澤東積極支援紅衛兵造反行動。1966 年 8 月至 11 月毛與林彪先後八次在天安門廣場接見各地紅衛兵，總人數 1100 萬人，全國上下陷入紅色狂潮之中，掀起了紅衛兵全國大串聯。紅衛兵在串聯期間，以破四舊[60]之名，展開了對古代文物、宗教建築的破壞行動。在破壞文物的同時，紅衛兵也展開了對

---

[58] 〈中國共產黨中央委員會關於無產階級文化大革命的決定〉，《人民日報》1966 年 8 月 9 日。

[59] 同上。

[60] 四舊即舊思想、舊文化、舊風俗、舊習慣。1966 年 6 月 1 日《人民日報》發表社論〈橫掃一切牛鬼蛇神〉，將共產黨社會主義運動產生前的、由先人所創的社會文化財富，一律歸為舊文化，必須要掃除。中國數千年傳統文化累積的一切成果全部被否定，宗教也被視為四舊之一，必須要消滅。

於黑五類份子[61]的鎮壓，製造了多起屠殺事件[62]。

　　文革前後持續了十年左右。大致分爲三個階段：第一階段從1966年文革爆發，到1969年中共九大召開，毛澤東清理劉少奇、鄧小平等走資派老幹部，扶植接班人林彪上臺。第二階段從1969年4月九大召開，到1973年8月中共十大召開，是毛澤東與林彪決裂，最終林彪出逃，折戟沉沙，殞命蒙古。第三階段從1973年8月中共十大召開，到1976年10月四人幫[63]倒臺。林彪事件後，毛澤東拔擢的文革新貴們崛起，與復出工作的鄧小平等老幹部們對抗，最終在毛死後，華國鋒等發動政變，囚禁四人幫，終結了文化大革命。

　　文革伊始，在紅衛兵破四舊的浪潮中，宗教組織首當其衝。主管宗教事務的中央統戰部被指爲「牛鬼蛇神的庇護所」，是「資本主義的復辟部」，1964年就被撤職的原部長李維漢再度被打倒批鬥。全國所有的宗教場所無一倖免，一

---

[61] 中共建政後，在政治運動中被劃分地主、富農、反動派、壞份子、右派人士，簡稱爲黑五類，是屬於政治賤民階層，是歷次政治運動中被整肅的對象，直至1980年代才逐步平反，在三十年的歲月裡，這些人士及其家屬遭受了巨大的痛苦與折磨。

[62] 如屠殺黑五類及其家屬的北京大興事件、湖南道縣事件。

[63] 文革期間崛起的政治新貴，成員有毛的夫人江青、上海造反派起家的王洪文、兩位文人張春橋與姚文元。此四人在文革後期地位顯赫。王洪文在中共十大上被毛選中爲中共中央副主席，一度作爲毛的接班人培養。張春橋曾任中共中央政治局常委、國務院副總理、解放軍總政治部主任。姚文元亦曾任中央政治局委員、中央宣傳組成員、《紅旗》雜誌總編輯。

些著名的教堂寺院被改做他用。如佛教著名的洛陽白馬寺、
浙江靈隱寺、新疆千佛洞古籍，均遭到不同程度的破壞。孔
子及其家族墓地也被紅衛兵挖掘，孔府被劫掠一空，儒家經
典著作被焚燒。天主教著名的教堂，如北京聖母無染原罪堂，
收藏的古代圖書、教會聖像、祭衣等被付之一炬。神職人員
也被揪鬥批判，上海的徐家匯教堂、天津西開堂、廣州石室
聖心堂均被紅衛兵衝擊，能夠得以保留是因為教堂改做其他
用途，或為工廠倉庫或為群眾禮堂，組織歌頌毛澤東聚會之
用。

　　文革爆發之時，留在中國的外籍人士除外交官外已經寥
寥無幾。瑪利亞方濟各會（Franciscan Missionaries of Mary）在北京
主辦的聖心國際學校，由於服務對象是駐京外國使館工作人
員的子女，所以在 1949 年後得以保留繼續開辦；在學校工作
的外籍修女成了少數能繼續在華工作的傳教士。1966 年文革
爆發，紅衛兵視這所修女主辦的國際學校為帝國主義在華堡
壘，8 月 26 日紅衛兵衝入學校，打砸學校教學設施及附屬教
堂，扣押在學校工作的來自不同國家的八名外籍修女（英國、
法國、加拿大、愛爾蘭、瑞士、西班牙、希臘），對他們展開了批鬥
折磨。事件爆發後，英國、法國、瑞士駐京外交人員幾次嘗
試與被扣押的修女接觸，均遭到紅衛兵的拒絕。中方媒體指
責修女們在辦學外衣掩護下，刺探中國情報，印發反動文件，

傳播謠言，危害中國主權。[64] 修女們的遭遇引發了西方媒體的關注，法新社 8 月 26 日倫敦報導，英國外交部發表聲明，表示關注被中共扣押的英籍修女狀況，要求中國政府保證該修女的人身安全。

修女們在經受了兩天的批鬥大會後，被驅逐出境，聖心學校被北京市接管。紅衛兵押送修女們南下至廣州，三天的旅程中修女們飽受折磨，火車上她們被禁止交談，幾乎無法休息。經歷了殘酷的折磨與旅途的勞累，修女們身心遭受嚴重創傷，8 月 31 日跨越羅湖橋進入英屬香港時，一位愛爾蘭籍修女 Eamonn Molly O'Sullivan 已無力行走，隨即被送往醫院急救，第二天凌晨去世。修女在跨越邊境時被抬上擔架，淒慘無力的境況被在場記者記錄，照片被歐美諸國媒體廣泛轉載報導，引發了廣泛的同情和對施暴者的憤慨。愛爾蘭政府通過其駐倫敦代表向中國駐英使館發出強烈抗議。[65] 法國、瑞士等國亦透過外交管道表達抗議。9 月 6 日英國副外長 Henry Walston 約見中國駐英代辦熊向暉，向他表達英國政府的強烈抗議，譴責對於修女們的迫害及羞辱。美國新聞週刊採訪了被驅逐的波蘭籍修女 Olga，她講述了被紅衛兵批鬥的

[64] 〈取締瑪利亞方濟各修女會　驅逐八名害人蟲〉，《光明日報》1966 年 9 月 2 日。

[65] Desmond Forristal, *The Bridge at Lo Wu: A Life of Sister Eamonn O'Sullivan* (Dublin: Veritas Publications, 1987), p.132。另參 "1966-Molly O'Sullivan"，收錄 Paul Hattaway's *China's Book of Martyrs*，見 https://www.asiaharvest.org/1966-molly-osullivan。

情況：「他們衝進了學校，開始破壞聖像，在聖像原來的地方掛上毛澤東的像及紅旗。修女們被集中關押在宿舍。紅衛兵不但破壞教堂、學校，還對我們展開侮辱，用紅色染料污染我們的衣服，對我們兇惡地說：『你們是豬，你們是狗』，將學校與教堂珍藏的書籍焚毀，強迫修女們摘掉頭巾，在地上向他們叩頭。每一次修女們試圖抬頭，後面就有人責打她們。」[66]

　　對於外籍人士尚採用如此暴力手段，本國神職的命運可想而知了。文革爆發後，所有宗教人士一夕之間都淪為牛鬼蛇神；天主教各機構包括愛國會在內無一倖免，天主教福州教區在報紙上登報啓示，宣布自行解散。全省天主教活動場所或被搗毀，或遭封閉，或被佔用；神職人員和教會工作人員在受批鬥後，全部被趕出教堂，有的被押送農村勞動改造，有的投親靠友，有的被迫改行，宗教活動被明令禁止。[67]不僅福建如此，全國各地情況相同，針對宗教處理莫不是競相攀比誰更激進；對於神職人員及信徒的批鬥更是不遺餘力。筆者訪談當年經歷過文革被批鬥的教友們，縱使時光已經過去半個世紀，他們回憶起來依然是心有餘悸，回憶遭受的酷刑時提及：「遊街已經是最輕的處罰了，每天的掃街遊行已經是家常便飯，就怕批鬥會時那種打耳光、做噴氣式飛機。

[66] 紐約新聞週刊報導，〈天主教修女在平遭中共凌辱慘況〉，《香港工商日報》，1966 年 9 月 15 日。
[67]《福建省宗教志》（廈門：廈門大學，2014），345 頁．

我記得批鬥我時，主持的那個人是個退伍軍人，打起人來真是狠啊，尤其是打耳光，兩下就能讓你鼻口出血，用特製的木板打，能把人的嘴打歪。當時有位老會長，不服氣和他們辯論，被打的牙齒脫落，子女也跟著挨鬥。」[68]

至於愛國會的主教神父們在面對紅衛兵時，表示自己是革新愛國的，結果仍被紅衛兵毒打，邊打邊說「打的就是你們愛國會的」。在文革中，愛國會的主教們有的結婚（如保定王其威、溫州方志剛、吉林王維民、內蒙古王學明），有的自殺（煙臺宗懷謨），幾乎全部都被下放勞改，他們有的人表示對於天主完全絕望，有的表示當初參加三自革新不過是為了少受一些折磨，看到不少因堅持信仰而坐監的神職，慶幸自己躲過了劫難，沒想到文革爆發，他們卻被共產黨一腳踢開，全然不顧他們多年來追隨服務的功績，成了必須要消滅的牛鬼蛇神，這一切不禁讓人感慨萬千。

在文革風暴中，一些奉命潛伏在教會的地下黨員暴露了身分，可謂是意外收穫。早在中共建政前，就有一些秘密黨員潛伏在不同宗教團體之中，以教職為掩護從事秘密工作，譬如紅色牧師董健吾[69]、浦化人、閻寶航[70]。這些人在建政後

---

[68] 2016年於河北石家庄採訪的一位教友口述。

[69] 董健吾（1891~1970），上海青浦人，早年入美國聖公會在蘇州開辦的桃塢中學，1914年入上海聖約翰大學學習神學，曾與宋子文、顧維鈞、浦化人同學，1924年任上海聖公會聖彼得堂主任牧師。1928年在浦化人介紹下秘密加入中共，開始在中央特科領導下的情報工作；曾經撫養毛澤東的兩個兒子。1936年前

即公開身分，放棄教職的黨員；但仍有一部分 1949 年後繼續
在教會內潛伏從事政治使命的秘密黨員。關於這一問題，在
中共建政之初曾討論這類人是否有必要繼續從事潛伏工作，
但最終認為宗教問題不容忽視，仍需要有黨的人在內領導才
能安全，遂於 1950 年發布文件繼續執行任務：「應該選擇若
干忠實可靠的黨員，使其繼續留在教內擔任在教徒中的工
作，以便取得領導地位，其黨籍在必要時可以保持秘密。但
經過教育後仍將宗教利益放在黨的利益之上，不能遵守黨的
紀律的信教黨員，則應告其退黨。此外，在天主教、基督教
勢力很大的地方，各縣市委應挑選少數秘密黨員按正常方法
信教，以求瞭解其內部情況，並逐步取得地位。對於教徒中
進步份子，亦應教育他們不要脫離教徒群眾，不要減弱而要

　　往陝北工作，介紹美國記者愛德格斯諾訪問延安。中共建政
　　後，1955 年受潘漢年案影響入獄，1962 年獲釋。文革爆發後被
　　批鬥，1970 年去世。
[70] 閻寶航（1895~1968），遼寧海城人，1913 年就讀奉天師範學校
　　期間開始參與基督教青年會活動，1918 年受洗加入基督教，出
　　任青年會學習部幹事，與張學良相識。1929 年出任奉天基督教
　　青年會總幹事，利用其與張學良的關係結識了國民政府一批要
　　人如蔣介石、宋美齡，並受蔣的委託，出任新生活運動促進總
　　會書記。1937 年在周恩來介紹下秘密加入中共，接受周恩來直
　　接領導從事情報搜集工作。1949 後出任中共外交部條約委員會
　　主任委員，1959 年被調往政治協商會議從事文史資料搜集工
　　作。文革爆發後被打倒，投入秦城監獄，被虐打致死，因被指
　　控為反革命分子，屍骨無存。

加強他們在教會中的地位。」[71]

在上述文件指導下，部分人士繼續在宗教團體內以教徒身分為黨工作，這些人在 1950 年代宗教革新運動中都發揮了積極作用。但在文革中，他們中部分人士身分在紅衛兵拷打下暴露，如 1980 年代曾任上海市委統戰部副部長兼宗教局長的楊增年，曾就讀於徐匯公學，因成績優秀被校長張伯達神父賞識，推薦其入震旦大學學醫，後來三自革新中楊增年積極回應政府號召，打壓堅持信仰的公教青年，成為教會青年領袖。文革中，在紅衛兵拷打下，他承認自己是奉命潛伏在天主教會，為黨工作。[72]

另一位在文革中曝光的名人，是曾任中國基督教三自愛國委員會秘書長的李儲文（1918~2018）。李是浙江慈溪人，早年畢業於上海滬江大學化學系，大學畢業後在基督教青年會工作。1938 年秘密加入中共，接受周恩來的直接領導以宗教身分為掩護，從事青年工作。1949 年基督教青年會選派其赴美國耶魯大學學習神學，但李受中央指令 1950 年回國，任基督教青年會宗教教育部幹事兼任上海國際禮拜堂牧師。李在 1950 年代的三自運動中，積極參與領導運動，並當選為總幹

---

[71] 〈中共中央關於天主教、基督教問題的指示〉，1950 年 8 月 19 日，《新華網》：http://www.ce.cn/xwzx/gnsz/szyw/200705/25/t20070525_11490911.shtml

[72] 金魯賢，《絕處逢生：金魯賢回憶錄 1916~1982》，電子版 123 頁。

事。文革中面對紅衛兵的折磨，李公開了自己的身分，免去
了皮肉之苦。文革後，李儲文被中共派往香港出任新華社駐
港分社副社長、上海市政府外事委員會副主任、僑務委員會
主任，1988 年退休後任上海市政府外事顧問。

　　與李儲文類似的人物尚有著名的宗教學者趙復三[73]、顧長
聲[74]等人。在其他宗教中存在潛伏黨員亦是公開的秘密[75]，從
1950 年代至今從未斷絕。在不同的歷史階段，這些潛伏在宗
教團體中的黨員發揮著不同的作用，無論是在 1950 年代革新
運動中還是當下宗教與社會主義相適應，宗教中國化背景

---

[73] 趙復三（1926~2015），上海人，1946 年畢業於聖約翰大學，
1950 年畢業後任北京基督教青年會副總幹事，後加入中華聖公
會成為牧師，任燕京協和神學院院長。參與發起基督教三自愛
國運動，曾任北京三自愛國運動委員會副主席。1964 年調入社
科院開始從事批判神學的任務，公開黨員身分。文革後出任中
國社會科學院副院長，是著名的宗教學者、翻譯家。曾任中國
駐聯合國教科文組織執行局委員。1989 年六四事件後，與中共
決裂流亡美國。

[74] 顧長生（1919~2015），江蘇江陰人，早年家境貧寒，自稱受教
會幫助加入基督復臨安息日會，受安息日會派遣赴美留學，回
國後積極參加三自革新運動。1957 年受命參加上海歷史研究所
工作，開始撰寫帝國主義利用教會侵華歷史，曾出版《傳教士
與近代中國》批判外籍傳教士，文革中被批鬥。具有戲劇性的
是 1990 年代他移居美國後，在美國出版其回憶錄，一改以往的
觀點，開始批判中共對於外籍傳教士的污蔑打擊，堅稱共產主
義在中國無法實現。

[75] 其他宗教中黨員，如曾任全國政協副主席、中國伊斯蘭教協會會
長的包爾漢，他於 1949 年加入中共，黨員身分在 1989 年去世
後官方在訃告中才公開。

下，這類人從未缺席，依然在其崗位上為黨的工作「兢兢業業」，恪盡職守。

十、文革時期秘密的信仰生活

　　文革期間，一切宗教活動都被迫停止。在全面推進無神論教育的同時，伴隨著是一場人為的造神運動：當一切神靈被禁止之時，毛澤東成為了中國唯一崇拜的對象；中國民眾一面要高唱「從來就沒有什麼救世主，也不靠神仙皇帝」，一面又要歌唱毛澤東「他是人民的大救星」、「抬頭望見北斗星，心中想念毛澤東」。中共自建政以來就積極號召掃除一切迷信，破除對神靈的敬畏之心，但在文革期間對於毛澤東的神化，到達了登峰造極的地步，毛被打造成上帝的形象，儼然成為洪秀全第二。

　　對於毛的崇拜，表現在毛以往的講話，被收集成冊發行全國，即著名的《毛澤東語錄》，封面以紅色包裝，民間稱之為紅寶書。紅衛兵串聯時期，人手一冊，民眾公開集會要誦念毛語錄，報紙雜誌在頭版要登載毛語錄；在辯論會中，兩派人馬都引用毛語錄來攻擊對方。毛澤東畫像及徽章也被廣泛傳播，紅衛兵佔領教堂後，摧毀聖像、十字架，換上毛像。普通民眾家中也要懸掛毛像；農村祠堂裡，祖先牌位被撤下，換上毛像；民眾日常生活也以早請示為開端，晚彙報

爲結尾。[76] 文藝作品以樣板戲、忠字舞、歌唱毛澤東爲主旋律。1968 年官方又推行三忠於四無限。[77] 媒體提及毛澤東慣常要加以四個偉大頭銜（偉大的導師、偉大的領袖、偉大的統帥、偉大的舵手）。毛在極短時間裡，從中國人民的大救星躍升爲世界人民的大救星、心中的紅太陽。毛澤東成爲了眞理的化身，在文革懷疑一切、打倒一切的口號中，毛是唯一不可錯的圖騰偶像；毛的話句句是眞理，人民不需要有思考，全國只要無條件服從毛澤東即可。毛取代所有宗教崇奉的神靈，成爲中國民眾崇拜的全能神。文革期間毛澤東被捧上神壇，接受民眾膜拜，無疑是對篤信馬列主義無神論的中共最大的諷刺。

　　在對毛的崇拜狂潮中，宗教信仰生活是否被徹底消滅了？雖然一切宗教場所都已經關閉，但仍有信徒秘密實踐自己的信仰。不同省份的基督徒利用各自的地理環境，秘密地

---

[76] 文革時期毛崇拜的一種表現形式，非常類似於民間宗教對於教主的崇拜模式。早請示是指民眾開始一天工作前、學生開始上課前，集合一處向毛澤東像鞠躬行禮，手握紅寶書舉過頭頂，高呼敬祝偉大的領袖、偉大的導師、偉大的統帥、偉大的舵手毛主席萬壽無疆，萬壽無疆！祝毛主席的親密戰友林副統帥身體健康，永遠健康！呼完口號後，全體高唱《東方紅》，然後誦念毛語錄。晚彙報是指一天工作結束前，民眾要彙聚一處，面向毛像檢討一天有無犯錯，向毛澤東懺悔認罪，懺悔後集體合唱《大海航行靠舵手》，民眾在家中三餐前，也有類似儀式。

[77] 三忠於即忠於毛主席、忠於毛澤東思想、忠於毛主席的革命路線；四無限是對於偉大領袖毛主席要無限熱愛、無限信仰、無限崇拜、無限忠誠。

聚會祈禱。在沿海一帶的信徒，如浙江、福建等地的漁民教友，會利用外出捕魚的機會，在船上默默祈禱，他們保存著未被摧毀的聖像及苦像；信友之間有自己獨特的聯繫方式，雖然沒有司鐸牧靈關懷，但老教友扮演起信仰傳授者的角色，為新生兒付洗，給兒童教授基本的要理。這在當時是極具風險的行為，主日的聚會往往選擇在深夜或凌晨，一切有如教會初期百年教難一樣。在東北、西北偏遠地區的勞改農場，也有一些被流放至此的神職人員從事苦工，他們在農場中依然沒有忘記自己的使命，秘密地找尋教友，暗中傳播福音，對於流放受苦的囚徒給予心靈的安慰，使很多人接受了福音，他們散播的種子在文革後開始成長壯大，形成1980年代初期信仰復興。

　　一位中法混血兒鮑若望，1950年被中共逮捕發配到勞改營，他在勞改營中遇見一位熙篤會的司鐸，這位夏神父給他留下了深刻的印象，並喚醒了他沉睡多年的信仰。他稱讚這位司鐸是一位善良的人，如果所有天主教神父都像他，那教會將永無危機。他形容這位神父雖然身體瘦弱，但在勞動中積極努力，勞改營中糧食短缺，很多人飽受饑餓困擾，夏神父則是每次都將自己的口糧分給他人，自己默默忍受。在營中他始終未忘自己的使命，依然默默地履行司鐸職責，冒著風險為犯人聽告解。「想懺悔的囚徒只要挨近夏，仰望天空向他訴說著罪惡，我仍可看見他們嘴唇在蠕動，但他們總是小心翼翼地互不相視，或作任何動作。『你的罪得到了寬

恕』，他向囚徒說，那人便飄然而去。」[78] 這樣一位司鐸，
縱使身處險境之中，依然滿懷救人心火，在黑暗中猶如一道
亮光，鼓舞著痛苦中的人勿要放棄希望、放棄信仰。

　　在中國各地監獄勞改農場中，仍然有這樣的司鐸在履行
著自己的牧職。在那個風雨如晦的年代裡，當中國本土春節
都被視為四舊掃除的時候，勞改營中的夏神父依然想著慶祝
聖誕，他做了一台讓人終生難忘的聖誕彌撒。「我為他把風，
神父走向一個避風的溝堤，選擇在一堆凍土前舉行彌撒，沒
有祭衣，聖杯是一個有缺口的搪瓷杯，酒是擠的純葡萄汁，
聖體是早餐剩的一點窩頭，雖然看似簡陋，我卻感到這是我
所見過的最為虔誠的一台彌撒。」[79] 這位看似柔弱、瘦小的
司鐸，在其內心深處卻有著鋼鐵一般的意志，無論環境如何
險惡，總是盡一切努力去實踐信仰，堅固他人的信德，使得
一位有名無實的信友重燃信仰的希望，對於身邊眾多的非基
督徒也留下了良好的印象。即使他們並不清楚天主教信仰為
何，但從夏神父身上感受到了一種從未有過的溫暖，在勞改
營這座人間煉獄中，體會到了一種力量，使人不會絕望，在
逆境中克服苦難、活出信仰的真諦。鮑若望賦予夏神父很高
的評價：他是「我所見到的最高尚的基督徒，偉大的天主教
殉道者可能比他承受更多的痛苦，但他們的信仰並不比這位

---

[78] 鮑若望，《毛澤東的囚徒》（北京：求實，1989），219頁。作
　　者指出，為了保護神父的安全，文中用了化名稱呼。
[79] 同上，243頁。

倔強的小老頭更堅定。當外籍傳教士全部離開中國後，在十分苦難的情況下，將西方傳教會的信仰在勞改營中活躍著，把他列為聖徒是當之無愧的。」[80]

　　教會歷史一再證明，外界的壓力無法完全摧毀教會；雖然教堂被拆除、關閉，但信友心中的聖堂是人手無法拆毀的。文革的爆發，給了信友們一個重新審視自己信仰的機會；信友們在文革中所受的困難，難以用筆墨形容。由於客觀的原因，還有為數眾多的信仰見證沒有被分享。在教難中，各地都有放棄信仰者，這與歷史上不同國家發生的教難相似，但亦有為數眾多信仰見證者，在暗中保持了信仰，以家庭為聖堂，將信仰傳遞給子女，這些默默的努力，隨著苦難歲月的流逝，成為日後教會復興的種籽。文革後教會重組時，很多年輕的聖召即來自於家庭薰陶，他們回憶自己童年信仰的啟蒙，就是在文革的恐怖氛圍下從父母或祖父母一輩傳承而來。

十一、文革後期形勢的演變

　　1970年之後，中蘇關係惡化，雙方一度在珍寶島展開激戰。中共面臨來自蘇聯的武力威脅，毛澤東認為蘇聯的威脅已經超過了美國。在1969年中共九大開幕式上，林彪代表毛做了政治報告，分析國際局勢時雖然如同以往一樣，抨擊美帝國主義是全世界革命人民的敵人，但對於蘇聯的批判，無

---

[80] 同上，220頁。

論篇幅或力度均已超過美國。林彪描述蘇聯在勃列日涅夫上臺後的變化：

> 它的社會帝國主義的面目，暴露得越來越清楚了。內外困難越來越嚴重，就更加瘋狂地實行社會帝國主義、社會法西斯主義。對內，加緊鎮壓蘇聯人民，加緊全面復辟資本主義。對外，加緊勾結美帝，加緊鎮壓各國人民的革命鬥爭，加緊控制和剝削東歐各國和蒙古人民共和國，加緊同美帝爭奪中東和其他地區，加緊對我國的侵略威脅。派幾十萬軍隊佔領捷克斯洛伐克，對我國領土珍寶島進行武裝挑釁，就是蘇聯最近的兩次醜惡表演。為了替它的侵略和掠奪作辯護，它鼓吹什麼「有限主權論」、「國際專政論」、「社會主義大家庭論」。這一套是什麼意思呢？就是說，你的主權是「有限」的，他的主權是無限的。你不服從嗎？他就對你實行「國際專政」，即對各國人民專政，以便組成新沙皇統治的「社會主義大家庭」，即社會帝國主義殖民地，如同希特勒的「歐洲新秩序」、日本軍國主義的「大東亞共榮圈」、美國的「自由世界大家庭」一樣。列寧痛斥第二國際的叛徒們，是「口頭上的社會主義，實際上的帝國主義」，即機會主義變成了帝國主義。[81]

---

[81] 林彪，〈中共九大政治報告〉，中文馬克思主義文庫：https://www.marxists.org/chinese/linbiao/marxist.org-chinese-linbiao-19690401.htm

　　中蘇矛盾的尖銳化，迫使毛澤東開始考慮調整與美國及西方國家的關係，力圖聯美制蘇，在蘇、美、中三角之間尋找平衡。中美之間開始秘密接觸。1970 年代美軍在越南戰爭中泥足深陷，尼克森政府在上臺後開始尋求與中國改善關係，以扭轉在美蘇博弈中的劣勢，中美兩國有了合作的基點。1971 年美國總統國家安全事務助理基辛格秘密訪華，得到中共高層領導人接見，開始籌畫美國總統尼克森訪華，在這樣的歷史背景下，中共自 1949 年以來高調反美的策略開始動搖，為了營造良好的氣氛，中共開始修正了部分政策。

　　1970 年 7 月 10 日，中方無預警式宣布釋放自 1958 年以來監禁的美籍主教華理柱（James Edward Walsh，1891~1981）。華主教於 1960 年被宣判有期徒刑二十年，此時提前釋放，令眾人驚喜。華理柱主教本人已覺差異，據他描述是 7 月 8 日監獄獄醫為其測量血壓時告知他即將被釋，而且馬上要收拾行李前往廣州，由廣州至香港，香港教會領袖及美國領事館官員前往羅湖口岸迎接；美國瑪麗諾會港區省會長石禮文神父（John Joseph Sullivan，1933~2021）在主教抵港後，舉行了記者發布會，簡單介紹了華理柱主教情況，華成為最後一位離開中國大陸的外籍傳教士。外國媒體對此議論紛紛，部分媒體開始揣測中共即將改變反宗教政策，直至 1972 年尼克森訪華，世界輿論才恍然大悟，華理柱主教的獲釋是表達對美友好的一個舉動，若非中美關係的改善，華主教恐怕永無出頭之日。

　　華理柱主教釋放後不久，一位加拿大斯卡波羅傳教會

（Scarboro Foreign Mission Society）[82] 會士獲准前往北京教授英語，成為自 1949 年之後第一位駐於中國的外籍傳教士。[83] 同年兩位奉命前往孟加拉從事人道救濟工作的義大利司鐸也訪問了廣州，他們對於中共批准他們入境簽證表示驚訝，雖然在廣州期間無法接觸到信友團體。[84] 這些個別外籍人士偶然進入大陸的新聞引起了西方社會的關注。自 1950 年代以來，中國大陸天主教團體基本上處於與世隔絕狀態，文革的爆發更讓外界無法瞭解中國教會具體情況。1971 年中共開放了北京宣武門天主教堂與米市大街基督教堂以供外國使館工作人員使用，但此時的開放只是針對外籍人士，對於中國信徒嚴酷的政策沒有改變。

由於此時中共正力圖進入聯合國，宗教的統戰價值被再次挖掘利用，被打倒的一些昔日愛國會領袖們被選擇性的解放，來為黨繼續服務。1971 年 11 月 1 日義中經濟文化協會主席 Vittorius Colombo 應中方邀請訪華，在首站抵達上海後，義大利客人向中方接待人員提出探訪當地教堂的請求，兩天

---

[82] Scarboro Foreign Mission Society，1918 年由加拿大多倫多總教區司鐸 John Fraser 創立的外方傳教會，最初使命就是培養及派遣傳教士前往中國，1931 年教廷將浙江麗水監牧區交由該修會負責。1952 年會士們被驅逐出境，前往亞洲其他地區（拉美及加勒比地區）服務。

[83] 〈神父六個月內到大陸執教〉，香港《新生晚報》，1970 年 12 月 15 日。

[84] 同上。

後中方回覆說上海所有的教堂正在裝修維護中，無法接待訪客。抵達北京後，義方再度提出訪問教堂的請求，並且詢問是否全中國教堂都在維修？中方尷尬地答應了義大利客人的請求，並且歡迎他們參與在 11 月 20 日週六早晨彌撒。據 Colombo 回憶，在北京南堂門口，迎接他們的是在 1966 年被批鬥的愛國會領袖，彌撒依然是拉丁文，彌撒結束後開始了一場提前安排好的對話。

　　Colombo 問主持彌撒的神父是否瞭解梵二後禮儀革新，彌撒禮儀已經有了很大的變化，司鐸告訴他我們與羅馬毫無關係，不須改變。對話中，神父開始了他的政治說教，他告訴外賓「舊社會，教會被帝國主義控制。1949 年打敗蔣介石後，我們驅逐了教會內帝國主義份子，創立了天主教愛國會，就是要擺脫梵蒂岡的控制。」[85] 當被問及中國教會與教宗及普世教會的關係時，這位司鐸回覆：「我們與羅馬教會毫無聯繫，我們不承認羅馬主教的首席地位，我認為我們自己也是宗徒的繼承人。梵蒂岡承認從沒被中國人民承認的蔣介石政權代表中國……」[86]。Colombo 向他解釋：教宗保祿六世摯愛中華人民，他 1965 年在聯合國、1970 年在香港，都曾

---

[85] "On Invitation of the Authorities A Westerner Attends A Catholic Mass in Peking for the First Time in Five Years", *China Program Report,* 12-01-1972, translated from French journal *Informationes Chotholiques Internationale*, 15-12-1971.

[86] 同上。

向中國人民表達他的敬意。義大利外賓的解釋顯然無法打動這位愛國會領袖，因為這一時期負責接待外賓的神職，首要的使命不是宗教性的，而是政治性的，他的司鐸身分與其他社會職業一樣，是首先為黨工作，從事外部統戰使命，向外國人介紹愛國會的使命與職責，是工作之一。

這種現象在其他宗教一樣存在，如 1970 年復出的基督教三自愛國運動委員會領袖丁光訓、佛教領袖趙朴初都從事相同的工作。丁光訓在 1972 年對外賓表示，宗教在中國沒有受到任何歧視，但教會在中國的前途實在有限，即使未來基督教在中國消失，他也毫不奇怪。[87]

十二、天主教徒秘密組織聚會祈禱

綜上所述，文革後期由於國際局勢的變化及中共面臨的內外危機，做出了部分政策的調整。出於國際統戰的需要，宗教組織被部分開放利用，但其影響極其有限。教堂的開放對象僅限於外籍人士，本國信徒無緣參與。民間嚴格的宗教管制從未放鬆，本國信徒的信仰活動一旦被發現，則是嚴重的罪行。河北張家口地區張北縣所屬若干村落，是天主教徒聚居區，文革後期當地教友開始秘密組織聚會祈禱，1975 年被當地公安部門列為反革命事件，從已公開的文件來看，教友的「罪行」主要是秘密發展教徒、組織平信徒、組織聖母

---

[87] 趙天恩、莊婉芳，《當代中國基督教發展史 1949~1997》（台北：中國福音會，1997），227 頁。

會、反對政府墮胎政策，官方抓捕了一批骨幹教友，尤其以中青年教友居多，如：

1、薛秀珍：女，貧農成份，現年 28 歲，現住戰海大隊謝家灣村，該薛跟隨其姨姨蘭秀蓮，也被捧爲聖人，搞秘密串聯，傳播反革命謠言。

2、蘭秀枝：女，現年 51 歲，貧農成份，現住戰海大隊謝家灣村。該蘭在這次宗教復辟活動中，任聖母會副會長，傳播反革命謠言。

3、蘆會英：女，中農成份，現年 32 歲，現住戰海大隊楊樹灣村。該蘆係被殺子弟，在這次宗教復辟活動中，任聖母會會長，散布反革命謠言，參與其舅南存榮的恩典活動。

4、常翠花：女，現年 32 歲，貧農成份，現住戰海大隊楊樹灣村。該常任聖母會的副會長，思想頑固，勸其弟媳（知識青年）馬文儒入教。

5、蘭進奎：男，現年 28 歲，貧農成份，共青團員。現住戰海公社小三眼井大隊，該蘭自稱聖人，煽動群衆，傳播反革命謠言，並讓代理神父蘭進珍辦聖功。

6、王進明：男，現年 28 歲，上中農成份，現住戰海公社小三眼井村。該王自稱聖人，秘密進行串聯，盼望聖教廣揚，積極讓其父王春林當聖教會長。

7、趙斌：男，現年 35 歲，中農成份，現住二泉井公社石柱梁村，該趙在這次天主教復辟活動中，積極幫助

反動神父王崇一向貧農教徒冀有反攻倒算，讓王崇一
給其死去的母親作彌撒，傳播謠言。

8、范寶榮：男，28 歲，中農，曼頭營公社官井村，該
范傳播反革命謠言，學念新經，現在下花園煤礦臨時
工，上下窯還念平安經，讓天主保佑。爲此我們已建
議公社將范抽回在生產隊勞動。[88]

指控眾人傳播反革命謠言，即是指聚眾祈禱。1974 年當
地公安部門已經展開過一次針對天主教信友的抓捕運動，被
捕拒絕背教的信友被其他教友視爲聖人，所以該報告中提及
的聖人基本是指前次被逮捕的人。官方雖然屢次重拳打擊，
但都無法徹底消滅當地信友的活動，說明了信仰難以靠武力
去消滅征服。張北事件只是發生在文革期間眾多天主教復興
事件之一，全國各地都存在著或明或暗的宗教活動，雖然此
時中國和阿爾巴尼亞是全世界唯二自稱消滅宗教的國家，但
深植於信友心中的信仰火焰從未熄滅，隨著文革的結束，一
場復興即將興起。

---

[88] 張北縣革命委員會公安局，〈關於對天主教反革命復辟活動破案
請示報告〉，內部文件，1976 年 11 月 13 日。

第六章

後文革時期的天主教會

一、文革後的中國概況

1976 年 9 月 9 日毛澤東去世，他生前指定的接班人華國鋒出任中共中央主席兼軍委主席；此前華已在周恩來去世後出任總理，成為中共建政後第一位集黨、政、軍大權於一身的人物。10 月 6 日華國鋒在軍委副主席葉劍英、中辦主任汪東興的支持下，發動懷仁堂事變，逮捕文革中崛起的王洪文、江青、張春橋、姚文元（官史中所謂的粉碎四人幫）。1977 年 7 月中共召開十屆三中全會，宣布開除「四人幫」黨籍，被打倒的鄧小平復出工作，出任中共中央副主席、國務院副總理、中央軍委副主席、解放軍總參謀長。文革中三起三落的鄧小平復出，具有明顯的政治象徵，昔日被打倒的老幹部們逐漸復出，開始重新掌握權力。

1977 年 8 月中共召開十一屆代表大會，華國鋒的地位在大會上被全黨確認；但政治局五常委中元老派佔據三席（葉劍英、鄧小平、李先念），華國鋒與汪東興處於劣勢。在文革中飽受衝擊的老幹部們，不甘心屈居於華國鋒權下；華國鋒與鄧小平為代表的一眾元老比較，資歷、經驗均不足，他能夠順

利繼位的合法性來自於毛生前的指定，也是他對抗元老們最
有力的武器，是以中共十一大決議雖然宣布終結文化大革
命，但毛澤東的政治遺產不能否定，全會依然堅持毛所制定
的「階級鬥爭為綱」的方針，強調文革的結束不意味著階級
鬥爭的結束，今後的工作依然要堅持兩條路線的鬥爭。1977
年 2 月 7 日《人民日報》發表社論〈學好文件抓好綱〉，首
次提出「凡是毛主席作出的決策，我們都堅決維護；凡是毛
主席的指示，我們都始終不渝地遵循。」該社論隨即被《紅
旗》雜誌、《解放軍報》轉載，「兩個凡是」口號的提出實
質就是對文革路線的肯定，也是對華國鋒權威的強化，自然
引起復出的元老們不滿。

　　1978 年 5 月 11 日南京大學哲學系教師胡福明發表〈實踐
是檢驗真理的唯一標準〉一文，經時任中共中央組織部部長
胡耀邦 [1] 審訂，刊載於《光明日報》、《人民日報》和《解

---

[1]　胡耀邦（1915~1989），湖南瀏陽人，1929 年讀初中時加入共青
　團，1930 年參加紅三軍團，1933 年入黨，1934 年參加紅軍長
　征，抗戰爆發後進入延安抗日軍政大學學習，1939 年任中央軍
　委總政治部組織部副部長，負責軍隊政治工作。國共內戰期
　間，任冀熱遼軍分區政治部主任、晉察冀野戰軍四縱政委。
　1949 建政後，歷任中共川北行署主任、川北軍區政委。1952 年
　進京出任共青團中央第一書記，此後 20 餘年一直負責青年工
　作，文革期間被打倒下放。1977 年任中央黨校常務副校長，年
　底任中共中央組織部部長，開始平反建國以來冤假錯案。1980
　年在鄧小平支持下取代華國鋒出任中共中央主席，十二大後取
　消主席制度後改任總書記。胡在中共黨內以思想開明著稱，敢

放軍報》上，爲鄧小平所支持。該文標誌著中華人民共和國真理標準大討論的開始，是鄧小平主導「撥亂反正」的重要部分，也由此展開了一場全國大範圍的討論，間接否定「兩個凡是」。1978 年 12 月 18 日中共召開十一屆三中全會，鄧小平提出了「解放思想，實事求是」口號，華國鋒被迫對「兩個凡是」進行了檢討，三中全會標誌著華國鋒開始在權力鬥爭逐漸處於下風，支持「兩個凡是」的另一位代表人物汪東興被迫辭去中共中央辦公廳主任職務；鄧小平盟友陳雲復出，出任中共中央副主席兼中央紀律檢察委員會書記，中央政治局改組，鄧穎超、胡耀邦、王震增補爲新委員。1979 年 9 月在十一屆四中全會上，彭眞和趙紫陽增選爲政治局候補委員，中央領導層中權力結構發生變化。1980 年 2 月 29 日鄧小平所支持的胡耀邦、趙紫陽 [2] 補選成爲政治局常委，而支持

於挑戰中共傳統禁忌，重視知識份子意見，性格直爽。但最終被元老們所不容，1987 年在壓力下被迫辭職，1989 年 4 月 15 日去世，他的突然去世成了 1989 年民主運動的導火索。

[2] 趙紫陽（1919~2005），河南滑縣人，原名趙修業。1932 年讀小學時即加入共青團，1935 年參加聲援北平一二九學運的遊行。1938 年加入中共，此後歷任中共滑縣縣委書記、南陽地委書記，1949 調往廣東任廣東省委書記處第二書記，主管農業事務，1965 年出任廣東省委第一書記。文革期間他被下放湖南勞動。1971 年復出任內蒙古自治區黨委書記，1975 年任四川省委第一書記。趙有著豐富的地方施政經驗，重視民生疾苦，不拘泥於中共傳統意識形態，力圖打破毛執政帶來的弊端，推動農村體制改革，得到鄧小平的賞識，1980 年出任國務院總理，主導 1980 年代中國經濟體制改革，任內勇於提拔青年才俊，善於

華國鋒的四位政治局委員汪東興、紀登奎、吳德、陳錫聯四人辭職，一批支持改革開放的人物進入中央政治局及常委會，高層權力實現了重組。1980 年 9 月趙紫陽取代華國鋒出任國務院總理，1981 年 6 月在十一屆六中全會上華國鋒在元老們壓力下，被迫辭去中共中央主席及軍委主席職務，由胡耀邦出任黨中央主席，鄧小平任中央軍委主席。華國鋒至此卸下黨政軍全部職務，僅保留一個空頭的中共中央委員職務，從此在政壇消失。

從 1976 年粉碎四人幫到 1981 年華國鋒從政壇隱退，五年間中共政治結構形成了以鄧小平、葉劍英、陳雲、李先念為代表的元老集團，與新拔擢的胡耀邦、趙紫陽、萬里等改革派共同秉政的局面。1982 年中共十二大上決議成立中共中央顧問委員會，作為元老們垂簾聽政的機構。1980 年代初形成的這種執政模式延續到 1990 年代初中共十四大取消顧問委員會為止；這一時期政治發展的主流，就是主持工作的改革派官員（如胡、趙），與黨內得到元老支援的保守派的一場鬥爭。無論是經濟或政治改革，在 1980 年代都有了一定程度的發展，在改革開放的旗幟下，自 1949 年之後壓抑了數十年的思

協調和元老之間的矛盾。1987 年接替胡耀邦出任中共中央總書記。在 1989 年天安門民主運動中，趙紫陽反對武力鎮壓，主張在民主和法制的軌道內解決問題，被黨內保守派攻擊，最終被元老們罷免，在十三屆四中全會上被免去一切職務。趙始終拒絕中共強加給他分裂黨等各項罪名，因此被軟禁至 2005 年去世。

想文化領域也日趨活躍，反映各類政治運動對民眾帶來傷害的文藝作品開始湧現，幾十年來備受歧視的知識份子開始被重新重視，尊重知識、尊重科學的理念開始流行，西方各類社會思潮開始進入中國。1977 年恢復了中斷多年高考招生，高等教育開始逐步恢復。在胡耀邦、趙紫陽秉政的 1980 年代，兩位領導人推動的開放創新的政策，對於不同意見和觀點的尊重與容忍，使得這一時期成為中共建政以來意識形態最為寬鬆的時期。

　　文革對於中國經濟的摧殘極其慘烈，這也是中共在 1980年代初力推改革開放的重要原因。文革期間曾任主管經濟工作的副總理李先念說：「文革十年在經濟上僅國民收入就損失人民幣 5000 億元。這個數位相當於建國 30 年全部基本建設投資的 80%，超過了建國 30 年全國固定資產的總和。文革期間，有 5 年經濟增長不超過 4%，其中 3 年負增長：1967 年增長-5.7%，1968 年增長-4.1%，1976 年增長-1.6%。」華國鋒在 1978 年 2 月全國人大會議上提到：「僅 1974 年到 1976 年，全國就損失工業總產值 1000 億元，鋼產量 2800 萬噸，財政收入 400 億元，整個國民經濟幾乎到了崩潰的邊緣。」[3]

　　文教領域更是慘不忍睹。文革中知識份子被徹底污名化，冠之以「臭老九」[4] 頭銜，全國各級學校停課鬧革命，正

---

[3]　曹普，〈中國改革開放的歷史由來〉，《學習時報》，2009 年 9月 29 日。

[4]　文革中對於知識份子的蔑稱。文革定義的階級敵人共分九類，

常的教學秩序被打亂，各類荒謬的事件層出不窮。以中國科學院爲例，「1968 年底，中科院僅在北京的 171 位高級研究人員中，就有 131 位先後被列爲打倒和審查對象。全院被迫害致死的達 229 名。上海科技界的一個特務案，株連了 14 個研究單位、1000 多人。受逼供、拷打等殘酷迫害的科技人員和幹部達 607 人，活活打死 2 人，6 人被迫自殺。」[5] 1968 年毛澤東發起知識青年上山下鄉運動，一代人的青春荒廢於鄉野之間，文革後全國人口普查中國文盲、半文盲多達 2 億 3 千多萬人。[6]

綜上所述，經歷文革後的中共政權，已經認識到這場浩劫不僅給民衆帶來巨大傷害，也嚴重損害了其政權的合法性。1949~1979 的三十年間，政治運動此起彼伏，從未中斷。群衆飽受其苦，農民境況更是淒慘不堪。經濟學家陳一諮於 1979 年在廣東順德考察時，一位老農對他講：「三十年了，共產黨一不讓我們吃飽，二不讓我們講話。」[7] 困苦不堪的民衆只能踏上逃亡的旅途，斷斷續續延續了近三十年的逃港潮，是民衆變相用腳來投票選擇自己的未來。內外形勢都促使中共不得不認眞考慮改變以往施政方針，原來封閉僵硬式

分別是地、富、反、壞、右、叛、特、走資派和知識份子，知識份子名列末尾，故稱之爲臭老九。

[5] 曹普，〈中國改革開放的歷史由來〉。

[6] 同上。

[7] 陳一諮，《陳一諮回憶錄》（香港：新世紀，2013），322 頁。

的管理模式已無法繼續運行，實行改革開放是中共在 1980 年代勢在必行之舉。

二、文革後的中共宗教政策的轉變

　　1976 年粉碎四人幫後，中共宗教政策並沒有明顯的改變，雖然文革已經結束，但反宗教政策依然延續，中央統戰部及國務院宗教事務局尚未完全恢復工作。1978 年底中共十一屆三中全會後，確立以經濟建設爲日後工作重心，各項政策開始調整。1979 年 2 月，中央統戰部向中共中央遞交請求平反民族宗教工作領域的冤假錯案，爲原統戰部部長李維漢平反，李當年所主張的溫和路線再度被提及，並且譴責文革期間毀滅宗教行爲完全是林彪、四人幫所爲。現階段應該改弦更張，各宗教團體的統戰意義不能忽視，林彪、四人幫在統一戰線和民族、宗教工作方面的流毒和影響還嚴重存在，要予以清除。「許多幹部還心有餘悸，沒有從被強加的『投降主義』的精神枷鎖中徹底解放出來，這是當前貫徹落實黨的政策、進一步開展工作的嚴重障礙，不利於調動廣大統戰系統的幹部的積極性。我們認爲，現在爲全國統戰、民族、宗教工作部門摘掉『執行投降主義路線』的帽子，是一個迫切而重大的問題。」[8]

---

[8]〈中共中央統戰部關於建議爲全國統戰、民族、宗教工作部門摘掉「執行投降主義路線」帽子的請示報告〉，1979 年 2 月 3 日，收錄中共中央文獻研究室綜合研究組、國務院宗教事務局政策

　　1980年6月14日國務院宗教事務局局長蕭賢法在《人民日報》發表〈正確理解和貫徹黨的宗教信仰自由政策〉，闡述中共新時期宗教政策，文章稱宗教信仰自由政策是依據馬克思列寧主義制定，是黨對信教群眾的一項基本政策。過去對於宗教的迫害，全部是林彪及「四人幫集團所爲，不代表共產黨政策。中共對於宗教信仰自由的理解是：每個公民信教有自由，不信教也有自由；今天信明天不信有自由，今天不信明天信也有自由；信這個教或者信那個教，都有自由；每個信教的和不信教的公民，在我們國家的社會地位、政治地位都是平等的；信教人數多的宗教和信教人數少的宗教，地位也是平等的。」[9] 實行信仰自由政策，可以團結廣大信教群眾，參與到社會主義建設之中；宗教界對外交往亦是重要的民間外交力量，有利於反對霸權主義維護世界和平的使命。文章也提及宗教管理的重要性，依然要重視宗教團體的獨立自主：「打著宗教信仰自由的幌子進行違法犯罪活動，這是政治問題，不是宗教信仰問題。因此，對這種人的處理，和宗教信仰無關。」蕭的文章其實沒有跳脫中共對於宗教的傳統認識，基本立場與1950年代並無區別，在容忍宗教存在的前提下去管理，發揮宗教的統戰價值，使之爲國家服

　　法規司合編，《新時期宗教工作文獻選編》（北京：宗教文化，1995），4頁。

[9] 蕭賢法，〈正確理解和貫徹黨的宗教信仰自由政策〉，《人民日報》，1980年6月14日。

務。但對於剛剛走出文革陰霾的部分宗教界人士，似乎看到
了一絲曙光。

　　1982 年 3 月 31 日中共中央印發〈關於我國社會主義時期
宗教問題的基本觀點和基本政策〉，即著名的〈十九號文件〉，
是中共在文革後發布的關於宗教問題的重要文獻，直接影響
了日後宗教政策的制定及新憲法信仰自由條款的制定。文件
回顧了 1949 年建政以來，中共在宗教領域裡政策方針的演
變，重申馬克思主義認為宗教有其發展、消亡的歷史規律，
宗教在社會主義階段還將長期存在，不能用行政命令去消滅
宗教。建國初期對於宗教的各項改革措施是正確且必要的，
後來出現的打擊迫害宗教行為是林彪、四人幫集團所為，犯
了嚴重錯誤。

　　〈十九號文件〉在保障信仰自由的同時，也強調保障人
們有不信仰宗教的自由：「絕不允許宗教干預國家行政、干
預司法、干預學校教育和社會公共教育，絕不允許強迫任何
人特別是十八歲以下少年兒童入教、出家和到寺廟學經，絕
不允許恢復已被廢除的宗教封建特權和宗教壓迫剝削制度，
絕不允許利用宗教反對黨的領導和社會主義制度，破壞國家
統一和國內各民族之間的團結。」[10] 四個絕對不允許，給予
了官方極大的操作空間，如何界定青少年接受信仰教育是否

[10]〈中共中央印發《關於我國社會主義時期宗教問題的基本觀點和
　　基本政策》的通知〉，1982 年 3 月 31 日，《新時期宗教工作文
　　獻選編》，60 頁。

為強迫？家庭影響是否是強迫青少年信教行為？什麼是宗教封建特權和宗教壓迫剝削制度？譬如 1950~1960 年代天主教內部批判神職獨身制度、修會會士宣發的聖願、教會的婚姻制度是封建特權，現在是否要廢除？這些在日後的執行中，各地政府都有不同的解讀。筆者曾採訪多位不同地區獻身人士，她們回憶：縱使在文革後，鄉村政府依然要求她們要盡早結婚，有些地方政府甚至充當媒人，聲稱獨身制度是教會壓榨修女的封建特權，國家要求廢除。

除了對各宗教的具體政策外，天主教基督教還要加強獨立自主自辦教會的教育；文革期間被打倒的宗教人士要實事求是地予以平反；新時期的宗教教職人員的培養，要重視「必須在各種宗教中培養一大批熱愛祖國、接受黨和政府的領導、堅持走社會主義道路、維護祖國統一和民族團結、又有宗教學識、並能聯繫信教群眾的代表人物。還必須根據宗教界人士的不同情況和特長，分別組織他們參加力所能及的生產勞動、社會服務、宗教學術研究、愛國的社會政治活動和國際友好往來，以調動他們的積極因素為社會主義現代化建設事業服務。一切年輕的宗教職業人員，都要不斷提高愛國主義和社會主義的覺悟，努力提高文化水準和宗教學識，忠實地執行黨的宗教政策。」[11] 在中共看來，1950 年代三自革新運動中，參與的神職基本上是接受教會傳統培養的神職，

---

[11] 同上，62頁。

他們雖然在中共動員下參與革新運動，但思想上依然有負擔，容易出現反覆，因此強調新時期要堅強年輕神職的培養，要求他們在初始階段就接受黨的價值觀念，這樣才能保證未來工作的穩定順利，成為黨管理宗教團體信賴的工具。

〈十九號文件〉還列舉何為正常的宗教活動：「如拜佛、誦經、燒香、禮拜、祈禱、講經、講道、彌撒、受洗、受戒、封齋、過宗教節日、終傅、追思等等」；決議恢復全國性宗教組織共有八個，即中國佛教協會、中國道教協會、中國伊斯蘭教協會、中國天主教愛國會、中國天主教教務委員會、中國天主教主教團、中國基督教「三自」愛國運動委員會和中國基督教協會。這些組織都必須接受黨和政府的領導。但在肯定公民享有宗教信仰自由權利的同時，亦重申共產黨員「不得信仰宗教，不得參加宗教活動，長期堅持不改的要勸其退黨。這個規定是完全正確的，就全黨來說，今後仍然應當堅決貫徹執行。」[12] 此項規定也顯示中共堅持傳統的意識形態，共產黨員必須是無神論者，黨員與信教群眾在世界觀上是無神與有神的區別，是完全對立的。

黨對宗教的管理要求各部門通力配合，不能單靠統戰宗教部門，各級黨委要調動「組織一切有關部門，包括統戰部門、宗教事務部門、民族事務部門、政法部門、宣傳、文化、教育、科技、衛生部門，以及工會、共青團、婦聯等人

---

[12] 同上，66頁。

民團體，統一思想，統一認識，統一政策，並且分工負責，密切配合，把這項重要工作切實地掌握起來，堅持不懈地認真做好。」[13] 這項規定可見在中共心目中，宗教團體依然是無法放心的組織，需要全社會各類機構合力管理，這種意識形態實質與文革期間全民監控並無不同。

〈十九號文件〉強調要強化獨立自主方針，特別指出要警惕「國際宗教反動勢力，特別是帝國主義宗教勢力，包括羅馬教廷和基督教的差會，也力圖利用各種機會進行滲透活動，『重返中國大陸』。我們的方針，就是既要積極開展宗教方面的國際友好往來，又要堅決抵制外國宗教中的一切敵對勢力。」[14] 此處可見，中共對教廷的評價與1950年代並無二致，且完全忽視教廷對於改善對華關係的各種舉動（後詳）。天主教愛國會重新恢復工作後，一項主要的工作就是與羅馬教廷展開鬥爭，繼續推動自選自聖，批判教宗。官方的態度也註定在所謂新時期，天主教會發展空間仍然有限且挑戰甚多。

〈十九號文件〉結尾呼籲全黨要重視宗教工作，決議在全國深入展開無神論教育，各學術單位要「建設一支用馬克思主義武裝起來的宗教理論研究工作隊伍，努力辦好用馬克思主義研究宗教問題的研究機構和大學的有關專業，是黨的

---

[13] 同上，71頁。
[14] 同上，70頁。

理論隊伍建設的一個不可缺少的重要方面。」黨中央要求全
體黨員要堅信，隨著未來社會主義建設與發展，最終一定能
實現消滅宗教的目標，「我們全黨要一代接著一代地，為實
現這個光輝前景而努力奮鬥。」[15] 文件首尾呼應，闡述了馬
克思主義對於宗教的基本觀點，雖然沒有像 1950 年代提及宗
教是鴉片煙的論點，但總體上對於宗教的敵意並未改變。文
件已指出：現階段容忍宗教的存在是基於內外政治的需要，
中共無神論意識形態與最終消滅宗教的理念從無改變，合作
是手段，消滅是目的，可以和宗教信仰者在政治上結盟，但
不可忘記兩者在意識形態及世界觀上的根本對立。這份看似
自相矛盾的論述，實質恰好是中共一貫以來的宗教政策，是
1950 年代對宗教團體限制其發展空間、縮小其社會影響政策
的翻版。〈十九號文件〉奠定了此後中共宗教政策的走向，
此後一系列文件的出臺，都是對該文件的發展與補充。

三、天主教愛國會的恢復

　　在中共支持下，文革期間被解散的各宗教愛國組織開始
逐步恢復。1980 年 5 月 22 日中國天主教愛國會第三屆代表會
議在北京召開，距離二屆代表會議已經相隔十八年。中央統
戰部副部長張執一、國務院宗教事務局局長蕭賢法出席會議
並講話，愛國會主席宗懷德做了工作報告，他首先感謝黨及

---

[15] 同上，73 頁。

政府的關愛，慶幸時隔十八年還能再次聚會，譴責林彪、四人幫的迫害，制定未來工作計畫如下：

　　一、團結全國神長教友，爲建設四化做貢獻。二、進一步貫徹獨立自主，自辦教會的方針。三、恢復全國性出版機構，《中國天主教》作爲愛國會官方刊物。四、加強與海外天主教人士聯繫，可以向他們宣傳黨和政府的宗教信仰自由政策，介紹新中國在各方面取得的巨大成就，闡明中國天主教獨立自主自辦的重大意義。五、加強政治學習，提高思想覺悟；主要學習黨的十一屆三中全會、五中全會文件，五屆三次人大和政協會議的文件，以及葉劍英委員長〈在慶祝中華人民共和國成立三十周年大會上的講話〉和鄧小平副總理〈關於目前的形勢和任務〉的報告。六、協助政府貫徹信仰自由政策；嚴密監視從海外回來探親訪友的某些神父、修女和教友，採取卑劣手法在教友群眾中秘密串聯，傳播梵蒂岡的反動指示和言論，製造分裂，破壞我們的愛國愛教事業。因此，我們必須提高警惕，團結一致，堅決制止他們的破壞活動，並及時揭穿他們的陰謀詭計，不使善良教友上當受騙。[16]

在此會議中還修訂了愛國會章程，並選舉新的領導：

---

[16] 中國天主教愛國會、中國天主教主教團編，《聖神光照中國教會：中國天主教愛國會成立五十周年來的輝煌足跡》（北京：宗教文化，2008），109~111 頁。

✦ 主席：宗懷德主教

✦ 副主教：張家樹主教、李德培神父、曹道生教友、楊高堅主教、塗世華主教、傅鐵山主教、王良佐神父、湯履道教友

✦ 秘書長：湯履道（兼）

中國天主教代表會議在愛國會大會後於 5 月 31 日召開，決議成立新的機構「中國天主教主教團和天主教教務委員會」，作為全國性的教務管理機構。至此，官方教會三大機構：天主教愛國會、主教團及教務委員會，合作配合政府管理教會的體制確立。會議在閉幕式上發表了〈告全國天主教神長教友書〉，號召全國信友要緊密團結在黨和政府周圍，堅持社會主義道路，為建設四化做出貢獻。重申必須堅持獨立自主自辦教會的方針，教育全國神長要抵制外來影響，配合黨執行宗教政策。

為了配合 1979 年全國人大常委會委員長葉劍英發出的對台統戰的文告[17]，天主教愛國會發表了〈告臺灣天主教神長教友書〉，其內容與官方文件並無二致：首先是拉近情感距離，強調 1949 年後離開大陸前往臺灣的神長教友們，既是骨肉同胞又是基督神昆，彼此情誼深重，呼籲早日結束對立，呼籲

---

[17] 1979 年元旦，中共全國人大常委會委員長葉劍英發表《告臺灣同胞書》是中共文革後對台統戰新策略的開始，呼籲臺灣與中國大陸早日統一，宣布終止自 1958 年以來持續 20 餘年對金門的炮擊。期盼結束對立，開啟三通，擴大兩岸交流。

臺灣教會神長教友要為祖國統一奮鬥：「臺灣自古以來就是中國領土不可分割的一部分，近三十多年來，臺灣同祖國的分離，是人為的，是違反我們民族的利益和願望的，也是祖國大陸和臺灣的神長教友所不能贊同的。因此，改變這種分離狀態，實現祖國統一的大業，是我們大家不可推卸的責任。」[18] 文告也將文革宗教迫害歸咎於林彪、四人幫集團，告誡臺灣信友大陸現在已經享有信仰自由，不要擔憂畏懼，中國大陸在共產黨領導下，正在努力建設四化，殷切期望臺灣早日回歸祖國，共同發展建國大業。

縱觀大會發表的兩份文告：前一份對內回顧歷史，總結經驗──過去一切對於教會的打擊，全部歸咎於兩個反革命集團，共產黨依舊是偉大、光榮、正確的；並堅持獨立自主，繼續推進自選自聖，與羅馬教廷的關係依然是敵我間的矛盾；而1950年代以來推行的一切政策都是正確的，不容否定。後一份對外懷柔統戰臺灣──過去離陸赴台的神職人員從叛徒、特務、賣國份子，一夜之間又成為骨肉同胞、基督神昆，宛如川劇變臉一般讓人目不暇給。這兩份文件的政治說教意味濃厚，難以找尋到信仰團體本應擁有的牧靈精神，也昭示著重新恢復後的愛國會及主教團、教務委員會難以擺脫淪為官方工具的命運。

1980年國務院轉發〈關於落實宗教團體房產政策等問題

---

[18]《聖神光照中國教會》，124頁。

的報告〉，將宗教團體房屋的產權全部退還宗教團體，無法退的應折價付款：文化大革命期間被佔用的教堂、寺廟、道觀及其附屬房屋，屬於對內對外工作需要繼續開放者，應退還各教使用；如宗教團體不需收回自用者，由佔用單位或個人自佔用之日起付給租金；房屋被改建或拆建者，應折價付款。官方認為退換一部分教產，「有利於我國天主教、基督教獨立自主方針的貫徹，有利於同外國宗教勢力的滲透作鬥爭，也是解決宗教團體自養和宗教職業者經濟生活問題的妥善辦法。因此，對這項工作，要從政治上著眼，作為特殊問題來處理。」[19]

　　注意，此處文件界定歸還宗教團體房產，僅限於文革時期，意味著自 1950 年代以來在土改、鎮反運動中沒收、徵用的教產不在歸還之列，廣大鄉村地區的教堂多數毀於這一時期，造成了很多信友集中的鄉村沒有教堂可用，而要重新申請興建教堂，則面臨著複雜的手續及繁瑣的審批過程，難度極大。文件特別提及教產歸還，要從政治角度著眼，一些大城市中著名的教堂得以歸還使用，將有利於向外界展示宗教信仰自由政策的落實，體現開放的幅度，吸引外國投資。

[19] 〈國務院批轉宗教事務局、國家建委等單位關於落實宗教團體房產政策等問題的報告〉，1980 年 7 月 16 日，《新時期宗教工作文獻選編》，26 頁。

四、教廷對華接觸政策

　　教廷在梵蒂岡第二屆大公會議（1962~1965）後，積極宣導改革，提倡與世界對話。大會邀請了不同宗派的基督徒代表與會，會後設立基督徒合一秘書處作為常設機關，除了在基督宗教內部展開對話，教廷也開展了與非基督信仰團體甚至無信仰者對話。《論教會在現代世界牧職憲章》講到：「人無論有無信仰，都該有助於建設人人共同生活其間的世界。為此，絕對需要坦誠而明智地交換意見……天主教會必須隨時準備與具有善意的各方人士磋商會談，不論他們是在教會圈內或圈外」（21 號）。保祿六世當選教宗後，也繼承前任若望廿三世對話的精神，走向世界，和不同意識形態政權開始了接觸。

　　1960 年代，教廷開始推行與蘇聯東歐等共產國家對話協商，其外交政策即東方政策（Ostpolitik），主導其事的卡薩羅利樞機（Agostino Casaroli，1914~1998）及西爾韋斯特里尼總主教（Achille Silvestrini，1923~2019）試圖透過外交管道，與共產黨國家協商達成協議，來保證教會在共產國家實踐信仰的空間，先後與匈牙利、波蘭、捷克等共產國家簽署政教協議，恢復外交關係，解決各國中存在的地下教會問題。東方政策在西方是一項充滿爭議的政策[20]，但得到了教宗保祿六世的認可，

---

[20] 批評意見主要是協議未能帶來東歐國家教會狀況的改善，反而讓共產政權假借教廷之手摧毀堅持信仰的地下教會團體，雙方協商產生後的主教，很難得到信友的擁護，且主教人選皆是共

在和蘇東等共產國家改善關係的同時，他也渴望與中國建立
關係。

保祿六世早在 1965 年就通過外交管道，希望邀請一位中
國主教出席梵二的閉幕大會，但邀請如石沉大海。梵二會議
被中國天主教愛國會批判為勾結各國反動派的反華大會；梵
二後蘇聯當局派遣東正教代表出席合一祈禱，也被中方批判
為炮製共產主義基督教；天主教與東正教合一祈禱在中方看
來，不過是「用主教、神父的長袍遮拖他們在國內外罪惡行
徑的一個極其反動的步驟」。而此時的中共政權對於蘇聯與
教廷的交往也是嚴詞抨擊，赫魯雪夫與教宗保祿六世的會面
被形容成「蘇修叛徒集團一直是世界上最反動的宗教勢力堡
壘、梵蒂岡和資本主義忠實衛道士羅馬教皇的肉麻的吹捧
者。赫魯雪夫曾吹捧羅馬教皇是『致力於世界和平的偉大人
物』，繼赫魯雪夫之後上臺的蘇修新頭目也曾以國家元首的
身分親赴羅馬，『朝拜』教皇保羅六世。」[21]

中國官方媒體也指責保祿六世是為西方帝國主義國家效

產政權所選擇，部分還是受派遣潛伏在教會內部的特工人員。
如 2007 年解密檔案揭發波蘭華沙總主教維爾古斯（Stanislaw
Wielgus, 1939~）曾是共產黨特工，他本人在承認是共產黨特工
後辭去職務。詳見〈波蘭重回 1989〉，載於《鳳凰週刊》，2007
年第 3 期。

[21] 于蕾，〈從炮製「共產主義基督教」看蘇修叛徒的墮落〉，《紅
旗》雜誌，1969 年第 8 期。

勞的罪犯。這番評論讓梵蒂岡發言人相當不快，發言反駁。[22]
保祿六世對中國教會始終縈繞在心，1963 年 10 月 20 日傳教
節在傳信大學的演講中提及：「在聖教會今天的歡樂中卻籠
罩著陰影，偌大的一個國家——中國和它的兒女，在今天這
個日子裡，已大部分和我們分裂了，為此我們不能不感到內
心的痛苦。他們的信德正在火窯裡受到考驗，這是多麼刺痛
我們的心靈啊！有過一段光榮歷史的中國天主教必將衝破現
階段的困厄，我們堅決相信，這一粒浸透淚水的豐滿種子，
不能不在特定的時期產生效力，這將是全教會的喜悅。」[23]

1965 年保祿六世出訪美國紐約，參加聯合國成立廿周年
大會，在演說中支持聯合國應接納中國與會；同年 12 月 31
日還直接致電中共領袖毛澤東表達新年祝福，向中國人民致
以上主的祝福與呼籲，期盼你們欣然接納。[24] 美好的祝福依
然換回中方的冷漠。1970 年 12 月 4 日教宗趁出席在菲律賓舉
行亞洲主教會議的機會，短暫訪問香港，在彌撒講道中特別
提及中國：「我們——基督的卑微宗徒，有史以來，第一次訪
問遠東這一個地方。他有甚麼話說？他為甚麼來？總而言
之，為愛而已。為中國，基督也是導師、牧人、愛人和救贖

[22] 羅漁、吳雁，《中國大陸天主教四十年大事記（1945~1986）》
（新北：輔仁大學，1986），77 頁。
[23] 《羅馬觀察報》，1963 年 10 月 22 日。
[24] 羅漁、吳雁，《中國大陸天主教四十年大事記》，71 頁。

者。教會不能不提出『愛』這個好字。愛將永存不息。」[25]

　　教宗保祿六世認為，在與蘇聯東歐共產國家關係改善的同時，中國不應該被遺忘，尤其是中國信友，因此用盡一切機會和方法去溝通接觸，但此時的中國正處於文革的狂潮之中，對外封閉保守，對於教廷發出的和解信號一律無視，斥之為帝國主義鼓吹虛假和平的陰謀，教宗的屢次善意不是被忽略就是被惡言相向。教廷對華接觸策略在若望保祿二世時代，隨著中國對外開放的擴大，開始逐步發揮作用，產生了影響。

五、鄧以明事件的影響

　　正當外界感覺中國教會逐步走出文革陰霾、信仰自由狀況已經改善之時，爆發了鄧以明總主教事件。鄧以明總主教於 1950 年被教宗庇護十二世委任為廣州教區署理主教，1958年被中共以反革命罪名逮捕，未經正式審判長期羈押，1980年獲釋後返回廣州教區，被官方教會承認為廣州教區正權主教。但長期監牢生活使得他健康欠佳，1980 年 11 月獲准赴香港治病。教宗若望保祿二世聽聞總主教在港就醫，1981 年 2 月派遣國務卿卡薩羅利樞機赴港探望；鄧主教也於同年 4 月前往羅馬向教宗述職，教宗宣布鄧以明為廣州教區總主教。教宗此舉本意是向中國方面示好，表達認可中方宣布的任

---

[25] 香港教區禮儀委員會、聖樂委員會編，〈教宗真福保祿六世宣福謝恩彌撒〉，2014 年 10 月 20 日。

命，但出乎意料的，此一善舉引起了中國方面的激烈反彈。

1980 年 6 月 11 日中國天主教愛國會、主教團及教務委員會負責人楊高堅發表聲明，強烈譴責教廷任命鄧以明爲總主教，是對中國教會主權的粗暴干涉，這是不能容忍的：鄧接受羅馬教宗的任命是「有失中國天主教神職人員和中國人民的尊嚴，也違背了中國天主教獨立自主自辦教會的原則，他的這種行爲，中國天主教廣大神長教友是不能容忍的。在此，我們重申羅馬教廷控制中國天主教會的時代，已經一去不復返了。中國天主教廣大神職人員和教友，一定會在天主聖神的光照下，沿著獨立自主自辦教會的道路，把我國的教會事業辦得更好。」[26] 次日，中國外交部也發表聲明，批評教廷粗暴干涉中國教會主權。

全國各地愛國會主教們展開了一場圍剿鄧以明主教及教宗的運動。中國愛國會主席宗懷德主教發表長文，從歷史到現實批判教廷一貫爲帝國主義服務，自明末以來操控中國教會四百餘年，鄧以明接受任命「是變節投靠，是喪失民族氣節，違背教義精神和教會利益的，是不得人心的，也是不會有好結果的。因此，我們對這一事件絕不能掉以輕心，聽之任之，絕不能對羅馬教廷抱有任何不切實際的幻想。我們神長教友只有堅定愛國愛教立場，堅持獨立自主自辦教會，才

---

[26] 〈關於羅馬教廷委任鄧以明爲廣東省大主教的聲明〉，《中國天主教》，1981 年第 3 期，1 頁。

能不給羅馬教廷對我國教會的干擾破壞以任何可乘之機，才能在上主指引的道路上勝利前進。」[27] 北京教區主教傅鐵山說任命鄧以明主教事件是第二次禮儀之爭。全國二十多個省市自治區直轄市都舉行了批判會，向全國愛國會發來電報和信件，譴責教宗任命中國總主教，「是對我廣大神長教友發動的一次新挑釁。爲此我們必須團結起來，堅決予以回擊，並徹底予以粉碎。」[28]

　　廣州市愛國會在 6 月 22 日宣布撤銷鄧以明廣州教區主教職務，任命惠陽教區 [29] 自選自聖主教葉蔭雲爲廣州教區主教。葉蔭雲在接受任命後，組織廣東全省天主教神職信友座談會，重演 1950 年代向黨交心一般的、反省鄧以明事件的性質及影響，要求神職信友們要破除對教宗首席權的認知，否定教宗作爲教會元首地位，伯多祿宗徒繼承人地位說法是貶低十二位宗徒同等的權力。[30] 在各地批判運動後，7 月 18 日天主教愛國會主教團及教務委員會聯合發表〈告全國神長教

---

[27] 宗懷德，〈堅決反對羅馬教廷控制保衛獨立自主自辦教會的神聖權利〉，《中國天主教》1981 年第 3 期，5 頁。

[28] 〈憤怒的聲討，正義的行動—全國廣大神長教友堅決粉碎羅馬教廷新陰謀〉，《中國天主教》1981 年第 3 期，2 頁。

[29] 惠陽教區是中國天主教愛國會於 1958 年未經教廷許可，自行設立的教區。葉於同年自選自聖爲主教。惠陽教區在葉調任廣州教區主教後，愛國會於 1981 年 10 月宣布撤銷惠陽教區，與廣州教區合併。

[30] 葉蔭雲，〈抗議羅馬教廷干涉我國教會主權　譴責鄧以明背離人民的可恥行徑〉，《中國天主教》1981 年第 3 期，11 頁。

友書〉，呼籲全國神長教友要藉此事件認清羅馬教廷陰謀，支持獨立自主自辦教會的原則，「堅決反對羅馬教廷的種種陰謀和一切外來反動勢力的干擾破壞，獨立自主地把主的工程在祖國大地上辦得更好。」[31]

鄧以明總主教在事件發生後，也是倍感意外。他在其回憶錄中提及，認為愛國會做法粗暴，依然是四人幫餘毒作祟，沒有經過調查瞭解就擅自行事，但也認為透過此事可以看清誰真誰假？誰是擁護教會，誰是反對教會？許多教友反而從此更加忠於教宗，國內教友的信德因而更堅強。這些事實正說明教會在這件事是正確的，天主對教會的助佑常在。[32] 鄧總主教此後先在香港服務數年，後前往美國加拿大等地服務當地華人教會，1995 年在美國去世。

在鄧以明事件後，中共上海當局在 1981 年 11 月 19 日逮捕了四位神父，其中三位是耶穌會司鐸朱洪聲、陳雲棠、沈百順，一位教區司鐸傅鶴洲。他們四人都是在 1955 年龔品梅事件中被逮捕者，在監獄與勞改農場度過二十餘年歲月，1979 年獲釋返回上海，因拒絕加入愛國會而被官方嚴密監視。官方指控他們接受梵蒂岡指令，從事反革命活動。四位神父被捕，引起外媒關注；中共統戰部副部長張執一在全國政協會議上說：這些人被捕是由於忠於羅馬，反對中國教會獨立自

---

[31] 〈告全國神長教友書〉，《中國天主教》1981 年第 3 期，15 頁。
[32] 鄧以明，《天意莫測》（香港：明愛，1990），113 頁。

主原則。中國天主教愛國會副主席、上海主教張家樹也說：
這些人被捕，是政府為了保護教會的純正及正常的宗教活動
的必要行為。

綜上所述，在文革後恢復宗教活動、保證信仰自由的背
景下，官方的管制依然嚴厲。愛國會在經過文革後，性質沒
有發生任何改變。在處理鄧以明事件中，可見階級鬥爭思維
依然沒有改變，對羅馬教廷的敵視態度及對教宗的批判與
1950 年代無異。官方教會的領袖們並沒有從文革汲取到真正
的教訓，從很多逮捕事件中，可見官方神職的積極配合，與
政府官員分工合作，在迫害中扮演了不同的角色。此後只要
出現有神職被捕事件發生，政府往往先保持沉默，反而是愛
國會的一眾主教、司鐸率先發聲，為官方逮捕行為辯護，反
駁外媒對中國侵犯宗教自由狀況的批評；政府也會順水推
舟，聲稱逮捕這些拒絕加入愛國會神職人員乃是應教會請
求，「純潔」教會之舉，逮捕他們是法律問題而非信仰問題。
這種雙簧遊戲在中國持續相當長的一段時間。

鄧以明事件中，對於教宗及教廷的言辭抨擊，除了獲取
政治上的聲量之外，在廣大信友心目中並沒有收到良好的效
果，反而如鄧總主教所言，許多教友反而從此更加忠於教宗，
國內教友的信德因而更堅強。官方教會領袖們的行為引起了
信友們的反感，他們開始不願意參加由這些政治味十足的牧
者所主持的彌撒，客觀上為地下教會的興起鋪平了道路。

六、地下教會的興起

　　地下教會的興起，早在 1950 年代三自運動開始以後就已出現，但基本上處於較爲分散、信徒自發組織秘密聚會祈禱，極少有神職人員組織。隨著文革的結束，1970 年代末大批被勞改監禁的神職人員釋放返鄉，在教堂尚未歸還的情況下，這些司鐸開始在信友家中舉行彌撒，吸引了大量多年來無法領受聖事的信友們歡迎；加之文革後幾年時間裡，原有管理宗教事務的機關尚未恢復，外部環境相對寬鬆，爲地下教會提供了某種程度的生存空間。1981 年後，地方各級統戰部宗教局逐步恢復工作，愛國會組織重建，雖然官方歸還了部分教堂，但把持教堂的部分仍隸屬於愛國會神職人員手上，他們私德欠佳，有的已婚神職人員依然登臺舉祭，且在公開場合配合政府步調，譴責教宗，引起了信友們普遍的反感。

　　教廷考慮到中國教會的現狀，早在 1978 年傳信部就發布了權力下放的通知給予中國大陸的神父及教友，賦予他們在特殊狀態便宜行事的特權，如聖體聖事：

1. 如有迫切需要，神父舉行彌撒可以不穿祭衣、不點火、不用聖石，用玻璃杯或其他普通杯子，用麵餅（小麥造的）即使發過酵的亦可，用葡萄酒，或在不得已時，用「葡萄原汁」。

2. 如有迫切需要，神父可以只念感恩經第二式，或僅念祝聖經文舉行彌撒。

3. 神父可以在任何適當的地方，不守空心齋，在任何時間

舉行彌撒，教友可以在以上所指的情形下領聖體。

4. 為了牧靈的需要，神父可以在任何一天多次舉行彌撒。在通知教友後，神父可以用一台彌撒來滿全多種意向，而保留一個獻儀。如有其他獻儀，可充作教會、神父或貧窮人之需。沒有獻儀時，可為教宗意向或教會需要而獻祭。為那些一天舉行多次彌撒的神父，也依照以上的辦法。

5. 神父可以選派教友在他們不在時，為其他教友分送聖體；需要時，可把聖體妥為保存在不是聖所而是適當的地方，可以不點聖體燈。[33]

在培育司鐸問題上，亦賦予中國教會特權，包括：

1. 主教可以選擇明智而有愛德的、信仰堅強而忠於伯鐸，並對教義有正確認識（即使未有正式的神學教育）、有德行而願守獨身的男性教友，讓他們領受司鐸職，使能為教會和教友服務。

2. 主教可選擇明智而守教規的男性教友做誦經員和輔祭員，使他們宣報福音、領導基督徒團體、付洗並證婚、為垂死的人送臨終聖體，並設法使教友有教會的葬禮。

3. 主教及神父們要設法如他們的前任，以言以行明智地幫

---

[33] 〈教廷的教務權力放寬，傳信部將以下權力及特權頒給居留在中國大陸之神父及教友〉，轉引自林瑞琪，《誰主沉浮》（香港：聖神研究中心，1994），電子版 189 頁。

助有聖召的青年和成年人，並適當地培植他們。[34]

此外，還賦予與教宗保持共融的神職跨教區履行聖事的權力，這些措施給予了地下教會在法律上的特權，為其在全國各地的發展掃清了障礙。

河北省保定教區的范學淹主教是地下教會的代表性人物。他 1907 年生於保定市清苑縣小望亭村一個虔誠的天主教家庭，11 歲進入保定西關備修院學習，13 歲入聖若瑟小修院。1927 年赴北京文生大修院學習神哲學，在修院就讀一年級時，被宗座駐華代表剛恒毅總主教選派至羅馬傳信大學學習，1934 年在羅馬晉鐸並獲教會法博士學位，1935 年回國後派遣至山區傳教，1940 年應邀前往徐州教區服務，擔任教會中學的歷史教師。抗戰勝利後，他前往武漢負責處理難民事宜及管理保定教區在漢口的教產。中共建政後，開始驅逐外籍傳教士，大量外籍主教被逐，教區首牧位置懸缺。1951 年 4 月 12 日教宗庇護十二世任命其為保定教區主教，同年 6 月 24 日聖若翰瞻禮在漢口主教座堂祝聖。

范主教履職不久，正值三自運動開始，范主教拒絕譴責教宗及加入愛國會，1958 年被捕入獄，被判處十年勞動改造，文革期間再度被延長刑期，直到 1976 年才被釋放。未幾又因與教宗保持聯繫而被扣上反革命集團、裡通外國罪名被捕，直至 1980 年獲釋返鄉。獲釋後的范主教立即展開了牧靈工

---

[34] 同上，電子版 192 頁。

作，尋訪教友培育聖召、祝聖新鐸。由於此時官方任命的保定主教王其威早已結婚，但依然佔據主教座堂，以主教自居，在教友中影響惡劣。范主教要求所有加入愛國會的神職人員應在信友面前做公開懺悔。經過數十年的政治運動，教區神職人員稀缺，尤其主教更是所剩無幾。1979 年官方重啓自選自聖主教，這種狀況讓范主教感到擔憂，覺得有必要祝聖一批忠於教宗的主教，以延續教會在華的聖統制度。

1981 年 1 月范主教秘密祝聖賈治國神父爲河北正定教區主教、王彌祿神父爲甘肅天水教區主教、周善夫神父爲河北易縣教區主教。祝聖後范主教向羅馬彙報，爲自己先斬後奏的行爲向教宗表達懺悔，並願意接受宗座處理。但教宗若望保祿二世獲悉消息後，致函范主教表示：「**你的此舉完全合乎我的意願，爲此我給你宗座遐福並給你特權，在一切事上你可先行裁決處理，然後再向我彙報。**」[35] 教宗的態度令范主教極爲欣慰，同時也獲得了祝聖主教的特權，這特權也進一步授予 1949~1955 年間教宗庇護十二世所委任的主教們。

地下教會擁有了自己的牧者後，開始在中國各地選拔適合人選，祝聖爲主教。地下教會影響所及，遍布河北、山西、東北三省及內蒙古、西北陝西、甘肅，以及東南沿海地區如福建閩東、福州、浙江溫州等地。截至 1995 年地下教會主教

---

[35] 師範君，〈深切緬懷范學淹大主教〉，《教友生活週刊》，1994年 1 月 16 日。

人數僅在河北省就有 27 名，司鐸人數 160 人，追隨的信友達30 萬人以上，超過了同期官方教會的主教人數（10 人）。保定教區超過八成以上的信友屬於地下教會。[36]

　　地下教會的興起，正如前文所言有多重原因，在此不再贅述。地下教會與官方教會的共存狀態，成了 1980 年代中國教會的特點之一。雙方的關係在不同地區也有不同的表現狀態。隨著地下教會在全國各地的發展，刺激著當地政府及官方教會的神經。在官方教會層面，曾經長期採取不承認地下教會的態度，稱之為法律問題，應由政府出面取締。在河北某些地區甚至出現官方教會司鐸舉報地下教會，配合搜捕地下教會司鐸的事件。雙方關係一度非常緊張，在整個 1980 年代甚至 1990 年代初期，兩個團體之間總體上保持著緊張的狀態，雙方在聖事上基本沒有共融。

　　海外教會人士對於呈分裂狀態的中國教會亦看法不一。昔日在華傳教的一些修會團體中，雖然有人同情地下教會，但更多的是批評意見，他們認為這種分裂無利於教會在中國的福傳使命；而且部分外籍修會神職以支援中國教會發展為理由，提供大量物質援助給官方教會，無形中成了愛國會發展的幕後金主。一批以漢學家自居的外籍傳教士們，幻想著重新開放的中國能夠提供更多的空間給天主教會，他們願意

---

[36] 傅金鐸、解成，〈關於河北省天主教地下勢力問題的調查與思考：歷史・現狀・對策〉，《前進中的中國統一戰線》第五輯（北京：華文，2000）。

扮演現代的利瑪竇、湯若望，以文化做先導，以對話為手段，來為福音作證。這種美好的願望值得肯定，但忽略了中國的歷史及現實情況，註定是水中撈月，與他們的初衷南轅北轍。

七、海外的橋樑教會

中國大陸自 1980 年代實行開放政策後，一些海外教會人士開始以觀光旅遊名義進入中國並且接觸本地教會，他們帶來普世教會資訊，並將中國教會的境況向外界說明，引起了教廷的關注。1984 年 2 月 28 日教宗若望保祿二世在羅馬接見臺灣及海外華人信友朝聖團，勸勉他們肩負新的使命：「你們在臺灣和在海外的天主教教友，你們的美妙任務是做大陸同胞的『橋樑教會』。在大陸許多基督的兄弟姐妹們遭遇困難，暫時像埋藏在田裡的種子。可是這一切努力和犧牲，不會毫無結果，日子快到，那時將以更有形的方式，經由教會所敬愛的整個中國的文化、期望和期待，來宣報並慶祝耶穌。」[37] 橋樑教會成為海外華人教會的使命之一，教廷尤其寄望於香港、臺灣兩地教會，兩地教會享有信仰自由，擁有豐富的社會資源及服務機構，且同屬於大中華文化圈，語言風俗接近，相比於外籍人士更有優勢。

為了回應教宗的呼籲，臺灣主教團於 1988 年設立橋樑教

---

[37] 教宗若望保祿二世，〈教宗呼籲台灣及各地華僑成為橋樑教會〉，1984 年 2 月 28 日，梵蒂岡廣播電台：http://www.radiovaticana.va/cinesegb/pont-acta/papacina/09ponte.html。

會服務委員會，定期舉行會議，探討如何幫助中國大陸教會
與普世教會的融合接觸。臺灣著名神學家耶穌會士張春申神
父在文章中闡述了橋樑教會的原則與行動，對於中國大陸教
會的關心要涵蓋官方與地下兩個團體，對於官方教會所謂獨
立自主自教會的原則在法律層面表示遺憾，因為她同伯多祿
的繼承人斷絕了聖統制上的共融。地下教會對於教會正統信
仰的維護，值得我們肯定。希望雙方能夠保持基本尊重，在
愛德上對話。海外教會人士探訪大陸，勿要捲入雙方個別的
是非恩怨之中。地下教會為了維護教會的正統性，多年來承
受痛苦，忠於教宗首席權，這是繼承教會鼓勵殉道情操的傳
統，從未聽聞歷史上教難時期教會鼓勵妥協或背教的行為，
大陸非官方教會四十餘年來可以說是忠貞到底，維護大公教
會的合一性。[38]

　　至於具體的行動，其一是幫助培養中國教會新一代領
袖，提供修院培育所需的資源；再者，注意報導大陸新聞時
的準確性，分擔大陸教會的痛苦經驗；並且，橋樑教會的援
助不僅限於物質援助，也包括靈性關懷。張神父希望人們明
白海外人士對於官方教會的幫助，並非是認同其做法與主
張，而在於保存和激發信仰，也要幫助地下教會瞭解橋樑教
會的使命，消除誤會。張春申在其文中，從神學、法律及牧

[38] 張春申，〈橋樑教會的基本態度〉，《鼎》61 期（1991 年），
12 頁。亦參：張春申，《中國大陸天主教：牧靈與神學反省》
（台北：上智，1997）。

民層面探討了教會在中國所面臨的困境，提醒海外人士在幫助大陸教會時，應注意的原則及態度，平心而論，是相當客觀的分析了當時中國教會面臨的問題。面對開放後海外的援助，官方與地下團體都有不同程度的疑慮及擔憂，擔心自己是否被忽視或誤解，張神父文章提供的指導意見，適時澄清了一些誤解，使得橋樑教會使命與定位更加清晰。可惜其中一些寶貴意見日後沒有被某些外籍人士尊重與採納，他們的一些行爲在大陸教會內部引起爭議。

　　1985 年 3 月 25~30 日香港教區胡振中主教 [39] 應國務院宗教事務局邀請訪問北京上海兩地。這是 1949 中共建政後首次邀請海外天主教領袖訪華，也是第一位香港教區主教探訪大陸，引起海內外媒體關注。胡主教在臨行前發表致教友書說明此行目的，表示教宗橋樑教會的演講讓其深受鼓舞，爲達成教會共融的使命而努力。胡主教之行，得到了京滬兩地教友們的熱烈歡迎，在官方歡迎宴會上胡主教表示按照教會傳統，全球天主教主教們與宗徒之長伯多祿繼承人，在合一、愛德及和平的聯繫下，彼此相通，並在他的領導下共同處理普世教務。他代表香港天主教會願意擔當橋樑角色，透過交

---

[39] 胡振中（1925~2002），生於廣東省五華縣，1946 年入讀香港華南總修院，1952 年晉鐸，1953 年前往羅馬傳信大學學習教會法，1956 年獲得教會法博士學位。1957 年前往臺灣新竹教區苗栗縣服務，1975 年被教宗保祿六世任命爲香港教區主教，1988 年被擢升爲樞機，是香港教會史上首位樞機。

談掃清障礙，使國內外天主教信徒和諧共融。[40] 在出發前，胡主教即提出要探訪被軟禁中的龔品梅主教，雖經多次溝通但最終仍被中方拒絕；胡主教表示深感遺憾，並期望將來能有機緣得償夙願。[41]

胡主教的中國行，可說是當時海外教會人士探訪中國成功事例之一。他在與中國統戰部、宗教局及天主教愛國會領袖舉行的會談中，勇敢地提及天主教會普世性及與教宗無法斬斷的關係，並指出海外對於愛國會這一組織，接受起來很有困難，愛國會的角色與定位需要改變，是否如同香港的教友總會抑或過去的公教進行會？如果是，就應該及時更名，否則名不正則言不順，損己誤人。[42] 在與國務院宗教事務局局長任務之會談中，他肯定中國對外開放政策與梵二後天主教會提倡的對話有相通之處，願意更多瞭解中國的發展與變化，並且堅信宗教信仰自由乃是天賦權利，與生俱來，且是聯合國聲明所承認，願意在這議題上與中方多交換意見，增進瞭解。[43] 胡主教與中共官方的會談，態度上不卑不亢，既表達了願意交往的善意，也捍衛了信仰的原則，與後來一些海外訪客為了取悅中共極力配合官方口徑而發表的一些政治

[40] 〈胡主教在京滬發表的演辭〉，《鼎》26 期（1985 年），11 頁。
[41] 〈胡主教致教友書（返港後）〉，《鼎》26 期（1985 年），18 頁。
[42] 湯漢，〈歷史性的訪問〉，《鼎》26 期（1985 年），7 頁。
[43] 〈胡主教在京滬發表的演辭〉，9 頁。

宣言，形成了強烈對比。

　　港臺及海外的華人神職信友，在中國開放後的 1980 年代以訪鄉探親的名義重返中國，他們將梵二後教會改革的訊息帶入中國大陸，為中國教會的發展提供物質及精神上的援助，貢獻卓著。若望保祿二世提倡的橋樑教會在此後三十多年間裡發揮了積極的作用；但近些年來，隨著形勢的變化，橋樑教會的使命與 1980 年代相比發生了變化。有臺灣教會領袖（洪山川總主教）接受媒體訪問（天亞社）時，提及教宗若望保祿二世當年提及的橋樑教會是指香港，臺灣跟著自稱橋樑教會，其實中國與教廷都沒有委託臺灣作橋樑，昔日主教團內設立的橋樑教會委員會也已經合併改名。[44] 面對這種評論，中國大陸教會內部有很多批評意見。筆者對此評論並不奇怪，也絕無批評之意，反而覺得這反映了臺灣社會的現實。當年教宗提倡橋樑教會的呼籲，得到臺灣主教們的積極回應，首先是當時大多數主教均是 1949 年後輾轉來台的大陸主教，他們對於中國教會有著特殊的情懷，糅合了鄉土、親情與信仰要素，感覺幫助中國大陸教會是責無旁貸，乃至募款支援家鄉建設，造福鄉梓。但隨著這一批主教逐漸老去凋零，新一代臺灣本地成長的主教沒有這種特殊情懷；加之臺灣自解嚴之後，本土意識逐漸強化，社會氛圍對於中國的認知已

---

[44] 〈台政黨輪替缺「九二共識」，橋樑教會也卸載？〉，天亞社中文網，2016 年 7 月 7 日。

經發生了變化，從歷年來島內民意調查國家認同即可明白。
其次，臺灣教會人數停滯不前，信友數量下降，神職老齡化
嚴重，部分教堂被迫關閉，有限的資源首先要應對島內教會
的需要。近年來臺灣的主教團設立兩岸教育關懷小組，負責
照顧來台的中國大陸神父修女進修事宜，實質上依然是在延
續橋樑教會使命，只是形式有所變化。

　　至於香港的橋樑教會角色，其積極作用在回歸前十分明
顯。香港教會雲集了各修會的傳教機構，又於 1981 年設立聖
神研究中心，著眼於中國教會社會問題研究，組織參訪團，
派遣優秀師資執教中國修院，推動中國教會的禮儀革新，贈
送大量教理書籍給中國各地教會。但隨著 1997 年香港主權交
接，中國收回香港，雖然中英聯合聲明中強調香港奉行一國
兩制，五十年不變原則，惟近年來，香港社會運動起伏不斷，
中國加大管制力度。國安法推行後，香港言論管制強化，大
量民眾出走，天主教會與 1980~1990 年代相比也日漸沉淪。
教廷駐港代辦何明哲蒙席（Monsignor Javier Herrera Corona）2021
年在與各修會團體領導會面時，提醒他們過去所享有的自由
已經終結，呼籲教友做好準備，保護教會團體的財產、檔案
和資金。香港不再是那個重要的天主教陣地。當香港逐漸與
中國接軌，大陸式的限制將會在數年後於香港的宗教群體身
上發生。[45] 香港未來的前景黯淡，部分香港教會領袖已然接

---

[45]〈外媒指駐港梵蒂岡代表提醒：香港天主教會應為中國打壓作準

受招撫，身兼中國政協委員職務北上訪問中國教會，其言論已經與中國官方教會一致。愛國會在香港的建立恐怕只是時間早晚問題，屆時香港教會將與中國教會「融合」為一，橋樑教會使命也自然終結。

八、范學淹主教〈十三條〉的出臺及影響

1980 年代隨著地下教會的壯大，信友們對於能否參加官方教會的禮儀產生了迷惑。保定教區范學淹主教在 1988 年發表了針對愛國會問題的〈十三條〉指引，這份文件以主教與一位教友的問答方式，闡述了對獨立自主自辦教會模擬的態度，及參加愛國會神職聖事的問題，在日後的流傳過程中，出現了不同的版本引發了爭議，但總體上是代表了當時部分地下教會的領袖的意見。因原文過長，在此只做主要部分引述。

首先是關於愛國會主張的獨立自主自辦教會的主張，是否符合教會信仰？主教答覆：聖教會是吾主耶穌親自建立的，是至一、至聖、至公、從宗徒傳下來的。人不能離開天主而獨立自主，教會更不能各自為政而自辦，愛國會脫離教宗，不服從教宗的領導，就不是天主教了，離開了與聖教會

備〉，《時代論壇》，2022 年 7 月 6 日。見：
https://christiantimes.org.hk/Common/Reader/News/ShowNews.jsp
?Nid=169176&Pid=102&Version=0&Cid=2141&Charset=gb2312

的共融，所謂自主自辦的教會，自然就不算聖教會了。[46]

關於愛國會神職人員舉行聖事問題，信友們能否參與？答：有效是有效，聖體中還是有耶穌的臨在；不過，我們教友不能領受他們的一切聖事，亦不能參與他們的彌撒，若是領了就是犯罪；向他們告解，不但不得罪赦，還罪上加罪。因為他們離開了聖教會，就沒有聖教會的一切權柄了。

如果周圍沒有地下教會的司鐸，只有愛國會教堂，可以進堂參與彌撒嗎？如果不去，算不算沒守主日瞻禮？答：不許這樣，既然明白道理，知道不能望他們的彌撒，再去望就是明知故犯了，明知故犯就是罪。既然不能領受參與他們的一切聖事，參與領受就有罪；因而如果近處沒有聖教會的神父，在自己家裡念經過主日，也算滿全了守瞻禮主日的本份。

教友問：有人主張說追隨愛國會，難道都下地獄嗎？答：天主是無限仁慈的，他不會讓愛國會這樣長期下去，不會讓聖教會長期處在艱難當中。處在愛國會陰影下的人，應當明辨這大是大非的問題。「**在人面前承認我的，我在我父面前也承認他**」（瑪十32）。應當澄清上面的那些錯誤看法，信從完整的信仰，不要欺騙自己。愛國會自稱是天主教，卻又脫離教宗，在這自身矛盾中，一定自取毀滅。現在教友們對自己的教會都有清楚的認識，都能堅強地為信仰作見證，尤其

---

[46] 林瑞琪，《誰主沉浮》，電子版200頁。後面十三條引用部分皆節錄自《誰主沉浮》，不再一一註明。

河北、河南、山西各地教友信德都很堅強，對愛國會、教務委員會的性質都很清楚。

　　以上即是〈十三條〉的主要內容，原文在流傳過程中形成不同的版本，或有添加、或有刪減，有的部分點名批評了某官方教會領袖的騎牆做法。〈十三條〉在發布後，在地下教會中產生了很大影響，影響所及超出河北省範圍，在相當長的一段時間裡，其他地區的地下教會團體都秉持著〈十三條〉原則，信友們堅持不去官方教會參與聖事；在某些地區（如天津）地下團體信友們就在教堂外邊聚會祈禱，而拒絕進堂參與彌撒，這給予了官方教會一定的壓力。愛國會對於〈十三條〉自然是極為憤怒，但卻沒有採取以往大規模的圍剿，擔心一旦批判反而擴大了〈十三條〉的影響力，得不償失。

　　〈十三條〉的出臺有它特殊的時代背景，以當下標準衡量固然會覺得過於嚴苛，但在 1980 年代官方教會部分神職的惡表及對教宗的攻擊，使得當時地下教會的領袖們覺得必須要澄清立場，劃清界限，才能使信友不再困惑。老一代主教們所接受的神學培育相當傳統，在信仰原則問題上沒有妥協的空間，〈十三條〉在當時的年代下，統一了地下教會的認識，強化了內部的團結，也促使一些官方教會領袖開始反思，推動了 1990 年代的革新，開始間接承認教宗的首席地位。

九、〈教廷八點指示〉及官方教會領袖的反思

　　自地下教會興起以來，發展迅速，形成與官方教會並駕

齊驅的局面。兩個團體之間關係一度緊張，在一些原則問題上雙方爭論不休。有鑑於此，教廷傳信部於 1988 年 5 月發布了由部長董高樞機（Josef Tomko，1924~2022）簽署的八點指示，針對一些爭議性問題給予指示，主要內容如下：[47]

1. 天主教教義明白確認，只有那些「**接受教會的全部組織及教會內所設的一切得救的方法，同時以信仰、聖事、教會行政及共融**（Communio）**聯繫，與藉教宗及主教們而管理教會的基督結合一起的人**」（《教會憲章》14 號）才是教會完整的成員。既然在天主教會內羅馬教宗是「**信仰統一和共融的、永久而又可見的根源和基礎**」（《教會憲章》18 號），那些不承認且與教宗不保持共融的人，無法被視為天主教徒。與教宗的共融，不僅是紀律的問題，更是天主教的信仰。因此，聖座對在世界各地，歷年來一直保持信仰的完整，且忠於羅馬教宗的主教、司鐸、會士和教友們，懷有深切的敬意，並鼓勵他們繼續在此信仰上成長。

2. 有關中國，歷史上記載 1957 年成立了中國天主教愛國會，同時宣布放棄與教宗及聖座的基本關係，宣布天主教教友團體直接由政府管制。雖然愛國會的某些負責人最近採取的一些立場，似乎顯示在態度有某種改變，而

---

[47] 〈教廷八點指示〉，1988 年 5 月：https://www.ccccn.org/book/html/56/4656.html。

愛國會本身傾向於在教會與政府之間擔任溝通工具，但不是宗教性的卻是政治性的工具，愛國會的組織文件和其代表的聲明都證實此種意向。而事實上，愛國會目前還是設法控制一個教區的主教的挑選和祝聖，以及不同教區團體的活動。根據教義原則，任何一個天主教友，依照良心，不能接受一個要求放棄他/她信仰基本成份的社團的原則，即與教會和世界天主教主教團的可見元首——羅馬教宗——不可或缺的共融，因教會和主教團沒有教宗為首無法存在。

3. 自 1958 年以來，由於愛國會的宣導，中國大陸在沒有羅馬教宗必要的同意下（宗座任命），祝聖了不少主教。依據教會教義和法律規定，這類祝聖被視作嚴重的不合法；無論是接受祝聖的和主持祝聖者，均處保留於宗座的自科絕罰（參：1951 年 4 月 9 日《聖職部法令》及《天主教法典》1382 條）。當然，在這種情形下，只有在仔細並充份地審查每一件個案的細節後，才能作出確定的判斷。

4. 有關由未被教宗承認的主教所晉升的司鐸所施行的聖事，假定他們的晉鐸是有效的，那麼他們所施行的聖事也有效。但在參與彌撒和領聖事的合法性方面，天主教友應去找那些忠貞的司鐸，即與教宗共融的司鐸。不過，為了他們屬靈的利益需求，教友也可以去找其他司鐸，不過得避免壞榜樣和危險，看他們的行為是否會損害到天主教信仰的完整內涵，即與羅馬教宗的完全共

融。

5. 依據第 1、2 號所敘述的原則，要求避免與隸屬愛國會的主教和聖職人員有任何「聖事上的相通」，因此他們在中國大陸外作訪問時，不得邀請他們或允許他們在天主教聖堂或機構內舉行禮儀行為。去中國大陸訪問的主教和聖職人員也應該遵守此規則。

6. 教會在中國猶如在其他任何地方，有權利也有義務設立訓練聖職人員的修院。假如無法設立修院，或是無法以其他即使是私下的方式，適當地培育準備晉鐸的人，那麼他們也可被送往在愛國會管制下所開辦的修院，不過唯一的條件是：修院整體的方向和陶成，是依照教會的訓導和指示的。這種辦法應該根據當地的環境來評估，也要看是誰在領導這種訓練中心。

7. 聖書、禮儀書、要理書及其他教科書等，必須是忠實傳授教會道理者，才可應用。

8. 一切援助必須是用在能維護天主教會正確的教義和信仰精神的事業上。為了援助無法給予以上保證的人士或事業時，每一個案得根據有關合作的倫理原則來審核。

〈教廷八點指示〉肯定了地下教會對於教宗的擁護與支持，並且強調與教宗的共融不僅是紀律問題更是信仰問題，明確指出愛國會的非法屬性，是政治介入教會的工具；自選自聖的主教嚴重不合法，但沒有徹底否認其神權，強調要進行個案分析。與范主教〈十三條〉比較，〈教廷八點指示〉

態度明顯寬鬆，體現了教廷力圖彌合兩個團體之間的裂痕，推動中國教會走向合一。但在聖事領受方面，鼓勵信友要優先選擇與教宗共融的司鐸，如果無法實現，為了靈魂益處也可找其他司鐸。

　　海外神職訪問大陸，要避免與愛國會主教司鐸有任何聖事上的共融，這一點尤為關鍵。中國開放後，一部分外籍神職人員訪華時，公開與自選自聖的愛國會神職共祭，成為官方教會宣揚自己正統性的宣傳工具。為了防止這類惡表迷惑信友，造成教會內部的混亂，教廷明令禁止此類行為。遺憾的是，雖有教廷明確的指示，此後卻依然有外籍神職打破禁令，以支持教會合一之名，不僅與愛國會神職有聖事共通，而且提供大量物質援助，實質上也違反了第八點指示「**一切援助必須是用在能維護天主教會正確的教義和信仰精神的事業上**」。部分外籍神職人士相信金錢援助能夠打通和地方政府的關係，從而能更有利於他們在華事業的推廣，並為教會爭取更多的生存空間。此類思想看似合理，其實是這些「專家」們完全不懂中國社會現實，他們從西方國家募集來的金錢，用這種方式只是滿足了地方官員的貪腐；在初期可能有一些收效，但當金援逐漸減少之時，地方官員態度也隨之轉變，他們前期大量的投資最終結果是竹籃打水一場空。在司鐸培育問題上，教廷也認可地下教會在經過評估後，選派修士到愛國會修院就讀（修院培育問題後文會涉及）。

　　綜上所述，比較〈教廷八點指示〉與范主教〈十三條〉，

明顯看到教廷在堅持原則的前提下，態度更加溫和及富有彈性，一方面兩者所處環境不同，另一方面也與董高樞機個人經歷相關。這位出身於斯洛伐克的樞機與教宗若望保祿二世一樣，具有在共產黨國家生活的經歷，瞭解在這樣國家中教會生存狀態及面臨的問題，儘量尋找一種既能堅持原則又要顧及實際牧靈需要的方法；在肯定地下教會的立場同時，亦沒有全面否定官方教會；期盼這樣的態度能夠促使官方教會領袖們反思自己的信仰立場，維護教會合一。

　　面對教廷的呼籲及地下教會的批評，部分官方教會領袖也表達了自己對於愛國會操控下的不滿。1988 年 8 月 14 日中國西北甘肅省平涼教區馬驥主教發表《我的聲明》，批評愛國會及其附屬組織，宣布退出所有官方教會組織。馬驥主教1918 年生於陝西省扶風縣，1947 年晉鐸，1950 年出任平涼教區露德修院院長，1951 年平涼教區西班牙籍主教高金鏗被驅逐出境，馬驥出任代理主教。在三自革新運動期間，馬不贊成針對外籍主教的批判，被官方監禁多年，文革後復出服務教會，在當地信友中威信頗高。1987 年答應出任平涼教區主教，同年 3 月 16 日由陝西大荔教區自選自聖主教張文彬祝聖，祝聖後在教友中引發了爭議[48]。

---

[48]　據當地信友講述，馬驥在未接受非法主教祝聖前，在家鄉陝西扶風亦有很高威信，每次返鄉教友們都熱烈歡迎，但在其祝聖後返鄉參加家宴時，遭到了教友們的抵制，出席宴席人數寥寥無幾，與過去盛況形成鮮明對比。馬驥深受刺激，也是促使他

　　馬驥在聲明中強調：地下教會在甘肅的發展與壯大，贏得了很多信友的支持。官方的愛國會、主教團及教務委員會之所以聲名狼藉，主要原因是其中一批骨幹分子「肆無忌憚地否認聖伯多祿宗徒為耶穌所選十二位宗徒之首長，否認聖伯多祿為普世教會之磐石，否認耶穌在聖伯多祿這塊磐石上所建立的教會，從而否認聖伯多祿宗徒的繼承人羅馬教宗的首席地位和權利，否認教宗在向全世界信教群眾宣布當信之道、當守之規時的不能錯的特恩特權，全部瓦解天主教的根本，徹底閹割天主教的教規教義，打著『中國天主教』的分裂旗幟，以『擺脫梵蒂岡教廷控制』、『反對外國宗教勢力的滲透』為招牌，向全世界公然宣布否認聖伯多祿宗徒的繼承人羅馬教宗管理全世界天主教的職權。」[49] 其次，愛國會部分神職人員包括主教在內，「拋棄天主教最重要最基本的教規教義，拋棄了對天主起誓矢志終生堅持獨身守貞，甘願至死服務教會的聖願，結婚娶妻，生兒育女，還要仍然穿上宗教禮服，走上祭台舉行彌撒聖祭，為人念經赦罪，耀武揚威。」[50]

　　馬主教聲明中這兩點指出了官方教會的致命弱點，在教理和紀律上與普世教會對立，這樣的組織是否還是唯一、至聖、至公的教會嗎？愛國會內部分已婚的主教神父繼續掌

　　發表《我的聲明》原因之一。

[49] 林瑞，《誰主沉浮》，電子版 220 頁。

[50] 同上，219 頁。

權，他們本人也毫不避諱，縱使在官方修院執教的培育團中，亦有已婚司鐸。一位地下教會的司鐸回憶其為何轉入非官方修院的原因時提及，他入官方修院不久後發現，主教亦是已婚人士，且妻子與其共同生活，讓他大為震驚，與別人分享後才知這是眾人皆知的秘密。馬主教質疑這些「**右手端聖爵，左手抱老婆**」的神職，能夠在教友中起到什麼表率作用？又能在政府與教會間做什麼溝通橋樑作用？

馬驥主教聲明發表後，在官方教會內部引起了震盪，得到了一批主教們支持。聲明中除了提及神職紀律問題外，也批評了文革後各地在歸還教會房產時所面臨的問題，尤其是地方政府的拖延及變相賤賣教產等問題。聲明發布後，愛國會面對外界提問此議題時，表示這是馬主教個人意見，並儘量淡化其影響，沒有採取進一步制裁措施，因為聲明中所提及的問題是確實存在不容否認的事實。1989 年 4 月 27 日官方教會主教們在北京集會，討論通過三項決定：除了三位主教反對外，絕大多數已承認教宗首席權；已婚神職應自動離開堂區；敦促地方政府儘快落實教會房產問題。這次會議在會後僅有簡短說明，在官方主辦的刊物《中國天主教》中也是一筆帶過，可見官方並不想擴大宣傳，力圖減低聲明的衝擊。馬主教在事件後，沒有如鄧以明一樣被撤銷主教職務，可見官方教會已無法否認自身存在的問題，藉此機會實現一次整頓，從而改善在全國信友心目中的形象。

第七章

改革開放年代的天主教會（1980~2000）

一、1980年代中共宗教政策

　　中共在1982年發布〈十九號文件〉後開始新時期的宗教政策。〈十九號文件〉精神修正了文革以來的激進政策，成為此後宗教部門制定政策的依據之一。但1986年5月中央統戰部副部長江平在《紅旗》雜誌上發表〈認真學習馬克思主義宗教理論和黨的宗教政策〉，重新提及馬克思主義宗教觀的基礎是「宗教是人民的鴉片」，這一點不可忽視；而且宗教信仰自由政策的實施，不但要保護宗教，更要注重無神論教育的宣傳活動，宗教的消極性不容忽視。江平的觀點看似有違〈十九號文件〉的精神，並未跳出馬克思主義對宗教的基本框架。容忍存在與終極對立，是中共對待宗教一貫延續的方針。

　　1989年2月27日中共中央轉發〈關於在新形勢下加強天主教工作的報告〉，此即〈三號文件〉，是一份單獨針對天主教的中央文件。此文件中特別提及了天主教地下教會的問題，顯示此時中共已高度關注此事件，要求強化天主教愛國會的作用，原有的機構需要調整以適應局勢變化：「黨和政

281

府要支持和幫助愛國團體，充實和加強力量，積極物色一批愛國的天主教知識份子到各級愛國組織中工作，確保教會領導權掌握在愛國力量手中。」要強化主教團的功能，「使之成爲中國天主教的教會實體。主教團的基本職能是按照獨立自主自辦教會的方針，管理教務，辦好教會（包括解釋神學教義、制定教規、審批管理教區主教等），對外代表中國天主教會進行活動。」[1] 顯示官方意在發揮主教團功能，與國外教會接軌，降低外界對於中國獨立教會的批評。

　　此文件針對地下教會，實行招撫與鎮壓的兩手政策：「爭取團結多數，孤立少數，堅決打擊各別反動份子。目前工作的重點是大力宣傳黨和國家的政策，團結教育受蒙蔽的信教群眾。對地下主教、神父要本著積極爭取、區別對待的方針，一個一個地進行爭取、分化工作。……對政治態度不明確或神學知識較差的，應採取集中輪訓或送神哲學院補課的辦法，待其轉變立場、具備必要的宗教知識後再作安排。對那些經過耐心工作後仍然頑固堅持敵對立場、進行對抗活動、煽動教徒鬧事、破壞社會秩序的個別地下神職人員，要充分掌握其罪證，在教徒中予以徹底揭露，依法嚴肅處理。」[2]

　　〈三號文件〉要求政府各部門全力合作，開展對羅馬教

---

[1] 〈關於在新形勢下加強天主教工作的報告的通知〉，《鼎》52 期（1989 年），4 頁。

[2] 同上，4 頁。

廷的鬥爭，強化對天主教的管理：「各級領導要統一思想，充分認識在新形勢下加強天主教工作的緊迫性和必要性。統戰、宗教、公安等有關部門，以及工會、共青團、婦聯等群眾團體，要在黨委統一領導下，互相配合，分工負責，開展教徒群眾的團結教育工作，進行綜合治理。各地要密切注視地下勢力的動向，採取有效措施，防止他們鬧事。一旦發現問題，要在黨委和政府的統一領導下，協調各部門的力量，及時妥善地加以處理。」[3]

〈三號文件〉下發後，各省市均組織愛國會主教司鐸們學習文件精神，加強對地下教會的打擊力度，並且鼓勵愛國會參加對地下教會的鬥爭：「要充分發揮愛國宗教團體和神職人員的作用，凡可由他們出面的工作（如對地下神職人員的爭取工作、調整機構等等），均應放手讓他們去做。」

〈三號文件〉出臺的大背景，是國際共產陣營的動盪與解體。1989 年開始，東歐共產國家走向終結，執政四十餘年的共產黨政權紛紛倒臺，中共深感憂慮，尤其看到波蘭天主教會在國家轉型中的影響，更加視國內教會為潛在的威脅，而忽略了中國與波蘭完全不同的國情。在神經過於緊張的情況下出臺的〈三號文件〉，由於 1989 年六四天安門事件爆發，未能進一步貫徹，但對地下教會的打擊力度則進一步加強，反對西方和平演變的計畫，成為 1990 年代中共意識形態領域

---

[3] 同上，4頁。

重要關注點之一，而宗教團體被視爲滲透重點對象也被嚴加管束。縱使官方教會的活動在這一時期也面臨衆多限制，國內外形勢的演變，促使中共在 1990 年代初開始收緊開放政策，採用外鬆內緊的政策，強化對國內各類社會團體的監管力度。

二、地下教會主教團成立及活動

　　相較於官方教會在 1981 年即成立主教團，地下教會的主教們長期以來沒有自己的合作機構，基本上處於各自獨立的狀態。1989 年 11 月 21 日在陝西省高陵縣張二冊村（隸屬於三原教區）舉行集會，參會人員包括主教、司鐸及教友五十人左右，會議討論了〈三號文件〉發布後政府對於地下教會未來政策走向，決議成立忠於教宗的中國大陸主教團，以區別於官方在北京成立的主教團。大會宣言表示：此次會議繼承 1924 年上海教務會議精神，所有成員均是與教宗完全共融的主教，與會代表選舉被監禁中的保定教區范學淹主教爲主席，旅居海外的上海教區龔品梅主教和廣州教區鄧以明總主教爲榮譽主席，選舉河北易縣教區的劉冠東主教爲執行主席，易縣教區助理主教劉書和爲主教團秘書長。

　　易縣教區是地下教會中較爲特殊的存在，教區下轄三縣，信友不足一千，但司鐸人數衆多，支援全國各地很多地下教會團體。地下教會主教團的確立，是爲向外界證明在中國還有一個完全與羅馬保持共融的主教團存在，也希望能藉

此機構改變過去地下教會彼此孤立的狀態，強化聯繫，協調立場，對外儘量用一個聲音講話。地下主教團成立時間正是 1989 天安門事件發生後半年，全國還在搜捕民主運動骨幹及參與者，國內局勢已是風聲鶴唳、草木皆兵。三原會議不久，當局就展開了搜捕行動，幾乎全部參加會議的代表均遭逮捕，主教們或被監禁或被勞改，其中劉冠東主教被關押至 1993 年方才獲釋。

教廷對於地下主教團成立的態度較爲模糊，地下教會領袖們原期待會得到教廷的大力支持，但教廷的反應卻出乎他們意料。教廷既沒有承認也沒有否認地下主教團，羅馬此時希望中國的教會逐步走向合一，認爲地下主教們的舉動可能導致中共當局嚴厲報復。在 1994 年主教團大部分成員獲釋後，地下主教團希望申請加入亞洲主教團協會（FABC），作爲得到普世教會認可的第一步。1994 年 1 月 20 日主教團成員易縣教區輔理主教師恩祥代表主教團主席劉冠東主教致信亞洲主教團協會主席日本橫濱教區主教濱尾文郎，表達渴望加入亞洲主教團協會的願望：「我們欣聞亞洲主教團將於明年舉行成立 25 周年大會，教宗本人亦將蒞臨大會，且聞蒙古及越南均已被接納爲正式會員，受此事件鼓舞，中國大陸忠貞教會主教團呈遞我們的申請，我們眞誠希望得到您的支持與幫助。我們願意善盡會員的一切職責，推動大陸福音傳播，我

們是否能夠加入亞洲主教團協會將尊重您的決定。」[4]

　　申請遞交後，濱尾文郎主教將此資訊轉發給臺灣主教團，希望獲得協助與支持。濱尾主教在後來接受天亞社訪問時表示，他在此事件中只是中間人，對此事件沒有特定立場。申請最終沒有得到回覆，但也沒有給予明確的拒絕。這次事件看出教廷意在冷處理申請案；教廷的沉默態度對地下教會的主教及信友來說，固然有些失望，但是希望仍在。這次嘗試，實質也是地下主教們對教廷態度的一次測試。東歐劇變後，原共產國家的地下教會境遇並未在共產政權結束後實現他們所期盼的變化。教廷在處理這地下教會團體時的措施，讓中國的地下主教們感到擔憂。在與中共的談判中，教廷如何對待數十年來忠於羅馬教宗、飽受痛苦折磨的地下團體信眾？是否為了所謂的外交關係會犧牲他們？這些疑慮促使地下的主教們在1993年向教廷發出如下的十二點建議：

　　（一）我中國天主教深刻記取法國拿破崙時代法國政教關係後果之教訓：合法者變成不合法者，不合法者變成合法者。

　　（二）前蘇聯及東歐政教瞬息之變化，對很多人是不可思議的，其實是樹倒猢猻散：共產黨政權倒臺了，依附共產黨政權的教會亦隨之解散。中國則不然，中國共

---

[4] Beatrice Leung & William T. Liu, *The Chinese Catholic Church in Conflict: 1949-2001* (California: Universal Publishers, 2004), p.124.

產黨仍在臺上，教廷與中國建交，實際是和中國共產黨建交。俄國和東歐共產黨雖已跨台，無說話的權利，這和中國的情況不能同日而語。

（三）中國政府與教廷建交，雙方都得讓步；讓步到什麼程度，我們不得而知。但該牢記，中國共產黨的政策變化無常，食言之處太多，說話從來不算數，實在令人難以相信。總之，它不肯吃虧。

（四）政教必須分離，共產黨不得干預天主教事務，包括選任主教。

（五）解散愛國會及愛國會所支持的主教團；但忠貞教會主教團不得解散。

（六）愛國會主教之中，如有意回頭改過，加入忠貞主教團者，則應令其公開懺悔，承認錯誤，而後對之進行甄別。結婚者、積極推動「獨立自主，自辦教會」者、耍兩面手法者，均應予以淘汰。

（七）重新劃分主教區，主要教區應由忠貞主教佔據。

（八）主教職應年輕化，主教到法定年齡必須退休。

（九）政府應無條件立即執行歸還教會之房地產，不得推遲。共產黨曾多次下達歸還教產之文件，但不見實行，均成廢紙，以致敷衍了事。

（十）天主教會應享有完全宗教信仰自由，包括：傳教、聚會、講經、培養神職人員與傳教人員；主教到期述職，與國外教會聯繫往來；興辦教育、科研、慈善、

醫療、出版等事業之自由。

（十一）政府不得在天主教信徒之中強行墮胎，因為天主
　　　　十誡第五誡明言禁止殺人。

（十二）我們要以基督仁愛之精神接待從迷路歸來的兄弟
　　　　姊妹，並在基督事業上予以合作。[5]

　　建議中，主教們希望教廷能吸取歷史上的教訓。十九世紀與拿破崙的政教協定，犧牲了法國大革命期間為信仰受苦的神職人員，卻沒有換來教會的合一，分裂動盪的局面延續了數十年。他們擔憂現在教廷與中共的談判，教會會損失更多，因為中共政權不值得信任，這是地下團體信眾幾十年來的痛苦經驗的總結。教廷內部主管談判事務的官員，並不熟悉中共的政治手腕；正如建議所言，縱使未來談判成功，教廷駐華使節也不會如駐其他國家一樣行使權力。建議九、十提及的內容，實質是在理想狀態下的政教關係，但在中共執政下斷無可能，這違反了中共自建政以來對於宗教的防範政策，縱使建交成功，也不會開放教育、醫療服務給宗教機構。

　　其實在 1990 年代的中梵接觸中，教廷雖然傾向於官方教會領袖的悔改與兩個團體的合一，但並非完全沒有底線。譬如，愛國會主教尋求合法化的一個重要標準，就是要做出與信德相稱的行為；在同一教區如果同時存在地下和官方兩位主教，教廷往往是任命地下團體主教為正權，官方的主教為

---

[5] 〈中國主教團之建議〉，《鼎》79 期（1994 年），15~16 頁。

助理或輔禮主教，肯定忠貞的價值。這當然得力於當時主政的教宗若望保祿二世，這位出身於共產國家的偉大牧者，富有慈父的胸懷，瞭解教會在共產體制下的磨難與痛苦，能夠體諒地下及官方教會領袖所面臨的不同困境，會衡量考慮雙方的意見，因此在政策制定上不會過於偏向某一方。這可能讓部分地下教會領袖產生了疑慮，這份建議，正是這個背景下的產物。但建議中所擔憂的問題，並非是危言聳聽，近年來中國教會的變化驗證著這些憂慮已經成為事實。

三、教宗若望保祿二世與中國的互動

教宗若望保祿二世 1978 年當選，是教會歷史上第一位波蘭裔及斯拉夫裔教宗。他在位時間僅次於教宗庇護九世。在當選教宗之前，他有著豐富的生活及牧靈經驗。二戰後蘇聯扶植波蘭統一工人黨（共產黨）建立政權，若望保祿二世的青年時代經歷過納粹及共產政權的統治，瞭解集權主義對於人性的壓迫及信仰的戕害。在出任克拉科夫總主教後，他非常關注青年信仰培育，鼓勵信友們在逆境中保持信仰。對於那些深處苦難中的教會，教宗總是給予特殊的關懷，使他們倍感欣慰。

1982 年 1 月 6 日主顯節，教宗發表〈至全球主教書〉呼籲為中國教會祈禱。信中，他肯定中國教友們的信德堅固：

我們很清楚我們在中國的弟兄姐妹，在這三十年裡，經歷了困苦和長久的考驗。在那嚴酷的痛苦中，他

們為了忠於基督和他的教會而作了見證；這種勇毅的見證，可以與初期教會的基督徒的見證相比美。當我們獲悉在中國的天主教徒，如此忠於他們祖先的信仰，以及對伯多祿宗座如此的忠誠，為我們是何等的安慰。當我們在深切的敬佩之餘，更要獻出我們對他們的深情支持，和熱誠祈禱的支持。[6]

在文告中，教宗也提前祝賀中國的農曆新年，表達對中國人民的尊重與愛戴。同年 3 月 21 日教宗親自在伯多祿大殿舉行為中國奉獻的感恩祭，在誦念三鐘經後，再次向中國信友表達關懷：

親愛的中國兄弟姐妹，我們每一位都在思念中、在摯愛中，特別是在祈禱中，與你們合而為一。藉著整個教會的祈禱，你們離我們雖遠，但卻常存於我們心內，常存於基督臨在的天主教大家庭內。我現在因他的名，衷心降福你們。在這個機會，我很高興能重新表達我對所有中國人民的摯愛及敬意；我衷心祝福中國繁榮、進步、安定。[7]

1984 年教宗出訪韓國，出席天主教傳入韓國兩百周年慶

---

[6] 若望保祿二世，〈教宗致全球主教書 呼求為中國教友祈禱〉，1982 年 1 月 6 日，梵蒂岡電臺，《教宗致中國教會集》。亦參：http://www.radiovaticana.va/cinesebig5/pont-acta/papacina/02preghiera.html。

[7] 〈呼籲整個教會為中國祈禱〉，1982 年 3 月 21 日，梵蒂岡電臺，《教宗致中國教會集》。

典，並主持冊封韓國殉道者金大建神父及其他 102 名殉道者
為真福品及聖品儀式。在訪問韓國期間，他特別提及中韓兩
國教會的歷史淵源：韓國教會源於中國，並期盼中華民族得
在普世教會的圓滿共融中，活出這份信仰，獲得喜樂與充實。

　　教宗的屢次善意，並沒有換來積極的回應。在為中國教
會的祈禱活動後，1982 年 3 月 19 日中國天主教愛國會負責人
之一楊高堅主教發表抗議聲明，譴責教宗為中國教會的祈禱
行為是惡意誹謗，對於中國教會的關愛是欺騙，並且警告教
宗：「我們中國天主教的廣大神長教友的忍耐是有限度的。
若望保祿二世對中國教會的妄征、攻擊，如不停止、改正，
我們必將進一步地揭發、回擊。」[8] 全國各地的愛國會組織座
談會，批判教宗為中國的祈禱，表達無比憤慨和強烈的抗議。
官方主辦的《中國天主教》開闢專欄，登載各地批判教宗的
消息，來表達對獨立自主自辦教會政策的支持。[9] 中國政府也
拒絕教宗訪韓專機借道中國領空的要求，拒絕教宗的一切呼
籲。

　　1989 年蘇東局勢的演變及中國國內的民主運動最終被鎮
壓，中共領導層出現了變化，主張以民主、法制方式處理民
運的領導人趙紫陽被元老們廢黜，新上臺的領導階層在意識

---

[8] 楊高堅，〈關於羅馬教皇若望保祿二世「為中國教難祈禱」的聲
　　明〉，《中國天主教》，1982 年 5 期，43 頁。

[9] 詳見《中國天主教》，1982 年 5 期：「異口同聲斥謊言」，收錄
　　全國各地批判教宗的文章。

形態上急劇左轉，對外開放政策出現了反覆，宗教團體被視為潛在的威脅。1990 年 4 月中共元老陳雲致信新任中共中央總書記江澤民關於宗教滲透的問題：

> 最近看到幾份有關宗教滲透日益嚴重，特別是在新形勢下披著宗教外衣從事反革命活動日益猖獗的材料，深感不安。利用宗教同我們爭奪群眾，尤其是青年，歷來是國內外階級敵人的一個慣用伎倆，也是某些共產黨領導的國家丟失政權的一個慘痛教訓。現在是中央應該切切實實地抓一抓這件大事的時候了。在這方面務必使它不能成為新的不安定因素。[10]

江澤民在信後批覆：「陳雲同志提出的問題很重要，確實需要引起各級黨委和政府重視和警覺，千萬不能麻痺大意，要及早採取有力措施，否則會釀成嚴重後果。」[11] 中共領導層對宗教的認知再度上升為威脅國家安全的潛在因素，實質上與 1950 年代的理念並無差異。中共自 1980 年代奉行開放政策後，各方面均追求與國際接軌，唯獨在宗教問題上依然保持著傳統觀念，視之為洪水猛獸。

在中共高層的關注下，1991 年 2 月 5 日中共中央發布〈關於進一步做好宗教工作若干問題的通知〉，即〈六號文件〉，

---

[10] 陳雲，〈關於高度重視宗教滲透問題的信〉，中共中央文獻研究室綜合研究組、國務院宗教事務局政策法規司合編，《新時期宗教工作文獻選編》（北京：宗教文化，1995），177 頁。

[11] 同上，177 頁。

該文件開篇即強調警惕西方利用宗教的和平演變陰謀，在東歐劇變後中共高度神經緊張，尤其強調宗教對於青少年的影響，呼應元老陳雲信中提及的問題。文件在強調貫徹宗教信仰自由政策的同時，要加強對宗教工作的領導，發揮愛國宗教團體的作用：

　　堅決抵制境外宗教敵對勢力控制我國宗教的企圖。不允許任何境外宗教團體和個人干預我國宗教事務、在我國設立辦事機構、建立寺觀教堂、進行傳教活動。對來自境外的宗教書刊、音像製品和其他宣傳品，由政府有關部門制定管理辦法，加強管理；凡有煽動反對四項基本原則、反對政府等反動內容的，要依法收繳。任何人不得接受來自境外的、以滲透爲目的的宗教津貼和傳教經費。我宗教團體和寺觀教堂接受境外宗教組織和宗教徒的大宗捐贈，要經省一級人民政府或國務院宗教事務局批准。宗教團體邀請境外宗教組織和宗教人士來訪或應邀出訪，需經省一級人民政府或國務院宗教事務局批准，重大涉外活動，需報國務院審批。非宗教團體邀請或接待有宗教背景的各種團體和有重要影響的宗教人士來訪、旅遊，要向宗教事務部門通報。經貿、科技、文化、教育、衛生、旅遊等部門對外開展文化交流與合作，涉及境外宗教組織及其附屬機構或個人，簽訂有關合作專案，不得帶有傳教、設立宗教機構、建立寺觀教

堂等宗教內容的條件。[12]

中國天主教會與教宗的互動，在文件中被視爲境外宗教勢力的滲透，海外教會人士到訪也被視爲涉及到國安議題的重大事件。天主教會傳統上重視對家庭成員的信仰教育，引導子女認識信仰，這種正常的行爲在國家看來卻是違反法律。文件要求各級黨委政府要「加強思想政治工作，指導宣傳部門向廣大群眾進行愛國主義、社會主義和民族團結的教育。積極向人民群眾特別是廣大青少年進行辯證唯物主義和歷史唯物主義（包括無神論）的教育，培養廣大青少年成爲有理想、有道德、有文化、有紀律的一代新人。要指導和幫助工會、共青團、婦聯積極開展各種健康有益的活動，關心和幫助職工、青年、婦女解決工作和生活中遇到的困難，教育他們正確對待生老病死、吉凶禍福等問題，樹立科學的世界觀和人生觀。」[13]

在中央〈六號文件〉精神下，中國國家教育委員會（教育部）於 1991 年 8 月 5 日頒布了〈關於制止一些地方利用宗教活動妨礙教育問題的通知〉。該文件例舉了改革開放後教育界面臨的問題及宗教活動對於青少年的影響，指出部分地區學校學生信教比例過高，在學校中傳播宗教思想。文件亦指出有學校開設非法課程，部分外籍教師向學生宣傳宗教思

---

[12] 〈關於進一步做好宗教工作若干問題的通知〉，《新時期宗教工作文獻選編》，217 頁。
[13] 同上，221 頁。

想；境外宗教組織利用電臺進行宗教宣傳和滲透活動，未經
中國政府批准開辦具有宗教色彩的學校，誘使青年到海外宗
教院校學習。[14]

　　針對以上問題，國家教委提出相關應對措施：嚴格貫徹
宗教與教育分離原則；全國各級學校加強對學生的思想教育
工作，普及無神論教育；嚴格宗教院校的審批，加強教師隊
伍建設；各級教育機關不得接受外國團體及個人以傳教為目
的的捐款；加強對外籍教師的管理與審查；認真執行《義務
教育法》。[15] 從教委的文件來看，這是對中央〈六號文件〉
精神在教育領域的細化。中國在開放後，急需人才的培養來
實現國家四化建設。對於優良師資的需求十分渴望，外國宗
教團體尤其是天主教、基督教成立相關援助機構，來支持中
國發展。許多昔日在華服務的修會團體也利用這一機會，派
遣一些會士在高等院校從事教職，但總體上他們都十分低
調，當然也有部分新教福音派的傳教士比較公開高調地從事
福傳工作，引起了官方的關注。中共深知民國時期教會在華
興辦教育慈善機構所發揮的影響力，在建政後將其全部國有
化，以削弱教會的影響。教委的文件在一定程度上反映了政
府對於教會影響力的恢復十分擔憂，必須加以打擊及限制。

　　1994 年 1 月 31 日中國公布由國務院總理李鵬簽署的〈中

---

[14] 中國教育委員會，〈制止利用宗教妨礙教育〉，《鼎》67 期（1992
年），2 頁。

[15] 同上，3 頁。

華人民共和國境內外國人宗教活動管理規定〉及〈宗教活動場所條例〉。前者對於在華的外籍人士從事宗教活動予以法律上的限制，雖然可以在中國境內宗教場所參加宗教活動，但對外籍人士攜帶宗教書籍及用品入境，做了明確限制。在1980 年代開放初期，中國教會缺乏必要的祈禱、禮儀書籍，很多外籍人士訪華之時便會攜帶教會所急需的書籍，以滿足內地信友需要。這一點，香港教會人士做出很大貢獻，有些善心人士在港出資印刷攜帶方便的祈禱手冊及靈修書籍，在訪問時攜帶入境，免費贈予各地教會，使很多信友獲益。隨著新條例的頒布，這類行為被視為非法：「外國人在中國境內進行宗教活動，應當遵守中國的法律、法規，不得在中國境內成立宗教組織、設立宗教辦事機構、設立宗教活動場所或者開辦宗教院校，不得在中國公民中發展教徒、委任宗教教職人員和進行其他傳教活動。」[16] 在此限制下，天主教各種國際修會、基督新教各宗派都無法在中國公開進行活動。

在中國的基督新教團體已經走向後宗派化 [17]，相較之下，天主教各修會團體在華則處於一種尷尬地位，他們是不被中國法律認可的組織，只能游走於灰色地帶。修會團體在中國

---

[16] 〈中華人民共和國境內外國人宗教活動管理規定〉，《新時期宗教工作文獻選編》，274 頁。

[17] 依據官方教會觀點，所謂「後宗派化」是指中國基督新教在經歷1950 年代三自革新運動後，透過聯合禮拜方式，合併原有各宗派，形成以三自愛國運動委員會及基督教協會領導下的單一教會組織，原有宗派組織不復存在。

只有掛靠教區的方式才能活動，而活動空間取決於政府所持的態度，在法制尚不健全的情況下，他們在華的活動依然處於風險之中，所投資服務的事業，隨時有可能被充公。兩份宗教管理的條例，此後經過修正添加，延續至今，總體精神是日趨嚴格及細微化，且所賦予宗教團體彈性空間日漸萎縮，以法制化的名義強化對宗教組織的管束，是 1990 年代中共宗教管理政策的特色之一。

綜上所述，教宗若望保祿二世與中國的互動在信友心中獲得了積極回應。無論官方或地下的信友們，無不對教宗充滿敬意。1994 年 9 月 8 日，他在紀念孟高維諾總主教來華七百周年的慶典上發表談話，讚揚中國的信友「在各種困難中，仍然忠於耶穌基督和祂的教會；並不惜忍受嚴峻和長期的苦難，曾經而且還在為與伯多祿的繼任人共融的大原則做見證。」並向中國表示：「在中國的天主教會的所有兒女們『在真理與愛情內』、在他們的生活中實踐這樣的共融的同時，我懇切祈求天主使這共融能以日益有形可見的方式顯現出來。宗教信仰和實踐，是在社會和公民生活領域中承擔義務的起動原因。是真正的天主教徒，同時也是地道的中國公民並不矛盾。兩者不是互不相容的事。」[18] 教宗希望中國政府能夠明白：天主教信友不是對國家的潛在威脅，反而是願意

---

[18] 教宗若望保祿二世，〈致函祝福我國教會紀念孟高維諾來華七百周年〉，1994 年 9 月 8 日，梵蒂岡電臺，《教宗致中國教會集》。

促進國家進步繁榮的積極力量。教宗的善意是否能換來中國
積極的回應？

四、改革開放時期自選自聖工作的進展

中國官方教會在文革期間被衝擊，愛國會也被解散。文
革後愛國會重組，1980 年召開的三大決議繼續推進自選自聖
主教工作。但早在愛國會三大前，1979 年 12 月 21 日在北京
南堂舉行了文革後第一次自選自聖主教活動，愛國會主席湖
南常德主教楊高堅主禮、上海張家樹主教和內蒙古呼和浩特
王學明主教襄禮祝聖傅鐵山為北京教區主教，是繼姚光裕之
後，北京教區第二位自選自聖主教。次年 1 月 15 日教廷發言
人稱，此次祝聖未獲教宗同意，是為非法祝聖，教宗若望保
祿二世深為痛心。[19] 愛國會機構重組後，加大力度推動自選
自聖進程，視之為與梵蒂岡鬥爭的重要活動，是實現獨立自
主自辦教會政策成功的體現。整個 1980 年代，愛國會共祝聖
了 45 位主教：

+ 1979.12.21 北京教區傅鐵山，由楊高堅主禮，張家樹
  王學明襄禮。

+ 1981.7.24 江蘇南京教區錢惠民、江蘇蘇州教區馬龍
  麟、遼寧瀋陽教區徐振江、甘肅天水教區趙經農、陝
  西大荔教區張文彬，這五位是由愛國會主席宗懷德主

---

[19] 羅漁、吳雁，《中國大陸天主教四十年大事記（1945~1986）》
（新北：輔仁大學，1986），160 頁。

禮，王學明、楊高堅、董光清、傅鐵山襄禮。

+ 1981.9.27　廣東汕頭教區蔡體遠、廣東江門教區李磐石，這兩位是由宗懷德主禮，王學明、葉蔭雲襄禮。

+ 1981.12.18　山西太原教區張信、陝西西安教區姬懷讓，由宗懷德祝聖。

+ 1981.12.20　河北永平（唐山）教區劉景和、河北衡水教區範文興，這兩位是由常守彝主禮，王其威和潘少卿襄禮。

+ 1981.12.21　重慶教區劉宗漁，由段蔭明主教祝聖。

+ 1982.10.10　吉林教區劉殿墀、河北獻縣教區劉定漢，這兩位是由宗懷德主禮，劉景和、塗世華襄禮。

+ 1985.1.27　上海教區金魯賢、李思德，由宗懷德主禮，錢惠民、董光清襄禮。

+ 1985.6.14　四川宜賓教區陳適中，由段蔭明祝聖。

+ 1985.9.22　吉林教區李雪松，由宗懷德主禮，段蔭明、劉景和襄禮。

+ 1986.11.30　福建廈門教區黃子玉、福建閩東教區張實之、安徽蚌埠教區朱化宇、陝西漢中教區餘潤琛，這四位是由宗懷德祝聖。

+ 1987.3.16　甘肅平涼教區馬驥，由張文彬祝聖。

+ 1987.4.5　陝西西安教區李篤安，由張文彬主禮，馬驥、餘潤琛襄禮。

+ 1987.5.31　河北宣化教區徐立志，由宗懷德主禮，塗世

華、傅鐵山襄禮。

+ 1987‧9.6 江西南昌教區吳仕珍，由宗懷德主禮，董光清、陳獨清襄禮。

+ 1987.12.8 湖南長沙教區屈天錫、湖南澧縣教區王子澄，由宗懷德主禮，董光清、段蔭明襄禮。

+ 1988.3.20 雲南昭通教區陳慕舜，由段蔭明主禮，陳適中、劉宗漁襄禮。

+ 1988.4.24 山東濟南教區郭傳眞、趙子平助理主教、山東青島教區韓錫讓、山東益都教區孫智賓、山東周村教區助理主教馬學聖，這五位是由宗懷德主禮、董光清、錢惠民襄禮。

+ 1988.5.29 河北邯鄲教區陳柏蘆，由劉定漢祝聖。

+ 1988.10.16 遼寧瀋陽教區張化良，由宗懷德主禮，李雪松、劉景和襄禮。

+ 1988.11.27 浙江杭州教區朱峰青，由金魯賢主禮、馬龍麟、郁成才襄禮。

+ 1988.12.4 貴州貴陽教區王充一，由宗懷德主禮、段蔭明、董光清襄禮。

+ 1989.5.7 廣東梅州教區鐘全璋，由宗懷德主禮，葉蔭雲、蔡體遠襄禮。

+ 1989.5.21 河北石家庄（正定）教區蔣陶然、遼寧瀋陽教區金沛獻，由宗懷德主禮，劉景和、張實之襄禮。

+ 1989.7.31 重慶萬縣教區徐之玄、四川南充教區黃澤

渥，由段蔭明主禮，陳適中、劉宗漁襄禮。

+ 1989.10.28 河北邢臺教區候進德，由陳柏蘆主禮，蔣陶然、範文興襄禮。[20]

以上即爲 1980 年代中國官方教會組織的自選自聖主教的記錄，其中愛國會主席宗懷德主禮 15 次自選自聖儀式，共祝聖 32 人，尚不包含其在 1990 年代主持的祝聖人數，超過了愛國會第一任主席皮漱石祝聖 29 人的記錄。宗懷德所開創的記錄時至今日，尚未被打破。

1992 年 9 月 19 日中國天主教愛國會第五屆代表會議上，做出了調整：「將現有的全國天主教三個機構調整爲中國天主教主教團和中國天主教愛國會兩個團體。中國天主教教務委員會則隸屬於主教團的一個主管教務的專門委員會，這樣調整是完全符合我國天主教當前形勢的發展和工作的需要，它必將進一步推動中國天主教愛國愛教的聖善事業。」[21]

1993 年中國官方教會主教團發布〈中國天主教主教團關於選聖主教的規定〉，對於自選自聖主教人選資格予以明文規定。該規定 2012 年重新修訂。比較兩個版本的規定，1993 年版本原有六條，修訂後增加至十五條。關於主教人選資格

---

[20] 以上自選自聖主教記錄，係根據中國天主教愛國會的官方刊物《中國天主教》所整理。

[21] 中國天主教愛國會、中國天主教主教團編，《聖神光照中國教會：中國天主教愛國會成立五十周年來的輝煌足跡》（北京：宗教文化，2008），166 頁。

規定，1993 年版本信德堅固、恪守神職聖願、品行良好、德才兼備、虔誠敬主、熱心於榮主牧靈事業、擁護獨立自主自辦教會原則；修訂後增加了擁護中國共產黨的領導和社會主義制度、遵守國家憲法及法律。主教當選後上報主教團批准，「主教候任人經中國天主教主教團審查批准後，有關教區應在省（自治區、直轄市）教務委員會指導下於三個月內舉行主教（助理主教、輔理主教）祝聖禮儀。未被批准的，有關教區應按本規定重新進行選舉，再呈報中國天主教主教團審批。」[22] 教宗的角色被所謂的主教團取代。1993 年版本中，主教就職前信德宣誓包含忠於至一、至聖、至公、從宗徒傳下來的聖而公教會；修訂版則增加了祝聖儀式中需要宣讀主教團任命狀，取代正常狀態下宣讀教宗的任命狀。對比之下，可見新修版的內容與規則較之舊版更為嚴格，對於主教選舉方式過程有更多的標準。顯然，天主教會在華空間並未如某些西方教會觀察人士所預言的一般，隨著中國對外開放的擴大，宗教自由空間將會日益擴大，教會將從其中獲益匪淺；現實的發展正與這些專家們的意見背道而馳。

五、中國教會修院培育

中國教會在經過數十年政治運動的衝擊，司鐸奇缺，文革結束後無論官方教會或地下教會都開始著手培養新鐸。官

---

[22] 主教團關於選聖主教的規定，參：
https://www.chinacatholic.cn/xhtml/report/14053943-1.htm

方教會在 1980 年愛國會第三屆會議上即決議成立全國性神哲學院，上海教區於 1982 年開辦佘山修院，作爲華東地區六省一市（福建省、安徽省、浙江省、江西省、江蘇省、山東省和上海市）的聯合修院，金魯賢主教爲首位院長。在海外教會團體資助下，佘山修院辦學條件較爲優越，建有一座愛德圖書館。館藏外文圖書六萬餘冊，涵蓋英、法、拉丁、希臘、德語、義大利語等多種語言著作。中文藏書一萬五千餘冊，包括文學、哲學、宗教、歷史等廿多類叢書。[23] 佘山修院也是中國大陸官方教會最早嘗試禮儀革新、推動中文彌撒的試驗地區，1989 年開始試行以中文舉祭，在對修士進行禮儀培育中開始學習梵二《禮儀憲章》。1992 年中國官方教會主教團才決議推廣中文彌撒，上海教區也在修院實踐的基礎上編纂中文主日彌撒經書，在過程中得到海外教會人士尤其是港臺地區的禮儀專家的協助。佘山修院自開辦到 2006 年共計招收學生 621 人，畢業 310 人（晉鐸者 294 人），退學及勸退者共 187 人。[24]

　　1983 年天主教愛國會在北京成立中國天主教神哲學院（全國修院），初期院址設於柳蔭街 14 號；1992 在官方的支持下開始在海澱區興建新校舍，1996 年政府撥款 7377 萬在北京大興區建立新修院，工程耗時十年，2006 年竣工，校區「占地 70 餘畝，建 10 棟樓。包括修生宿舍樓、司鐸宿舍樓、修生教

---

[23] 《聖神光照中國教會》，405 頁。
[24] 同上，404 頁。

學樓、司鐸培訓樓、懷德圖書館、伯多祿廳、餐廳、教師宿舍樓、外賓留學生樓以及聖堂等，總建築面積爲 20168 平方米。另外，還建有籃球場和足球場。」[25]

全國修院領導機關爲愛國會及主教團，培養計畫除了學習基本神哲學外，政治教育色彩濃厚，政治理論教育與中國公立大學課程一致，包括「近現代史、中華人民共和國史、宗教政策和法規、憲法和民法概論、法學概論、時事、國情及有關專題講座、獨立自主自辦教會教育、鄧小平理論、形勢報告教育等。」[26] 上述課程隨著國家政策調整要隨時增加，譬如後來有江澤民三個代表理論的學習，及胡錦濤時期科學發展觀。全國修院的修士們還要承擔必要的政治任務，如參加天安門廣場升旗儀式，代表性事件是參與 1999 年由官方組織的抗議北約轟炸中國駐南聯盟大使館事件。政治教育是中國官方教會所有修院的必修課程，相較於其他地區修院，全國修院的政治教育是最爲突出和明顯的。

1984 年成立的四川天主教神哲學院是西南地區三省一市（四川、雲南、貴州及重慶市）聯合修院，初期爲五年制，1996 年改爲六年學制（前兩年爲哲學，後四年爲神學）。1983 年天主教中南神哲學院在武漢成立，是中南六省（即廣東、廣西、湖南、湖北、河南、海南）聯合修院，院址設於昔日武昌花園山修院，修生名

---

[25] 同上，394 頁。
[26] 同上，395 頁。

額常保持在 100 名左右。1983 年設立的瀋陽神哲學院是東北三省（黑龍江、吉林、遼寧）聯合修院，初期爲四年學制，後改爲六年制，除東三省之外，也招收全國其他地區的修士入讀。1985 年設立的陝西天主教神哲學院是西北五省（陝西、甘肅、青海、寧夏、新疆）聯合修院，院址設於西安；該院於 1995 年開設修女培訓部，學制 2 年。[27]

　　除以上六所地區性的大修院外，中國教會亦有一些省級修院，如北京教區修院（1980）、山東濟南聖神修院（1984）、吉林省修院（1987）、內蒙古神哲學院（1985）、山西孟高維諾修院（1985）、河北石家庄修院（1983）。在省級修院中，規模最大的爲石家庄修院，河北省天主教人口衆多，聖召也較其他地區更爲興旺。[28] 官方修院得力於政府的資助，辦學條件及師資都逐步完善，培育團中一些年輕司鐸也被選派到國外進修，獲取學位後返國任教，提升了整體教育水準。但利弊並存，來自官方的控制也十分嚴格，部分地區修院受外部影響較大，近年來一批修院的倒閉，既有聖召減少的原因，但也與官方的干涉與操控有著密切關係。[29]

　　與官方教會的修院培育相比，地下教會的修院建立得更

---

[27] 同上，409、430 頁。

[28] 同上，427 頁。

[29] 近年來一些省級修院，如山東聖神修院、內蒙古神哲學院、山西修院已結束培育修士；中南神哲學院、瀋陽神哲學院也停止招收新生，轉型爲平信徒培育中心。

早。在文革結束初期，一些獲釋的司鐸開始在公教青年中找尋聖召，採用學徒制的培養方式，在有限的條件下培養新鐸。1980 年地下團體中最早建立的修院是河北易縣教區，由劉書和主教任院長；其後保定教區也建立自己的修院。這些地下團體建立的修院，受制於外部環境的制約，無法公開授課，不得不採用遊擊戰的方式，修院沒有固定的場所，經常是在某地停留數月後即搬遷他處，有時甚至一周內要搬遷兩次以躲避政府的搜捕。河北省是地下教會的重鎮，培養的司鐸遍布其他省份，也是政府竭力打擊的對象。

地方政府打擊地下修院的力度十分強大。以保定地區為例，當地政府設有專門機構搜捕地下教會成員，且政府公務員有配合義務，每年在教會重要節日或朝聖紀念日，把守教堂附近及村口，監督、阻攔信友參與禮儀。在訪談過程中，筆者發現經常性的搬家，成為地下教會司鐸們的集體記憶，有時為了躲避追捕，夜間不得不藏身於玉米地中，直至天明方敢離開。有的地下修院在三十年間轉移超過了一百餘處，這類特殊情況在整個教會歷史上亦屬罕見。

在如此險惡的環境中，地下教會在培育司鐸過程中遭到不少來自官方教會的嘲笑和打擊，認為地下培養的司鐸學識不足，神學知識欠缺。面對這種指責，地下教會領袖河北保定教區范學淹主教曾表示，在現階段缺乏信仰自由的教難情況下，我們不能奢求培養的司鐸都如多瑪斯阿奎那（St. Thomas Aquinas，1225~1274）一般，但卻需要都具有聖維雅納（John

Vianney，1786~1859）神父一樣的聖德。學識不足可以日後補足，但如果德行有虧，則不是後天能補救的，故要培養司鐸堅定的信德與立場。

地下教會修院最初的確是師資匱乏，但隨著新鐸的產生，也建立起較為完備的培育團。在東南沿海地區的地下團體，外部環境較北方相對寬鬆，修院在當地信友的支持下，擁有較為固定的場所和穩定的師資。1990 年代開始派遣部分修士以成人教育或自學考試的方法在城市的大學進修，在這些大學周圍租賃宿舍，由神師陪伴，令修士們學業與神修並進，提高他們的文化素質。於此同時，亦邀請一些在大學任教的外籍修會人士給修士們上課。這種模式持續了多年，隨著地下教會選派海外進修的司鐸返國，相較於 1980 年代，師資水準已有很大的提升。

地下教會的司鐸培育是中國教會歷史上一段特殊時期的產物。在艱難的環境中得以生存，並且培育了為數眾多的神父，的確是聖神奇妙的工作。在這一過程中，除了富有遠見的教會領袖們的努力，也與廣大信友的支持無法分離。在訪談過程中，多位司鐸分享他們在修道過程中所得到信友們無私的關懷，在物質資源並不豐裕的當年，教友們節衣縮食支持修士們的生活，不顧風險地收留這些修士在自己家中學習，其中不少人也曾被囚禁、侮辱。但他們都甘之如飴，並無抱怨，反而認為這是天主給的一種特殊祝福。在書寫教會歷史過程中，這些無名英雄們更值得紀念。

六、改革開放後中國教會出版事業

　　天主教會在晚清、民國時期曾建立眾多的出版機構及刊物，但 1949 年後由於政治原因，大部分都被迫關閉。1950 年代教會的出版物基本上都是各地愛國會主持，以宣揚獨立自主自辦教會方針的政治讀物，如天津教區的《廣揚》、上海教區的《信鴿》即是這類政治性刊物，也在文革爆發前即停刊。文革後，愛國會在 1980 年創立《中國天主教》作為兩會的官方刊物，初期為不定期刊物，後改為雙月刊，其宗旨為「**宣傳黨和國家的宗教政策，弘揚和闡述天主教教義，團結神職人員和信教群眾發揚愛國主義精神，為祖國現代化建設貢獻力量。**」[30] 這份刊物是瞭解官方教會活動與政策的重要刊物，其中的文章具有強烈時代特色與緊跟政治形勢的特點，是瞭解改革開放後中國官方教會演變的一面鏡子。

　　上海教區光啟社是 1984 年創立，但其歷史可追溯到晚清時期上海的耶穌會士主辦的漢學研究所，出版在華會士的研究成果，促進中西文化交流。1949 年中共建政後，會士們被迫離華，研究機構關閉。改革開放後，上海教區重組該機構，命名為光啟社以紀念明末著名基督徒徐光啟。光啟社建立後，主要出版教會書籍，包括靈修祈禱類；在中國教會開始推動禮儀革新時，光啟社在香港教會的幫助下，開始出版中文版《主日彌撒經書》、《平日彌撒經書》《每日禮讚》，

---

[30] 《中國天主教》期刊：https://www.hfabiao.com/zgtzj/

並且組織翻譯出版中英對照新耶路撒冷版《新約》。

此外，光啓社也組織學術研討會，邀請教內外學者參與，是中國大陸最早教會學術研究機構。光啓社利用上海教區知識份子信友眾多的有利條件，組織他們翻譯出版一系列著作，如「美國著名神學家麥百恩（Richard P. McBrien，1936~2015）神父的《天主教》、法國著名神學家貝爾納‧塞斯布埃（Bernard Sesboüé，1929~2021）神父的《信》，還出版了華語教會中最具權威性的、由谷寒松神父主編的《神學詞典》和《基督宗教—外語漢語神學詞語彙編》，填補了中國天主教會中神學書籍的匱乏。近廿年裡，還出版了聖經導讀、靈修牧養、倫理心理、聖事禮儀、故事傳記、家庭教育等約五百種聖書。[31] 光啓社創辦《海外天主教動態資料》和《天主教研究資料彙編》兩份刊物，向國內信友介紹梵二後普世教會的發展動態、神學研究現狀，這兩份刊物具有較高的學術價值，是國內很多高校從事哲學、歷史研究的重要參考資料，也是國內天主教會在文革後首份學術類刊物。

位於河北省石家庄的天主教信德社是 1991 年 4 月由張士江神父創立，地址設於石家庄修院院內；同年 9 月發行了第一份《信德報》，初始階段由於人力物力資源的短缺，只能專注於報紙的發行。《信德報》是中國大陸教會在改革開放後第一份面向全國的教會報紙，在資訊相對落後的年代，給

---

[31] 光啓社網址：http://catholicsh.org/book/Detail.aspx?ID=10

各地信友提供了一個瞭解教會信仰的平臺，開闊了他們的眼界。在其發展過程中，得到了河北省一些官方教會主教的支持，尤其政府宗教部門的協助，天主教愛國會亦提供資助。《信德報》在報導教會新聞的同時，也適時宣揚官方的宗教政策，表達忠黨愛國的立場。儘管信德社宗旨強調促進教會修和、關注社會弱勢邊緣群體、幫助解決地方教會的衝突、實現社會穩定和諧，並且不在官方與地下兩個團體間持特定立場，力圖走平衡路線；然而，在現實中很難實現，它的背景與幕後贊助者也決定了這種願景只是一種美好的幻想，在當下中國根本無法實現。

信德社 1990 年代主要功績在於開始出版一些教會書籍，翻印了一些民國時期的出版物如《天主教聖月》及其他靈修、禮儀等教會急需的書籍，也從臺灣引進禮儀叢書《我們的慶節》、《我們的聖事》、《平日彌撒經書》、方便司鐸旅行攜帶的袖珍本《每日禮讚》、平裝與精裝的《彌撒經書》、《天主教法典》，為培育平信徒發行的刪減版單行本《天主教教理》[32]。在電子資訊尚不發達的年代，各類簡便易攜的禮儀書籍為司鐸服務信友提供了便利，各種靈修祈禱類書籍也有助於教友們日常的信仰生活，信德社在 1990 年代的文字出版工作對於教會的發展起到了一定促進作用，但近年來隨政

---

[32] 《天主教教理》因包含有教會對社會主義及共產主義的看法，被官方禁止，信德社遂進行了修改，此舉在國內及海外都引起過爭議。

策的嚴苛及電子資訊的發達，紙質出版物面臨著困難與挑戰，信德社亦不例外。

除了光啓社與信德社外，全國其他教區也建立地區性的報紙，僅供該教區內部流通，這類出版物能夠生存的關鍵，不在於當地教會的經營，更主要取決於所在地政府的態度。官方的政策變幻不定，時緊時鬆，這類教會報紙面臨著隨時被取締的風險，加之報紙的經營者並非專業人士，報紙內容也良莠不齊，甚至出現過一些違反教理的文章，顯現報紙主編缺乏必要的神學基礎，這些因素都制約著地方教會傳媒的發展。總體而言，教會媒體在中國生存艱難。

七、1990 年代中梵互動

中共在 1990 年代對於教廷的態度，相較於 1980 年代有所緩和。官方教會也在 1992 年愛國會第五屆代表大會上間接承認教宗首席權，過去禁止公開為教宗祈禱的禁令也逐步放鬆，雙方也開始有了人員往來。1993 年教廷正義和平委員會主席法國籍艾切卡雷樞機（Roger Etchegaray，1922~2019）受中國國家體委主任伍紹祖邀請出席中國全運會；這並非是艾切卡雷樞機首次來訪，早在 1980 年應中法友好協會的邀請，樞機曾經到訪中國。同年來訪的還有教廷負責與無信仰者對話委員會主席，奧地利維也納總主教柯尼希樞機（Franz König，1905~2004）。但中國官方並沒提及二人在教廷的身分，中方宣布柯尼希樞機是應中奧友好協會邀請訪華，可見在當時中國

對於和教廷的交往十分謹慎和警覺。縱使艾切卡雷樞機二次訪華，中方也沒有具體安排與本地教會人士接觸。

據官方報導，樞機訪華期間拜會全國人大常委會副委員長布赫及國務院宗教事務局局長張聲作，愛國會主席宗懷德和北京主教傅鐵山作陪。中國在此時邀請艾切卡雷樞機訪華，時間點備受外媒關注，當時正值中國申辦 2000 年奧運會關鍵時期，中國想藉此時機向外界展示對於信仰的積極態度，透過向教廷示好的方式來增加申辦成功的機率。隨著申辦 2000 年奧運會的失敗，這種嘗試也很快終止。同樣的戲碼在此後申辦 2008 年奧運會之時再度上演，官方邀請印度德蘭修女的仁愛會來華考察，有意開放修女們來華從事病人服務事業，修女們亦打算在青島建立老人中心，也得到當地教會領袖支持，但隨著申奧的成功，這項工作便就此擱淺，再無下文。1990 年代中共已經開始利用教廷的影響力來為自己的外交目的服務，所以政策會適當放鬆，一旦目的達成又會復歸原態。

1995 年 1 月第十屆世界青年節在菲律賓馬尼拉舉行，教宗若望保祿二世親臨現場與世界各地公教青年相聚。馬尼拉總主教辛海梅樞機（Jaime Lachica Sin，1928~2005）邀請中國青年參加。這位具有華人血統的菲律賓樞機曾經在 1985、1987 年兩度訪華，拜會了軟禁中的龔品梅主教，並得到中國國務院總理趙紫陽的接見，這種特殊的關係，使得他對中國教會極為關注。出人意料的是，辛樞機的邀請得到了中國官方教會

的回應，中國天主教愛國會經宗教局許可，選派了二十多名成員組團前往馬尼拉，成員除官方教會神職、修女及青年教友外，還包括統戰部宗教局官方隨行監督。教宗若望保祿二世藉此時機向中國信友講話，表達自己的關愛之情，鼓勵中國信友們勇敢見證信仰，與普世教會保持合一，在真理中持守愛德：

> 真正的愛德不能與真理脫節。聖保祿宗徒提醒我們：「根據真理而在愛德中生活」（弗四 15）。親愛的兄弟姊妹們，世界各地每個天主教團體顯示的深固合一，必須建立在由福音照射出來的真理，以及由耶穌聖心所產生的愛德之上。你們的合一也該如此。我每天都在為你們祈禱，求主幫助你們合而為一，成為基督唯一奧體中活的肢體。合一不是人世政治的成果，也不是隱秘和玄妙的意向，而是來自內心的皈依，也就是真心誠意服膺基督為教會所立的永不變更的原則。其中，特殊重要的是教會所有各部分與其有形可見的基礎伯多祿、磐石、有實效的共融。為此，一位天主教徒若願保持他的身分，並受到如此的承認，他就不能擯棄與伯多祿繼承人共融的原則。[33]

教宗也對那些無法與會的成員喊話，肯定他們對信仰原則的堅持：「很多的信仰見證，很多的忠貞訊息，我從中國

---

[33]〈致全中國天主教友的簡短文告〉，1995 年，梵蒂岡電臺。

各地的教會團體接到！主教、神父、修女和普通教友重申他
們與伯多祿及普世各地天主教團體不可動搖與完整的共融。
身為普世教會的首牧，我的心因此感到無比的欣慰。」[34]

　　這場盛會是1949年後中國教會第一次參與教宗主持的國
際性盛典，中國官方教會派遣的司鐸代表願意與教宗共祭。
然而，依據以往慣例要求他們宣發信德誓言，引起了愛國會
及宗教局官員的不滿，加之臺灣代表團在現場展示青天白日
滿地紅國旗，被在場中國官方代表認為是製造兩個中國，遂
強令中國代表團表明立場抗議。這種行為震驚了與會的各國
代表，中國代表團中亦有信友不願離開，認為是畢生難逢的
機會得以參與教宗的彌撒，但在官方強力威逼下被迫離場，
痛苦萬分。菲律賓青年代表在會後講述，很多青年都為中國
代表退場表示痛心。馬尼拉世青節事件中，中國愛國會及宗
教局意圖藉世青節製造官方司鐸與教宗共祭場面未能如願，
此後中國官方教會再未組團參與世青節。這次風波也給世界
各地公教青年上了寶貴的一課，使得他們有了一個近距離瞭
解中國信仰自由真實狀況的機會。

　　1995年9月聯合國第四屆世界婦女大會在北京召開，教
廷派遣代表團出席。教宗若望保祿二世致函大會，闡述了教會
對於婦女問題的基本訓導。教廷代表瑪麗‧格蘭頓女士（Mary
Glendon，1938~）在會議中表達了對中華人民共和國政府的謝意

---

[34] 同上。

與讚揚，轉達教宗友好和尊敬的祝福。中方對於教廷代表的表態並沒有特別反應，依然是重申中梵關係改善的先決條件：斷絕與臺灣的外交關係，不得干預中國主教任命，即中國自選自聖政策不能改變，這兩個先決條件實質上阻礙了中梵之間官方關係的建立。

在官方管道受阻的情況下，教宗希望能夠促進國內教會的合一共融。1995 年 8 月 19 日在接見前來述職的臺灣地區主教團成員時，發表了一篇關於和解共融為主題的講話，希望透過臺灣主教們將訊息傳遞給在中國的信友。教宗援引 1994 年紀念孟高維諾總主教來華七百周年慶典上的講話，邀請國內教會兩個團體「在真理與愛情內，在他們的生活中，實踐這樣的共融；同時，我懇切祈求天主使這共融能以日益有形可見的方式顯現出來。」中國地下教會主教團也發表牧函回應教宗的講話，雖然牧函是以紀念孟高維諾來華為主題，但也觸及教會在中國所面臨的困境與原因。中國教會的分裂是由於外界政治勢力的介入，紀念孟高維諾總主教不單單是因為他傳播基督福音不辭辛勞、鞠躬盡瘁，更要效法他忠於教宗不辱使命的精神。

教宗呼籲和解的講話，對地下團體的很多領袖產生了影響。1996 年吉林省四平教區地下主教韓潛（景濤）發表了〈致全國主教、教區長函〉，信中他回顧了半個世紀來天主教會在華所遭遇的種種磨難，對教會分裂感到痛心疾首，覺得自己有義務推動地上、地下兩個團體的和解。他表示教會的分

裂是外部政治勢力介入的結果，對於過去的歷史不願再追
究，他提出幾點建議：

1. 在聖神真理之光的照耀下，兄弟促膝共商教會大事。

2. 不咎既往，往前看，不再爭執孰是孰非。

3. 凱撒的歸凱撒，天主的歸天主，公開宣布同屬一牧一
   棧，誓做基督忠實的門徒和中國公民。

4. 愛國會，不動它。

5. 召開全國主教會議，討論在中國落實梵二會議的各項決
   議，制定具體措施。[35]

　　韓主教的公開信呼籲雙方和解、共商教會大事，令外界
對地下教會固有的印象有所改觀。以往外界對於地下教會的
批評集中於缺乏愛德、不顧官方教會的處境、不懂妥協換取
生存的道理，這類觀點一度在海內外流行。韓主教主張兩個
團體放棄歷史恩怨，勇敢邁出和解的第一步，而且他本人也
曾與官方教會領袖接觸，願意展開對話，共同面對問題。遺
憾的是，他的舉動沒有受到積極回應；這份公開信發表後，
反而給他帶來更多的麻煩——來自政府方面的壓力及愛國會
部分領袖的反彈。雖然倡議書主張暫不觸及愛國會問題，但
在愛國會任職的神職及教友擔憂自己未來利益可能蒙受損
失，對於倡議書採取了打壓的態度；政府更加不樂見教會的

---

[35] 韓潛主教，〈致全國主教、教區長函〉，《鼎》94 期（1996 年），
13 頁。

合一，認爲這將威脅政府權威。在雙重壓力下，這些建議最終只能是束之高閣。

　　1996年12月3日教宗若望保祿二世在聖方濟各沙勿略瞻禮日，爲紀念首批國籍主教祝聖七十周年、中國聖統制確立五十周年，發表了〈致在中國的教會〉。教宗回顧了教會在中國的歷史，縱使困難時期亦保持對教宗的忠誠，鼓勵信友不可在原則問題上妥協：「今日所有中國天主教徒，也都要堅持他們所接受的信德，不可與一個與救主耶穌的旨意、天主教會的信仰、和極大多數的中國天主教徒的心情、不符合的教會觀念妥協。因爲這樣只能在教會內造成混亂，對我們自己的信仰，和對我們作爲信徒、在締造和平與促進社會發展上、爲國家所能提出的貢獻，都有害無益。」[36] 教宗特別提及對於主教的人選及使命「在聖統的共融中、進行他的牧靈工作。這就是說，由於領受了祝聖並且是與教宗共融的主教團的成員，主教必須以言以行明白表示他所代表的共融。這樣才能讓司鐸和信友們在他們的牧者身上認出眞正的基督教會的主教來。」[37]

　　教宗也向中國政府表示不必懼怕教會，天主教信友要求的僅是信仰的權利，而無其他政治野心：「中華人民共和國的政府儘管放心。一個基督信徒能在任何政權下度他的信仰

[36] 教宗若望保祿二世，〈致在中國的教會〉，1996年12月3日，梵蒂岡電臺。
[37] 同上。

生活。他所要求的，不過是依照自己良心和信仰而生活的權利，受到尊重。因此，我曾多次對別的國家的領導說過，現在對這個國家的領導再說一次，不要怕天主，也不要怕他的教會。相反，我恭敬地請求他們，為的是尊重每一個男女天生權利的真正自由，也讓信仰基督的人對自己國家的進步越來越多地貢獻他們的力量和才能。在國際團體中，中國有一個重要的角色要去擔任。在這方面，天主教徒的作用是很可觀的：他們極其樂意慷慨地提出他們的貢獻。」[38]

〈致在中國的教會〉再次表達了教宗對中國信友的關懷。教宗之所以不厭其煩地強調合一的重要性，在於他充分瞭解共產政權對於教會的侵襲；長久的分裂造成了教會內部難以癒合的創傷，為了撫平裂痕，往往要付出漫長的時間與精力，尤其經過政權改造後，教會團體中出現了一批為維護自身利益而置教會前途於不顧的利益集團，這批人在官方教會中掌握權力，在教會與政府之間非但不能起到所謂的橋樑作用，反而在中梵交往中成了阻礙，這類行為在此後一系列的非法祝聖事件中，體現得十分明顯。

首批國籍主教祝聖七十周年、中國聖統制五十周年，兩件極具歷史意義的紀念活動，中國地下教會主教團發表牧函紀念這歷史盛事，牧函強調 1989 年在三原會議上成立的中國大陸主教團，是繼承維護中國教會的聖統原則，保持了教會

---

[38] 同上。

生命。為了維護聖統制的延續，許多主教飽受折磨。牧函特別歡迎那些曾經接受自選自聖的官方主教悔改，回到普世教會共融的大家庭，要以愛德接納他們、以信德鼓勵他們，不可以排斥，要努力促成教會的合一。牧函也肯定了 1980 年代以來中國開放後的進步，呼籲政府尊重信仰自由，並為國家的進步繁榮祈禱。

與地下教會形成對比的是：中國官方教會對此盛事無任何舉動，反而在《中國天主教》上高調紀念愛國會成立四十周年，重申獨立自主自辦教會的歷史意義，批評 1949 年以前教廷與殖民主義合作控制中國教會，言辭極具文革特色。這種態度令海外一些教會人士震驚，臺灣耶穌會神學家張春申神父發表〈中國大陸官方教會還能稱為天主教嗎〉[39]，文章開始即強調不針對大陸官方教會任何個人去做判斷，亦瞭解中國教會的複雜狀況，討論的問題僅限於教會生活的結構與制度，不涉及大陸所有具體情況。

張春申從教會訓導與中國官方教會制度比較，強調《教會憲章》中明言教宗對主教及信友是一個永久性、可見的統一中心和基礎。而中國官方教會文件中規定愛國會最高權力機關是中國天主教代表會議，官方組織的主教團要向代表會議負責，代表會議職責為選舉主教團主席、副主席、常委、

---

[39] 張春申，〈中國大陸的官方教會還能稱為天主教（公教）嗎？－對中國大陸官方教會的結構與制度的神學反省〉，《鼎》86 期（1995 年），4~14 頁。

秘書長，顯然與教會訓導衝突，有取代教宗的嫌疑。官方主
教團的運作是否符合梵二會議後共融的原則？在教區層面主
教與所屬主教團關係問題上，按照教會訓導，主教團是一國
或一地區內主教們定期集會、交換意見、爲教會公共利益而
設的機構；而中國官方教會主教團則是審批教區主教選聖，
權力凌駕於主教之上，顛倒了天主教傳統的結構。對於主教
人選的選擇，教會法典明言教宗有權任命主教及批准合法選
舉產生的主教；而中國官方教會制定的選聖原則，是主教出
缺後，教區向教務委員會申請，且必須經當地政府同意。這
種方式是否符合法典？在祝聖過程中，主教要做信德宣誓，
忠於教宗；而中國官方教會祝聖禮儀中刪除與教宗權威有關
的詢問，擅自修改羅馬祝聖禮典的要求，以主教團取代教宗，
這種行爲有違共融及一體的結構與制度層面，與普世教會將
會愈行愈遠。[40] 張春申雖未做出一個肯定的結論，但文章從
教會訓導、法律、制度層面分析中國官方教會的體制，提醒
他們問題所在，不要與普世教會背道而馳。

　　1997 年 8 月 26 日中國天主教愛國會、主教團舉行紀念愛
國會成立四十周年大會，慶典在北京人民大會堂舉行。中國
國務院副總理兼外交部長錢其琛與會並發表演講，錢的演講
與以往官方代表並無太大差異；除了回顧歷史外，值得關注

---

[40] 同上，9~14 頁。另見：張春申，〈有關中國大陸教會的交談〉，
　　《神學論集》113 期（1997 秋），422~430 頁。

的是，錢身兼外長身分，在演說中提及了願意改善中梵關係，前提條件是：「1.梵蒂岡斷絕同臺灣的所謂外交關係，承認中華人民共和國政府是唯一的合法政府；2.梵蒂岡不得以宗教事務為名干涉我國的內部事務。中梵關係首先是國家關係，只有在國家關係改善後才能談宗教問題。無論中梵關係是否改善，中國天主教都將一如既往地高舉愛國主義旗幟，堅持獨立自主自辦教會方針和自選自聖主教，這是我們的原則立場。」[41]

錢其琛的表態與 1980 年代中共對梵蒂岡完全排斥的態度相比有所進步，但除了兩個先決條件外，又特別強調獨立自主自辦教會、自選自聖主教不會改變，意味著即使中梵未來建交，教廷對於中國教會亦無權干預。中國可以接受教廷大使常駐，但絕不會如其他國家一樣發揮其功能，這也是中共的明確態度，無論官方關係進展如何，打造一個由國家操控的教會這一政策不會變更，這也為日後中梵接觸設下底線。

同年 10 月 16 日，國務院新聞辦公室發布〈中國的宗教信仰自由狀況〉白皮書，是 1949 年中共建政以來首次向外界介紹中國宗教狀況及政策的文件。文件共分五部分，分別介紹了五大宗教在中國的歷史及現狀、宗教政策及相關法律法規，在文件第四部分特別強調獨立自主自辦教會原則。在這部描述中，天主教、基督教的過去再度成為「被殖民主義、

帝國主義利用，充當了侵略中國的工具，一些西方傳教士扮演了不光彩的角色」；羅馬教廷被指責為「阻撓和反對中國的反法西斯鬥爭和人民革命」。[42] 文件指出：日本侵佔中國東北後，羅馬教廷率先公開承認日本扶植的偽「滿洲國」，派駐「宗座代表」，採取實際上支持日本侵略中國的立場；抗戰勝利後，一些西方傳教士煽動宗教徒仇視人民革命，甚至組織武裝支持國民黨打內戰；教廷敵視新中國，策劃破壞活動；新中國成立後，數次發出「通諭」，煽動教徒敵視新生的人民政權。[43]

這一白皮書的論調與 1950 年代並無二致，很難想像這是出於 1997 年的文件；其中對於教廷充滿負面意涵的描述，與 8 月份錢其琛在愛國會四十周年大會上講話精神有所倒退。不過這也不足為奇，因為白皮書第四部分結尾處關於中梵關係問題的表述上，與錢的講話如出一轍，顯示中共領導層認為中梵關係的改善並非是主要議題，在教廷尚未屈服於北京條件前，不會達成什麼具體協定。這一原則主導了此後幾屆中國政府在中梵關係問題上的看法。

1998 年 4 月 19 日教廷宣布邀請中國重慶萬縣教區段蔭明主教及徐之玄助理主教參與 5 月在羅馬召開的亞洲主教特別會議。段蔭明主教雖然是未獲教廷認可的官方教會主教團成

---

[42] 〈中國的宗教信仰自由狀況〉，1997 年 10 月 16 日，中國政府網
https://www.gov.cn/zhengce/2005-05/26/content_2615747.htm
[43] 同上。

員，但他是教宗庇護十二世 1949 年任命的主教，是教廷與中國政府雙方認可的主教。消息發布後，中國政府以中梵雙方沒有邦交爲理由，拒絕發放護照給兩位主教，導致兩人無法參與會議。出席會議的華人主教代表有香港教區助理主教陳日君、輔禮主教湯漢、臺灣高雄教區單國璽樞機。教宗若望保祿二世在 5 月 14 日會議閉幕彌撒上，再度向中國信友致意，祈求聖神賜予恩典予中國教會，並爲段、徐兩位主教無法與會深表遺憾。

在亞洲主教會議舉行前，中國天主教愛國會第六屆代表會議在北京舉行，中國國務院宗教事務局局長葉小文代表政府在大會發言。與 1997 年錢其琛在紀念愛國會成立四十周年大會上講話相比，葉的發言除了重申堅持獨立自主自辦教會政策外，首次公開提及地下教會問題。以往中共官方及愛國會都避免提及地下教會的問題，面對外媒提問往往採取否認地下教會存在，宣稱地下教會人士被捕是法律問題，與宗教問題無關。但在愛國會六大上，葉承認地下教會的存在，並提及要轉化地下教會神職問題，首先要採取分化與打擊相結合的政策：「對這些人要反復、耐心、細緻地做說服教育工作，使他們懂得走社會主義道路是中國人民的必然選擇、走獨立自主自辦教會道路是中國天主教教徒的必然選擇。」經過「教育」後仍然拒絕加入愛國會的地下神職人員則要「在教徒中充分揭露其真實面目，不允許他們敗壞中國天主教的

名聲。對他們的犯罪行為，司法部門當然要依法處理。」[44]
官方以往對於地下教會採取了只做不說的政策，這次由宗教
部門主管人員將此問題公開化，顯示中共即將對地下教會採
取新一輪的打擊措施。

1999 年初外媒紛傳中梵談判已有突破，外交關係正常化
似乎近在眼前。教廷國務卿索達諾樞機（Angelo Sodano，
1927~2022）在 2 月 21 日提到此議題時說「我們在臺北的大使
館就是在中國的大使館，如果北京同意的話，我們馬上可以
把它移到北京去，不要說明天，就算今天也可以。」[45] 如此
直白急切的表述，體現了教廷急於實現中梵關係正常化的心
意，但卻給臺灣帶來不小的衝擊。中國之所以有意願與教廷
改善關係，著眼點非為改善國內信仰自由狀況，因為這不符
合中共的意識形態和對國內的政治管控；而主要在於打壓臺
灣國際生存空間，力圖拔除臺灣在歐洲最後的外交據點。基
於此政治目的，中國才在 1990 年代願意和教廷展開談判。

面對這種局面，中國地下教會人士發表了一篇文章，呼
籲教廷代表在談判時要謹慎，不要忽略地下教會的意見。這
篇文章在港臺等地流傳，其內容與 1993 年地下主教團的呼籲
類似，但卻更具體化。文中表示地下教會理解教宗的苦心，
寄望於中梵關係的改善能帶來中國宗教自由的進步、天主教

---

[44] 《聖神光照中國教會》，196 頁。
[45] 陳日君主教，〈若望保祿二世歸天和中梵關係〉，見：
https://www.catholic.org.hk/document/050410zen-c.html

信仰生活的正常化。但現實是：自 1949 年這五十年來教會在中國不斷受到迫害，1980 年代愛國會重組後依然堅持獨立自主自辦教會原則，推動自選自聖主教與教宗對抗，呼籲提醒教廷代表不要幻想建交能帶來宗教自由，因為中國「**是共產黨執政，共產黨領導一切，是一定要插手宗教事務的，歷史是最有力的佐證。**」[46] 縱使中梵建交成功，中國的宗教自由之路仍有漫長的旅程，這是那些從沒生活在中國的洋專家們所不能理解的。這份呼籲書的很多觀點，時至今日仍未過時，任何對於中梵建交抱有不切實際幻想的人，都應該銘記歷史的教訓。

　　相較於外界對於中梵談判抱有的期望，1999 年 8 月 17 日中共中央發布〈關於在新形勢下進一步加強天主教工作的意見〉，針對外界紛傳的中梵建交議題，重申建交不可以損害獨立自主自辦教會原則，當前最主要任務就是在中梵關係正常化前轉化、消滅地下教會，強化天主教愛國會的作用。中央統戰部、宗教局要指導愛國會、主教團工作，確立中國天主教代表會議是中國天主教最高權力機關，有任命、罷免主教的權力。推動教區重組和愛國會神職人員新老過渡，培養年輕愛國會神職人員，重視思想政治教育，確保教會掌握在政治素質夠硬的神職人員手中。

---

[46] 保祿，〈大陸忠貞教會的呼籲〉，《鼎》112 期（1999 年），24 頁。

「要利用中梵關係正常化的契機轉化地下教會，是實現中央戰略決策的重要環節，必須要採取特殊措施，周密部署，確保工作到位，掌握鬥爭主動權。」[47] 但對於轉化成功的地下神職人員，亦不可信任，要警惕這些人藉機掌握權力，排斥愛國會神職人員。對於拒絕轉化的人員，不管梵蒂岡是否承認，中共一律承認其神職身分，對於這類人員要進行長期監視，適時組織外出旅遊學習，加強思想轉化。各城鄉街道、派出所、居委會要發動組織起來，對所轄區域天主教活動予以監視。

縱觀該文件，中共對於可能出現的中梵關係有所突破的局面，做好了周詳細緻的準備，其政策方法可謂與 1950 年代一脈相承。雖然改革開放已經超過二十年，但在意識形態上，尤其是宗教議題上，中共從未改變。這份文件也印證了地下教會領袖們的憂慮，共產黨態度多變，一切承諾皆不可信。正當海外人士期盼著中梵關係會巨大進展之時，主顯節非法祝聖事件給這些人當頭一棒。

八、主顯節事件與 2000 年封聖

2000 年 1 月 6 日主顯節，愛國會在北京宣武門教堂舉行了未經教宗批准的非法祝聖主教事件。由主教團主席南京教區劉元仁主禮，塗世華、雒雋、蔣陶然、郁成才、劉景和、

---

[47] 〈海內外流傳關於中國的八一七文件〉，《鼎》115 期（2000 年），27 頁。

傅鐵山襄禮，祝聖山西長治教區靳道遠神父、河北保定教區
蘇長山神父、河北唐山教區方建平神父、福建閩東教區詹思
祿神父、江蘇南京教區陸新平神父五人位主教，參禮者有來
自各教區神父六十餘人，官方代表有「**中央統戰部二局朱曉
明局長、蔣堅永副局長，國家宗教局王作安副局長、陸峻岐
司長、張憲民副司長，北京市委統戰部周文琦副部長、市宗
教局季文淵、哈景起副局長，江蘇省委統戰部周加才副部
長，山西省委統戰部武維福副部長、省宗教局劉志敏副局
長，河北省委統戰部郭鳳閣副部長，遼寧省宗教局白非局
長，河北、福建、江蘇宗教局的領導同志等近 200 人。**」[48]　參
禮的官方代表人數甚至超過了參禮的信友人數，可見官方對
此事的重視。典禮之後，愛國會又在北京著名全聚德烤鴨店
設宴，宴請各界領導，新祝聖的主教們也表示此次祝聖是「**廿
一世紀中國福傳事業傳出的第一道佳音，是獨立自主自辦教
會造福於中國教會的又一生動的例證。**」[49]

　　在這場表面熱鬧非凡的典禮，背後卻是暗潮湧動，由於
此事件是愛國會一手策劃，在官方教會內部亦有不同意見。
執行禮儀服務的全國修院的部分修士拒絕參禮，被修院開
除，沒有參與禮儀的一些神職也被警告，顯示非法祝聖不得
人心。外界普遍認為愛國會選擇主顯節祝聖主教，具有明顯

---

[48] 李興國，〈五位神父主揀選　榮晉牧職喜空前〉，《中國天主教》，
　　 2000 年 1 期，16 頁。

[49] 同上，16 頁。

向教宗挑釁的意味，同日教宗在羅馬亦祝聖了十二位主教。
中國做法令看好中梵和解的專家們費解。

　　主顯節事件後，梵蒂岡發言人納瓦羅博士（Joaquin
Navarro-Valls，1936~2017）表示教廷對此深感失望；正值聖座與
北京關係正常化大有希望之際，此行動成為妨礙和解進程的
阻礙。香港教區陳日君助理主教認為，非法祝聖事件顯示中
國沒有誠意與梵蒂岡達成協議。湯漢輔禮主教也表示，對此
事件感到非常傷痛，五位新主教應該明白他們不應該接受祝
聖。海外華人教會團體也對非法祝聖表示失望和難以理解，
因為教宗在 1999 年〈聖言成了血肉〉公函中特別提及在即將
來臨的禧年中，給予中國信友特殊祝福，邀請在聖年裡彼此
修和，中國的信友要「要做有利於你們國家的『醞釀善良』
的酵母，要做天主許諾給所有人的救恩的『記號和工具』，
要邀請你們周圍的人們聆聽並相信這大禧年的喜訊：為你們
誕生了一位救世者！」[50] 中梵關係一度改善的希望，在主顯
節祝聖事件後再度破滅。

　　主曆 2000 年是教宗欽定的禧年和新千年的開始，在禧年
的初始，主顯節事件為中國教會蒙上了一層陰影，其後發生
的封聖事件更將教會推至風口浪尖。2000 年 3 月 10 日教宗若
望保祿二世在御前會議上宣布：將冊封 120 位中華殉道真福

---

[50] 教宗若望保祿二世，《聖言成為血肉》，1999 年 12 月 8 日，梵
　　蒂岡電臺，《教宗致中國教會集》。

為聖人（120 位亦包括在教難中殉道的 34 位外籍傳教士）。此前「一九零零年五月廿七日，良十三世教宗首度冊封七十七位中華殉道為真福，其中有九位是中國人；一九零九年五月二日，聖比約十世教宗又冊封三十四位中國殉道者為真福，其中十二位是中國人；一九四六年十一月廿四日，比約十二世教宗冊封廿九位中國殉道真福，其中十四位中國人；一九五五年四月十七日，比約十二世再次冊封五十六位中國殉道者為真福，其中五十二位是中國人。」[51]

　　這次封聖實屬不易，臺灣主教們早在 1985 年前往羅馬述職過程中，即請求教宗早日為中華殉道真福封聖，但教廷國務院出於外交考量，認為此舉將會觸怒中共，故對此建議表示：中國大陸教會完全自由前，不考慮封聖事宜。1996 年單國璽樞機在羅馬開會期間再次致信教宗，批評國務院以政治理由一再推遲中華殉道者封聖進程，此種做法猶如讓中華殉道真福在羅馬再次殉道，他向教宗提出三個建議：「1. 一百廿位殉道真福於 2000 年一同封聖。2. 免除調查程式，因為從前宣福前已經做過。3. 至於奇蹟的需要，中國信友在半個多世紀的迫害中仍能保持信仰，忠於基督和他在世的代表，就是藉著中華殉道真福的英勇榜樣和代禱所顯現的一大奇

---

[51] 〈中華殉道聖人有多少，都是些誰？〉，梵蒂岡電臺：
http://www.radiovaticana.va/proxy/cinesegb/notiziario/notizie03/not03-18.html

蹟。」[52] 單樞機的信打動了教宗，促使他決定冊封中華殉道真福為聖人。教廷在 3 月 11 日宣布將舉行冊封大典，亦是觀察中方有何反應以作因應；奇怪的是，不論中國政府或愛國會方面，對此事均保持沉默，使得教廷認為中國官方雖然不滿，但可能低調處理，降低該事件的關注度。

教廷選擇在 10 月 1 日聖女小德蘭瞻禮紀念日在伯多祿廣場舉行冊封典禮，場面隆重熱烈。教宗在講道中列舉數位殉道聖人的事蹟，並向全體中華信友致意。

> 我衷心問候聚集在這裡向中國殉道者致敬的信友們，特別是出生在中國的信友們，他們破天荒第一次看到屬於他們民族的殉道者被宣布為聖人。同樣，我也向在中國的全體天主教徒問好。我知道你們在精神上與我們結合在一起。我相信你們都知道，這為整個教會和為在中國的天主教徒團體是一個天主賜恩的特殊時刻。我願意再次告訴你們，我每天在為你們祈禱。願殉道聖人安慰和支持你們。你們也在像他們一樣，勇敢、慷慨地為你們對基督的忠貞和對你們民族的真正的愛作證。[53]

在場參禮的華人教友無不為教宗褒揚中華殉道聖人的講

---

[52] 房志榮，〈兩岸熱切懷念教宗若望保祿二世〉，《神學論集》144 期（2005 夏），177 頁。

[53] 教宗若望保祿二世，〈一百二十位中華致命真福列聖品彌撒講道詞〉，2000，梵蒂岡電臺：http://www.radiovaticana.va/cinesebig5/pont-acta/papacina/17omeliacanoniz.html。

道所感動，認爲是天主給予中華民族特殊的祝福，殉道者的芳表將激勵中國信友堅持信仰、忠於基督的決心與勇氣。

　　教廷沒有預料到這場意在褒揚中華教會的善舉，竟引來中國方面的強烈反彈。在典禮舉行前夕，中國天主教愛國會、主教團發表聲明，認爲在 10 月 1 日中國國慶日舉行封聖典禮是嚴重傷害中國人民感情，企圖藉「封聖」歪曲和篡改歷史。聲明批評封聖未履行規定的程序，向冊封者所在地的主教和中國主教團徵詢意見，也沒有到當地進行調查核實，「反而由所謂的『臺灣地區主教團』越俎代庖。這種無視中國教會主權，草率行事的做法令人震驚。」[54] 批評殉道聖人中「有些人充當了帝國主義侵略中國的幫兇，對中國人民犯下嚴重罪行。他們的一些追隨者也並不是爲信仰而犧牲的殉道者。歷史上，由於帝國主義利用天主教、基督教爲本國的政治利益服務，一些外國傳教士依仗不平等條約胡作非爲，引發大小教案 1500 餘起，大量中國民眾因此喪失生命，一些中國天主教徒也成爲無辜的犧牲品，這些歷史的創傷至今仍淤積在中國人民和中國教會的心中。『封聖』一事暴露了教廷中有一些人藉『封聖』歪曲和篡改歷史，企圖重新控制中國天主教會，鼓動教徒對抗政府、無視法律；反對社會主義制度，利用宗教問題干涉中國內政的圖謀。這不僅是向中國政府的

---

[54] 中國天主教愛國會、中國天主教主教團，〈關於梵蒂岡無視中國教會主權擬冊封所謂聖人的聲明〉，《中國天主教》2000 年反封聖增刊，1 頁。

挑戰，也是向 400 萬中國天主教徒良心的挑戰，更是向 12 億中國人民感情的挑戰。」[55] 批判的語言逐步升級，上升至對整個中國人民的傷害，這種扣帽子的手法，在文革結束後已經消失多年，難以想像它再度出現在即將跨入新世紀的門檻。中國外交部在 10 月 1 日發表聲明，「對梵蒂岡於 10 月 1 日舉行封聖儀式把曾經在中國犯下醜惡罪行的一些外國傳教士及其追隨者冊封爲『聖人』，表達了極大憤慨和強烈抗議。」[56]

中國天主教愛國會、主教團舉行座談會，譴責封聖事件。愛國會主席傅鐵山說：「這是一起嚴重傷害中國人民民族感情、侵犯中國天主教主權的政治圖謀。教廷與臺灣地方天主教會共同策劃的『封聖』，無視教會明確的文獻規定，無視中國天主教的主權，將本來屬於嚴肅而純潔的宗教活動，變成了一場政治鬧劇。」[57] 愛國會副主席塗世華表示，封聖是「臺灣教會的某些敵視新中國及其教會的人冒名頂替；甚至把這場褻瀆基督福音精神，爲殖民主義擴張和帝國主義侵略翻案的醜劇，安排在我慶祝國慶的十月一日。這種作法完全

---

[55] 〈國家宗教局發言人關於梵蒂岡「封聖」問題的談話〉，《人民日報》，2000 年 10 月 2 日。

[56] 〈外交部發表聲明強烈抗議梵蒂岡「封聖」〉，《人民日報》，2000 年 10 月 2 日。

[57] 傅鐵山，〈在中國天主教愛國會、主教團舉行反對梵蒂岡「封聖」活動座談會上的講話〉，《中國天主教》2000 年反封聖增刊，9 頁。

是在向我中國人民和我愛國愛教的中國教會挑釁。爲了維護祖國的尊嚴和主權，以及福傳的純潔性和前途，我們中國天主教與全體人民站在一起，堅決反對羅馬教廷所策劃的這一封聖陰謀活動。」[58] 中國官方教會領袖的言論配合外交部的表態，對於教廷口誅筆伐，尤其是推動封聖的臺灣教會更是強力批判，曾經視爲手足同胞的臺灣教會主教們一夕之間成爲反華分子，昔日告臺灣書中的溫情喊話，血脈相連的基督神昆們，轉瞬即爲不共戴天的階級敵人，變臉速度之快令人震驚，側面證明了官方教會的工具性質及政治本質。

除了教會內部的批鬥，中共亦組織全國各宗教團體座談會，聲援中國天主教愛國會行動。基督教三自愛國運動委員會發布聲明：「堅決支持中國天主教的神職人員及教友們，維護國家利益、維護民族尊嚴的嚴正聲明，堅決和他們站在一起，反對梵蒂岡的倒行逆施和歪曲歷史的『封聖』行徑。」[59] 中國佛教協會、中國伊斯蘭教協會和中國道教協會亦分別舉行座談會，一致表示堅決擁護我外交部聲明和國家宗教局發言人的談話，嚴厲譴責梵蒂岡利用宗教問題干涉中國內政的圖謀，並對我國天主教會的愛國行動表示聲援。[60] 10 月 5

---

[58] 塗世華，〈羅馬教廷何以要爲所謂「中華殉教者」封聖〉，《中國天主教》2000 年反封聖增刊，13 頁。

[59] 〈中國基督教三自愛國運動委員會中國基督教協會發表聲明〉，《人民日報》，2000 年 9 月 28 日。

[60] 〈我國佛教道教伊斯蘭教全國性團體分別舉行座談會，強烈反對梵蒂岡藉「聖」搞反華活動行徑〉，《人民日報》，2000 年 10

日各學術單位奉命組織研討會，以學術研究名義來批判天主
教會，中國人民大學、北京大學、北京師範大學、中國社會
科學院、中國青年政治學院以及中國宗教雜誌社等機構的專
家學者 20 多人參加座談，與會學者指出：「在歷次教案中被
殺的傳教士，如馬賴、郭西德、劉方濟等，都惡貫滿盈、劣
跡斑斑，至今仍遭到中國當地人民唾棄。而羅馬教廷不顧中
國人民的強烈反對，把這些傳教士封爲『聖人』，這充分暴
露了他們藉宗教搞政治的企圖和一貫反共反華的立場，是公
開干涉我國內政、對我國教會主權的肆意踐踏，和對十二億
中國人民的嚴重挑釁。」[61]

在官方報導中沒有提及具體學者姓名，但從發言內容
看，並不是一場眞正意義上的學術討論。在近代中國發生的
教難，固然有著列強干預的背景，當時傳教士受制於時代，
其行爲也並非完美無缺，這本來都是可以討論的議題，教會
自己也經常反省那一時期的利弊。但遺憾的是，這場所謂的
學術研討會是爲了特定政治目的而設，沒能從歷史角度予以
分析，明知是冤案（如馬賴事件[62]），不予澄清反以既定立場去

月 4 日。

[61] 〈我國史學、宗教學專家在京座談 揭露梵蒂岡利用「封聖」搞反
華〉，北京《新華網》，2000 年 10 月 5 日。

[62] 巴黎外方傳教會司鐸，本名應爲馬頓神父，在廣西西林教難中
被殺害，當地仇教官員將本地悍匪馬子農事蹟加諸於馬神父身
上。此案件在當年即被兩廣總督葉名琛發現糾正，史料記載詳
實。縱然如此，中共官方依然沿用當年錯誤資訊指控馬神父爲

操作，這對秉持學術良知的學者而言不啻是一種羞辱。

全國各地愛國會組織主教們發起座談研討：「上海、福建、北京、天津、河北、唐山、江蘇、南京、遼寧、吉林、黑龍江、山東、河南、內蒙、安徽、浙江、江西、山西、陝西、湖北、湖南、四川、重慶、成都、雲南、廣西、廣東、海南、貴州、甘肅、青海、西寧等省〔市、區〕、市『兩會』、教區及一些縣級教會團體發來的傳真、電報、函件。各地神長教友一致表示堅決擁護和支持全國『一會一團』有關嚴正聲明。」[63]

全國各地官方教會主教都要進行政治表態，批判教宗。面對鋪天蓋地的圍剿，地下教會主教們多數被拘押並被警告不得發表與官方相悖的言論。雖然官方氣勢洶洶，但封聖對於信友來講依然是一件喜事，他們認為天堂上多了為中華教會代禱的聖人，中國教會定能克服磨難，向前發展。

香港教區陳日君助理主教在接受《明報》專訪時，捍衛教廷封聖，他反駁了中共官媒對於殉道聖人是暴徒的指控：「這些宣聖的物件，在列入真福品前早已經過非常嚴格的調查，教會法庭設有專員，徹底尋找反面的證據（所謂『魔鬼的律

暴徒。

[63] 〈全國各省市「兩會」教區神長教友堅決擁護全國天主教「一會一團」，就梵蒂岡無視中國教會主權擬冊封所謂聖人發表的嚴正聲明〉，《中國天主教》2000年反封聖增刊，3頁。

師』），如有人犯了『滔天罪行』，絕不可能漏網。」[64] 批評
中共最近發起的批判運動，強迫眾人表態，「使人想起人民
共和國初期的一些『運動』，甚至聯想到文化大革命。我們
還以爲這類『運動』已成了歷史，想不到在這所謂『開放的
年代』，在這期待進入世貿的時刻，還能有這樣的情景發
生。」[65] 陳主教表示，中共官方指責封聖是由臺灣主教團一
手包辦，也不符合事實：「申請教廷宣聖的也有港、澳及海
外的主教，更有四十位大陸主教（地上、地下都有）。至於調查
工作絕不是臺灣主教辦的，那是教廷專責部門擔任的。」中
央駐港聯絡辦公室透過管道向香港教區施壓，要求低調慶祝
封聖事件，但陳主教表示：「我們會毫無政治意向地慶祝這
件宗教盛事。感謝上主藉傳教士的辛勞和犧牲，把福音的喜
訊賜給了我們，也感謝祂在我們同胞中選拔了八十七位烈
士，作爲普世信徒的表率；求祂給我們勇氣，誓死不違背自
己的良心，忠誠維護自己的信仰！」[66] 陳主教的表態，不僅
代表了海外忠於信仰的華人信友的心聲，亦是中國大陸數百
萬沉默信友的心聲，他們雖然處於惡劣的環境無法自由表達
心意，但內心卻與普世教會一樣喜悅，慶祝中華殉道諸聖被
光榮的那一刻。

---

[64] 陳日君，〈我們還以爲這類「運動」已成歷史〉，《明報專訊》
2000 年 10 月 4 日。

[65] 同上。

[66] 同上。

　　2000 年的封聖事件是中梵關係的一個轉捩點，雙方關係
由此前一度有望出現重大突破到跌落至谷底，頗令一些教會
專家們困惑與遺憾。該事件也暴露出教廷對於中國這個談判
對象瞭解程度尚需加強，不能以和正常國家交往的方法來處
理對華事務。透過該事件處理方式，也可見到縱使在新世紀
的開端，中共對於宗教的意識形態依然保持傳統觀點，「人
民的鴉片」這一觀念根深蒂固，階級鬥爭雖然已不常出現在
日常的宣傳中，但在官方的頭腦中，階級鬥爭依然是長期存
在，還要「天天講，月月講，年年講」要與政權相始終。

結　語

　　廿世紀下半頁的中華教會歷史跌宕起伏，其面臨的挑戰與苦難不容遺忘。天主教會在華的境遇是自百年禁教以來，最爲複雜的一個時期。與以往歷代王朝不同的是，教會此時面臨著一個崇奉無神論的政黨所建立的政權，這一政權建立起以黨統政，高度集權的政治體系，一切都要在黨的完全掌控下。宗教團體本就是執政黨懷疑的對象，天主教因其特殊的背景更是被政權視爲潛在的威脅，進行了多層次的監督改造。教會在這此過程中曾有過抗爭，也曾試想與政權妥協，但由於意識形態的根本對立，雙方終究難以取得互信。

　　隨著天主教愛國會的設立，天主教會在外部政治勢力的介入下，出現了分裂。政治組織建立的工具劫持了官方教會，堅持信仰原則的神職與信友組建了地下教會。中國教會的分裂是一場悲劇，他不僅弱化了教會爲福音作證的力量，也讓外界對於中國教會產生了不必要的誤解。兩個團體之間的對話與修和在若望保祿二世時期有所進展，但長久的分裂及政治教育的作用，在教會中出現了一批爲維護自身利益而抗拒合一的力量。近些年來，隨著政治改造的深入，部分官方教會領袖的言論及行爲日漸超出信仰的範圍，成爲政府在教會

內部的代言人，這種狀況近年來尤爲明顯，爲日後教會的合一是嚴重的障礙。

自改革開放以來，部分外籍教會人士得以重返中國。中國的信友理解他們渴望幫助中國教會的熱切心情，也對歷史上在華耕耘過的外籍傳教士們深感敬佩。但部分重新來華的外籍傳教士，缺乏對中國政治與社會的深入瞭解，以爲能夠講一口流利的中文即是中國問題專家，他們的一些作爲非但沒有起到彌合裂痕的作用，反而引起了新的紛爭，實在令人遺憾。

希望對這五十年歷史的反省（1949~2000）能夠讓我們從中領會到經驗教訓，不要沉迷於外交成果帶來的一時成功，適時地放慢一下腳步，聆聽聖神的引導，要相信「時間屬於祂，歷史屬於祂，光榮和權能也歸於祂，直到永遠」。

附錄一

1949~2000 中國教會史大事年表

1949 年	國民政府在內戰中敗北，中共於 10 月 1 日建立中華人民共和國。
1950 年	基督教領袖吳耀宗發表《三自宣言》，展開三自愛國運動。四川廣元天主堂神父王良佐發表《天主教自立革新運動宣言》。
1951 年	中共以反對三自愛國運動為由驅逐教廷駐華公使黎培理總主教。開始大規模驅逐外籍傳教士，將教會經營的教育慈善醫療機構收歸國有。天津等地開始打擊聖母軍。
1952 年	教宗庇護十二世發表《開端，我們切願聲明》公函（*Cupimus Imprimis*），反對三自運動。國籍神父大量被拘押。
1953 年	韓戰（朝鮮戰爭）停戰，中國大量教區由於主教被驅逐，陷入動盪之中。
1954 年	教宗庇護十二世發表《致中華人民的通諭》（*Ad Sinarum gentem*），鼓勵中國信友堅定信仰，抵制違反信仰原則的三自運動。
1955 年	9 月 8 日中共上海當局拘捕龔品梅主教及二十餘位神父、信友三百餘人，上海市軍管會宣布取締聖母軍，全國各地掀起取締聖母軍運動，大批教會領袖被拘押。

1956 年	中共推出百花齊放、百家爭鳴方針，鼓勵社會各界向中共提意見。一些被捕信友被釋放。
1957 年	中共發起反右運動，很多在爭鳴期間向共產黨提意見的人士被打成右派，一些天主教三自革新運動領袖被劃爲右派。6 月 17 日全國天主教代表在北京集會，宣布成立天主教友愛國會，推舉瀋陽總主教皮漱石爲首任主席。
1958 年	中共開始大躍進，人民公社化運動。4 月 13 日武昌漢口舉行首次自選自聖主教活動，武昌袁文華、漢口董光清成爲首批自選自聖主教。6 月 29 日教宗庇護十二世發布《宗徒之長》通諭（*Ad Apostolorum principis*），譴責愛國會宗旨爲反教會、反教宗，是鼓吹分裂的政治團體，未經教宗許可的主教祝聖違反法典，要受自科絕罰處置。各地發起獻堂獻廟運動，大量教產被迫捐獻國家。
1960 年	由於大躍進及其他錯誤的政策，中國出現大饑荒。上海市法院宣布龔品梅反革命集團案件，龔品梅主教被判處無期徒刑。曾任天主教教務協進會秘書長的美籍華理柱主教被判處有期徒刑二十年。
1961 年	教宗若望廿三世任命羅馬傳信大學秘書長杜寶晉神父爲臺灣新竹教區主教，杜主教祖籍河北趙縣，臺灣成爲接受大量被逐外籍傳教士落腳之地。
1962 年	天主教愛國會第二屆大會在北京召開。
1964 年	中國開始四清運動，各地愛國會領袖開始配合政府工作隊下鄉，勸說教友背教。浙江平陽縣、山西洪洞縣被選爲消滅基督教天主教試點地區，全國開始打造無宗教縣活動。
1965 年	教宗保祿六世出訪紐約，參加聯合國成立廿周年慶典，在

	大會上發表演講。同年教宗亦致信中國，希望能派遣一位主教出席梵蒂岡第二屆大公會議閉幕式，遭中共回絕。
1966 年	毛澤東發動文化大革命，紅衛兵以破四舊名義，衝擊文化建築、宗教場所。一切宗教被禁止，神職人員被打成牛鬼蛇神。北京紅衛兵衝擊由瑪利亞方濟各會修女主持的聖心國際學校，批鬥修女。
1967 年	主顯節教宗保祿六世發起為中國祈禱，6 月 12 日教廷任命徐成斌神父為香港教區輔禮主教，為香港首位華人主教。
1968 年	中共《紅旗》雜誌批判蘇聯支持各宗教聯合祈禱行動，稱蘇聯此舉是對馬列主義的背叛。
1969 年	教宗保祿六世宣布擢升于斌總主教為樞機，是繼田耕莘之後第二位華人樞機。中蘇爆發珍寶島事件。
1970 年	中蘇關係惡化，中美關係走向改善。1949 年獲教宗庇護十二世委任的山西汾陽教區雷震霞主教被中共處決。雷主教自 1955 年被中共逮捕，判刑二十年，文革爆發後，尚在獄中的雷主教被中共指控在監獄中裡通外國，陰謀暴動，1970 年 2 月 26 日執行槍決。一同遇難的還有山西太原教區代理主教郝鼐、山西榆次教區王世偉神父。三人遇害事件在文革後也未有平反。7 月中共無預警宣布釋放美籍華理柱主教（James Edward Walsh）；12 月 4 日教宗保祿六世訪問香港。
1971 年	中共開放北京宣武門教堂給駐京外交官使用，義中經濟文化協會主席 Vittorius Colombo 於 11 月訪華，在北京參與彌撒。次年，美國總統尼克森訪華。

1974 年	毛澤東發起批林批孔運動，矛頭指向總理周恩來。亞洲主教團第一屆全體會議在臺灣舉行。
1975 年	鄧小平出任國務院副總理，支持中央日常工作。教廷委任胡振中神父爲香港教區主教。4 月 5 日蔣介石在臺灣去世。教廷傳信部長羅西樞機（Agnelo Rossi）訪問臺灣。
1976 年	周恩來、朱德、毛澤東相繼去世；10 月華國鋒、葉劍英等人發動政變，拘捕四人幫，文革結束。
1978 年	中共召開十一屆三中全會，宣布今後以經濟建設爲主要任務，開始平反文革以來冤假錯案。中國宗教學會宣布成立，被平反的宗教界人士開始參加政協會議。8 月 6 日教宗保祿六世去世；傳信部頒布權力下放通知給大陸教會。
1979 年	文革中被摧毀的統戰部、宗教局重組。大中城市教堂開始逐步開放。傅鐵山被祝聖爲北京教區主教，是文革後首位自選自聖主教。
1980 年	中國天主教愛國會第三屆代表大會在京召開，選舉宗懷德爲主席。教廷兩位樞機訪華。
1981 年	教宗若望保祿二世宣布任命鄧以明爲廣州教區總主教，引起中國政府及愛國會抗議。11 月上海四位神父因與教廷保持聯絡被逮捕。保定教區范學淹主教秘密祝聖三位主教，事後獲得教宗許可並賦予特權，爲地下教會祝聖主教提供了便利。
1982 年	主顯節教宗若望保祿二世致函全球主教，呼籲爲中國教會祈禱。中共發布〈十九號文件〉，闡述宗教政策。
1983 年	全國修院在北京設立，隸屬於愛國會與主教團。保定教區范學淹主教再度被捕，判處有期徒刑十年。

1984 年	教宗接見臺灣主教，呼籲海外華人承擔橋樑教會的使命。菲律賓馬尼拉總主教海梅辛樞機訪華。
1985 年	印度仁愛會創始人德蘭修女訪華，北京昔日主教座堂北堂歸還教會。香港胡振中主教訪問大陸，是 1949 年後首位訪問大陸的香港主教。被監禁三十年的龔品梅主教獲釋，由上海天主教愛國會監管。
1986 年	中國官方教會組團訪問美國，是 1949 年以來首次。愛國會四大在北京召開。
1987 年	中國天主教愛國會在北京慶祝成立三十周年。10 月中共召開十三大，趙紫陽出任總書記。
1988 年	龔品梅主教赴美，教宗宣布擢升香港教區胡振中主教爲樞機。甘肅平涼教區馬驥主教發表《我的聲明》，宣布退出愛國會。
1989 年	中共發布〈三號文件〉，加強對天主教管控。河北省石家庄欒城縣油通村教友抗議政府拒絕歸還教產，發生衝突，引起官方強力鎮壓，造成兩名教友死亡、百餘人受傷。4 月中共前總書記胡耀邦去世，引發學潮抗議運動；如何處理學潮，中共黨內產生了不同意見，最後主張鎮壓的元老派獲勝，反對武力鎮壓的總書記趙紫陽被迫下臺，學運以流血收場，史稱六四天安門事件。中國武力鎮壓引起了全世界的譴責與抗議，國際形象一落千丈。11 月地下主教們在陝西三原教區張二冊村集會，宣布成立忠於教宗的主教團。
1990 年	全國宗教會議在北京召開；河北地下教會二十多位神父四位主教被捕。

1991 年	中共中央發布〈六號文件〉，強調重視宗教工作，警惕境外勢力滲透。龔品梅主教前往羅馬接受樞機榮冠，教宗早在 1979 年即以決定擢升其為樞機，但由於當時龔主教尚在獄中，故默存於心。
1992 年	中國天主教愛國會召開第六屆代表大會。中國地下教會領袖保定教區范學淹主教去世。
1993 年	教宗若望保祿二世訪問利瑪竇神父家鄉，表達訪華意願。教廷正義和平委員會主席艾切卡雷樞機（Roger Etchegaray）訪華。德國本篤會在吉林省政府批准下於梅河口市投資建立一所綜合性醫院，初期有修女駐院服務。醫院建成數年後，被收歸國有，修女被逐。
1994 年	中國國務院公布《中華人民共和國境內外國人宗教活動管理規定》及《宗教活動場所管理條例》。中國宗教界和平委員會成立。中國地下教會主教團致函亞洲主教團協會主席日本橫濱教區主教濱尾文郎，申請加入亞洲主教團協會。
1995 年	教宗若望保祿二世出訪菲律賓，參加在馬尼拉舉行的世界青年節，向中國信友致意；中國官方教會首次組團參加世青節，因國旗事件退出大會，未參與教宗彌撒。
1996 年	教宗若望保祿二世在聖三主日，冊封十九世紀在華殉道的法國遣使會司鐸董文學為聖人。
1997 年	多位地下教會主教被捕，包括河北保定教區蘇志民主教、江西余江教區曾景牧主教、上海教區范忠良正權主教。香港回歸中國。中國國務院新聞辦公室發布《中國宗教信仰自由狀況》白皮書。

1998 年	教宗若望保祿二世在年初接見外交使團時，表示願意與中國建立外交關係。教宗宣布擢升臺灣高雄教區主教單國璽為樞機。教宗於 4 月 19 日宣布邀請兩位中國主教（萬縣教區段蔭明主教及助理主教徐之玄）參加 5 月份在羅馬舉行的亞洲主教特別會議，中國政府拒絕為兩位主教發放護照。中國愛國會第六屆代表大會在北京召開。
1999 年	中國國家主席江澤民出訪義大利，外界盛傳中梵即將建交。中共發布內部文件，強調加強對天主教管理，轉化地下教會。中國開始全面打擊法輪功。
2000 年	主顯節，愛國會組織未經教宗許可的非法祝聖，有五人被祝聖為主教。10 月 1 日，教宗主持封聖大典，冊封 120 位中華殉道諸聖，引發中國方面強烈反彈，天主教愛國會組織座談會批判教宗，在官方組織下各界響應支援批判教廷封聖。

附錄二

中央關於天主教、基督教問題的指示（1950）

各中央局、分局，並轉各省、市委，各軍區黨委：

　　一、我國的天主教、基督教一方面是宗教問題；另一方面在長時期中又被帝國主義用爲對我國進行文化侵略的工具，其一部分組織又被帝國主義用爲進行間諜活動的機關。兩個宗教在我國都辦有教堂、學校、醫院，及其他文化事業及救濟事業機關，都受外國津貼，都有大量外國教士佔據領導地位。全國天主教教士（依靠宗教爲生的神父、修女、修士等）中，外國人幾占半數（12000人中占5500人），基督教教士中外國人占17%（10000人中1700人）。天主教在組織上是統一的，屬羅馬梵蒂岡教皇所管；基督教則組織上不統一，分成許多派系。天主教，活動比較注重鄉村，並有大量土地；基督教則比較注重城市，並有青年會女青年會爲其週邊團體。

　　二、馬克思主義者是徹底的無神論者，認爲宗教有害於人民的覺悟，但是馬克思主義者對待群眾性的宗教問題，從來是當作一種有歷史必然性的社會問題和群眾問題來處理，從來是反對單純依靠行政命令的簡單急躁辦法的。根據解放前的統計，中國天主教徒約三百萬人，80%左右在農村；基督教徒七十萬人，70%左右在農村。農村中的教徒，絕大多數是貧苦農民；城市中的教徒，絕大部分是貧苦市民、工人、小販等。教徒中婦女幾及一半。其中很多人信教很深。如果不採取愼重步驟，不但不能使廣大教徒從帝國主義影響下解放出來，而且還會使他們對我們發生極大反感和敵意，中帝國

主義之計。此外，這兩宗教在世界多數國家都有很多信徒，如果我們所採步驟不適當，還會被帝國主義用來造成外國教徒群眾的惡感。因此，我們對待目前中國的天主教、基督教，應當不幫助他們的發展，並反對其中的帝國主義影響，同時堅持保護信教自由，並在其中擴大愛國主義的影響，使天主教、基督教由帝國主義的工具變為中國人自己的宗教事業。

三、新民主主義革命的勝利，使我國天主教、基督教中的帝國主義影響受到嚴重打擊。在土改已經完成的地區，廣大人民反對作為帝國主義侵略工具的天主教、基督教，一部分教徒也已不再信教。但帝國主義者，由於政治的、經濟的侵略已告失敗，正在力圖保持他們在教會中的影響，經過教會來保持在我國的帝國主義影響，和加緊進行間諜活動。帝國主義的這種陰謀，是完全違反我們民族與人民的利益的，是我們所必須反對的。

四、為了把作為帝國主義侵略工具的教會，變為中國人自己辦的宗教事業，需要進行一系列艱苦的複雜的工作。我們現在的任務，不是進行群眾的反宗教運動，而是領導人民大眾，堅決實現共同綱領，實現土地改革，爭取財政經濟的根本好轉，廣泛進行唯物主義與科學知識的宣傳，來逐漸縮小宗教的市場；同時，在天主教、基督教內部，利用各種機會，和經過有愛國心的教徒，向其進行愛國主義的宣傳，揭露帝國主義文化侵略與間諜活動的陰謀，領導和支持其中的愛國份子，團結虔信的教徒的大多數，反對仍與帝國主義勾結的反動份子，有步驟地實現教會擺脫帝國主義影響和經濟關係，把教會變為由中國人自治、自傳、自養的宗教事業。對於教會中進行破壞活動與間諜活動的特務份子，不論是外國或中國人，均須依照共同綱領第七條堅決懲處，但在懲處這些特務份子時，不要

牽連整個教會、教堂或教會學校等，而要把那裡的教徒的大多數也團結到愛國主義的旗幟下，一同反對帝國主義和特務份子。

五、在上述基本方針之下，我們正鼓勵基督教中有愛國心的份子吳耀宗等，簽名發表宣言，號召以逐漸脫離帝國主義的影響與經濟關係，實行自治、自傳、自養為教會今後的目標。對於這個簽名運動，各地的黨政機關和人民團體應從旁予以適當的贊助，經過適當關係，組織有愛國心的教徒，簽名回應，並在教徒中進行宣傳。但在勢力更大的天主教中，現在尚未發起此種運動，望各地注意團結天主教中有愛國心的份子，以求在適當時期發起同一運動。所有這些宣傳運動，一概不得採取強迫命令辦法，尤其不可由教外的人包辦代替。

六、關於教會工作的一些具體問題，望依照下列原則處理，在處理這些問題時，如有必要，可由大行政區省市協商委員會出面，召集當地教會的中國負責人座談。

1、關於傳教問題：共同綱領第五條規定人民有宗教信仰自由，即有信仰宗教之自由，也有反對宗教之自由。人民政府忠實遵守共同綱領，保證此種自由。但宗教的與反宗教的宣傳，則涉及社會秩序之安定問題。為了社會秩序之安定，教會不在教堂以外傳教，同時其他團體也不到教堂內進行反宗教宣傳。為了同樣理由，教會在進行土改的地區應暫停活動。教會方面可以出版宣傳一般教義的書刊，但其內容不得違反共同綱領。以前教會方面曾有藉宣傳宗教為名出版污蔑人民民主之書刊（例如天主教上海教區在解放前以「現代問題研究社」名義所出版的《國家與世界大同》等），教會方面應自動銷毀。如再有發現，政府將予以查禁並處分其出版者，決不寬貸。

2、關於教會學校、醫院及救濟機關：這些機關，在遵守共同綱

領及政府法令條件之下，應視爲私營事業，政府本公私兼顧原則，一視同仁。教會學校應遵政府法令設政治課爲必修課，同時在教會辦的高等學校中亦得設宗教課爲選修課。教會學校內不舉行宣傳宗教的或反對宗教的展覽會、群衆集會等。教徒學生與非教徒學生在信仰問題上不應互相攻訐，甚至有侵犯人格之行爲，應當團結起來，一致反對帝國主義和特務份子。

　　3、關於房屋等糾紛問題：在軍事時間，政府所徵用或借用的教會房屋，根據中央人民政府內務部今年一月指示，在地方上以協商方法處理，必要時得訂立合同，一方面不得強迫佔用，一方面不應空著寬裕房子不許借用。

　　七、對於黨員的信教者，首先應該加強黨的教育，不必令其一律退教。應該選擇若干忠實可靠的黨員，使其繼續留在教內擔任在教徒中的工作，以便取得領導地位，其黨籍在必要時可以保持秘密。但經過教育後仍將宗教利益放在黨的利益之上，不能遵守黨的紀律的信教黨員，則應告其退黨。此外，在天主教、基督教勢力很大的地方，各縣市委應挑選少數秘密黨員按正常方法信教，以求瞭解其內部情況，並逐步取得地位。對於教徒中進步份子，亦應教育他們不要脫離教徒群衆，不要減弱而要加強他們在教會中的地位。[1]

　　八、關於各地天主教、基督教的情況、動態及發生的問題與我方所採取的處理辦法，須經常報告中央。對天主教、基督教採取的重要措施，須得中央批准。

中央八月十九日

---

[1]　第七點關於潛伏在宗教團體中秘密黨員的部分，在中央文獻出版社 1992 年出版的《建國以來重要文獻選編》第一冊中被刪除，此處依據 1958 年中央統戰部出版的《統戰政策文件彙編》補充。

附錄三

教宗譴責愛國會《宗徒之長》通諭（1958.06.29）

致 服膺

宗座之中國總主教、主教，及各教區首長、神父與諸教友。

教宗庇護第十二祝

可敬的諸位神昆暨可愛的神子們安泰，及宗座遐福！

教會對華所懷希望

在宗徒之長的陵墓旁，在莊嚴的梵蒂岡大殿內，卅二年前，不朽的前任教宗庇護第十一，親自祝聖了「中華主教中之先薦之果」[1]，授與了他們司鐸的全權。當時典禮隆重，教宗情動於心，曾向他們說：「可敬的神昆！你們來朝見了伯多祿，你們於今從伯多祿領受了權杖，你們拿著這枝權杖，去為傳教奔波，去為收集羊群。伯多祿今天親熱地擁抱了你們，他對你們的同胞宣傳福音真理，抱著很大的希望」[2]。

可敬的神昆，可愛的神子們！在你們本國眼前多難的時期中，前任教宗所說的話，餘音尤繚繞在我們心中。當日偉大的前任教宗所說的希望，於今並未成空，並未消散。在第一批中華主教之後，伯多祿藉著自己的繼任者，又委派了大批的主教和福音使者，以治

---

[1] A.A.S.XVIII（1926），p.432.

[2] Ibid.

理天主所喜愛的這些羊群。他們的傳教事業，雖在連年的困苦艱難中，仍日見興盛。當我們在中國建立教會聖統制時，我們心中也曾感到很大的喜樂，且抱有很大的希望：因為我們看見宣傳福音之路，日漸開放。

教難開始頒發文告

很不幸，曾幾何時，天地變色，烏雲彌漫，你們的教區，即連久已發達的教區，都開始墮入了痛苦的日子裡！我們看見了大批傳教士，其中有許多傳教心火熱盛的總主教和主教被逐出了中國，我們並見了聖座的公使也被無理驅逐。我們又見了許多主教、神父、修士、修女、男女教友，被捕被禁，受刑受苦。

我們不得不發出沉重的心聲，提出抗議；遂在 1952 年元月 18 日，頒發了《我們切願聲明》通諭[3]。在通諭裡，我們為了愛護真理，為了克盡我們的職責，曾剴切聲明：公教對於任何民族，皆不能為外國教，更不能視為某國的仇敵。反之，公教愛護每個民族，情同慈母，既不想追求世物，而只求引導人們的心靈歸向天主。我們並指出：傳教士出生的國家雖不同，但絕不為一個國家服務，而只是為了同一的愛德所驅使，一心一德，宣揚天主的教會；他們的工作不是贅瘤，也不是害物，而是有意而且是緊要的；因為他們在傳教方面給予了中國本籍的適當聖職人員以莫大的助力。

過了兩年，我們在 1954 年 10 月 7 日又頒發了《致中華人民》通諭[4]，對於所加給中國公教人士的冤枉，予以駁辯。我們特別聲明，公教信友，愛國愛民，絕不後人，亦絕不能後人。當時在你們

---

[3]　A.A.S.XLIV（1952），p.153 SQ.

[4]　A.A.S.XLVII（1955），p.5.

國內，有人推行所謂的「三自運動」，我們憑著爲普世教會導師的職權，在通諭裡鄭重勸告：任何公教人士絕不能贊助這種理論，或由這理論所發生的後果：因爲按發起人的目的，這運動是爲分化教會，破壞教會應有的團結。

公教人士堅忍不屈

於今我們舉目東望，心弦愈緊，看見你們國內的教會近年來處境更爲惡劣，然而你們在這日久天長的困難中，你們的信德仍舊屹立不動，你們愛慕救主和他教會的熱忱，仍舊始終不懈；在這一點上，我們的心在痛苦中獲得了莫大的欣慰。因爲你們在各方面，仍舊繼續不斷地表示出你們信德的堅忍，顯露出你們愛德的熱誠，你們的這種豪舉，雖然爲世人所知曉的不多，但天主將來必要一一賞以永福之報。

愛國會傳播的謬論

但是我們有責，還應當痛心地公開說明，事實的演變在你們中因了陰謀的毒計，便走向了下坡，以致我們以前所指責的假說謬論，似乎已經橫行到了極點，造成了莫大的禍害。

因爲在你們國內，曾以一種秘密的計畫，成立了一個組織，名爲「愛國會」，想盡辦法勒令公教人士，一併加入。

據公開的報導：此愛國會的宗旨，是爲在愛國愛教的前提下，將公教的聖職人員和信友們團結起來，以提倡愛國精神，發展國際和平，並爲協助鞏固、發揚在你們中所立的社會主義，並與政府合作，盡力擁護政府政策，以及所謂的宗教自由。然而，這種組織，雖可在愛國愛民、謀求和平的普通口號下，蒙蔽一般樸實的愚民，但顯而易見的是：其目的盡在於努力完成其既定而又害人的陰謀。

愛國會的真正目標

其實，愛國會是假借愛國的美名來驅使公教人士漸漸接受無神唯物主義的理論，進而否認天主，與唾棄宗教的原則。並且愛國會也假借保衛和平的美名，接受了敵方所捏造的謠言與罪名，並加以宣傳，以控訴聖職人員，攻擊主教，攻擊聖座，誣陷他們懷有帝國主義的野心，一心專務剝削弱小民族，以固有的成見來敵視中華人民。

愛國會，又宣稱在宗教事務上應享有各種自由，以便利於政教合作的進行；其實，這種口號的真正目的，完全是置聖教會的權利於不顧，使教會完全隸屬於政權之下。愛國會並促使自己的會員對於驅逐傳教士的命令，對於主教、神父、修士、修女，以及不在少數的男女信友的非法監禁的命令，都應加以贊成；並且對於長期阻止合法神長執行職權的非法處置，也應接受；對於反對聖教會至一至公，並反對教會聖統制的謬論，也應附和；並對於唆使信友、神父違抗法定神長，離間教會團體、斷絕聖座關係之種種陰謀，都該照行。

愛國會的迫人方法

並且，以愛國愛民自居的愛國教會，為了加速傳播上述的惡毒理論，為了更容易逼人接受，逐施行各種方法，甚至壓迫威嚇，亦在所不惜，一面在報章雜誌上大肆宣傳，一面連串地召集會議，用盡恐嚇、誘惑、欺騙的方法，驅使一般不欲參加的人參加集會，如有人在集會中膽敢發言，辯護真理，則群起而攻之，加以反政府、反新社會的罪名。

此外，尚有所謂的學習，迫使學員吸取並接受騙人的學說。甚

至司鐸、修士、修女、修生，以及各界年齡的男女信友，都被迫參與在這種學習會議中，整天整周，甚至整月不息，繼續聽講，繼續討論，終至使人理智麻木，意志失調，乃至為一種心理力所壓制，被迫聲明信服。此種聲明，既已失去了思索的自由，何具人性價值之有！更不必提說那些千方百計恐嚇人心的方法：私下的欺騙、公開的恐嚇、被迫的「悔過書」、「思想改造所」、「公審」等等，甚至連年老可敬的主教，也被污蔑地拉到「公審」的場所裡去。

對於這種蹂躪天主子女的神聖自由和侵害人性根本權利的暴政，全球天主教的同道兄弟，以及全球的正直人士，不能不同我們一齊，同聲呼籲，抗議這種損害世人良心的舉動。

公教人士愛國之道

這些罪惡既是借愛國的美名所造成的，我們在此不得不再向人們喚起注意：愛國原是聖教會的一端道理，聖教會不斷地教會每個信友，應誠心愛護自己的國家，並且勸導他們，在不違反本性和神律之下，應服從本國政府，並勉勵他們盡力協助國家的進步，使本國在和平秩序之中，真正日趨繁榮。聖教會也不怕煩勞，不斷地向教會的子女反復講明救主所立的金科玉律：「天主的，應歸還天主；愷撒的，應歸還愷撒」（路廿 25）。這條金科玉律，明明定斷了在教會和國家的真正利益間，絕不會、亦絕不能發生衝突。

但是我們在此應當強調一點：就是既然公教人士應按良心的義務，向愷撒—政府滿全一切應盡的責任，愷撒—政府卻不能因此在不屬於自己的許可權，而在屬於天主的許可權的事務上，要求國民的服從。尤其在政府劫奪天主至上的權威時，在強迫信友違背自己的責任時，在迫脅信友與統一的教會和合法的神長脫離時，政府絕不能向信友要求服從。在上述情形下，公教人士，唯有毅然不屈，

應如聖伯多祿以及別位宗徒們答覆第一批迫害教會的人說：「人應服從天主勝過服從人」（宗五 29）。

人類和平的真意義

霸佔愛國美名為己有的愛國會人員，為了推行拓展自己的任務，往往放言侈談和平，敦勸公教人士以盡力保衛和平為己任。這種言詞，外表看來，言之有理，持之有故，似無可非議之處，因為世上哪有比為和平奔走的人更受人欽佩呢？然而，可敬的神昆，可愛的神子們！你們知道很清楚，所謂的和平，並非只是空談，不是形式，更不是投機而雜造的和平煙霧；口談和平，身行鬥計，不但不合於真正的和平意義，反令人彼此相怨，彼此相恨，彼此成仇。而真正的和平，是應建築在號稱「和平之王」（依九 6）所訓的正義和愛德之上的，聖教會所虔心祝禱建成的真正和平，乃是穩固的、平等的、有秩序的，使全球人民、家庭與民族，在保障私人權利，尤其在尊重至高上主威權之下，藉互相友愛、互相合作的聯繫，團結一致。

聖座尊重國人希望

聖教會在一心期待這種民族間的和平共存之下，常祝願每個民族，都能取得自己應有的地位。聖教會自來對你們本國的國運，絕沒有懷有不友好的態度，前任教宗已經祝福你們本國說：「中華國民應有之希望及權利，皆得（列強）完全認可。夫以中華人口之眾，超越世界任何民族之上，文化最古，且曾有偉大光榮之歷史，只要追求正道與仁義，則來日發展，誠未可量也」[5]。

---

[5]《八一通訊》A.A.S.XX（1928），p.245。

任意圈限教宗權利

可是，按照電臺廣播的消息，根據報章登載的言論，有人——可惜！甚至連聖職人員中，也竟有懷疑或指責聖座對於你們祖國懷有惡意。

這般人士既敢對聖座懷有冤枉與污衊的信念，遂又敢大膽任意圈限教會最高導師的許可權，主張凡是關於社會經濟問題，公教人士可以對聖座所頒發的訓示與所定的原則置之不顧。這種主張，荒謬邪曲，任人一看便知。在幾年前，我們曾向多位主教神昆講過：「聖教會的權利，絕不像一般人士所想像的，只是限於純粹聖教事務之內。聖教會的權利，乃是伸展到自然律全部範圍之內。凡是自然律訓誨、自然律解釋、自然律執行，只要和倫理發生關係，視為倫理的基礎，皆隸屬聖教會的權利。因為按照天主上智的措置，遵守自然律，乃是人趨向超性之道。在這條道上，聖教會則是使人趨向超性的嚮導與警衛」[6]。這端道理，我們先任教宗聖庇護六世，在1912 年 9 月 24 日所頒發的《一項特別》通諭裡，也曾說過：「公教信友的一切行動，在倫理方面是善是惡，即對於自然律和神律是向是背，完全應聽聖教會的裁判，完全屬於聖教會的統治」[7]。

上面所提到的那般人士，既然任意圈限了聖座的權利，並標為主張，遂一方面在口頭上再三聲明，願意在他們所謂的信仰事務和當守的教規上，服從教宗；而另一方面卻狂妄放肆，竟敢拒絕聖座明白確定的指示和訓令，聲言聖座所發出的指示和訓令暗中含有政治目的，似乎在幕後要危害他們的國家。

---

[6] A.A.S.XLVI（1954），p.71~672.

[7] A.A.S.IV（1912），p.658.

自造選聖主教權利

在此，我們不得不提及一項嚴重的事件，即裂教的先兆。這項事件，使我們作萬民之父、作信友總牧的心腸，遭受了極深的痛苦，有不可言宣的悲哀。有自稱愛國的激烈份子，近月來，盡力大肆宣傳一種自造的權利，聲言教友有自動選舉主教的權利。他們自稱這種選舉為目前刻不容緩之舉，因為應急於設法照顧信友之精神生活，並應早日將教區交付政府所同意的人去治理。這般政府同意的人士，無疑地，即是那些不拒絕共產主義的旨意與政策的人士。

並且，據我們所知道的，已經舉行了幾次這種非法的選舉；而且更有甚者，竟敢違抗聖座所發給當事人的嚴明訓令，公然給一些神職人員授予主教職品。

聖教會的真正統制

面對這種破壞教會紀律和教會統一的大惡，我們感覺責無旁貸，只有再加勸告眾人，這種主張與我主耶穌基督所立的教會的根本，即教會的教理和原則，正相抵觸。

《聖教法典》上，律有明文：為評斷一個聖職人員是否有適合主教職位的資格，完全屬於聖座（第 331 條第三款）；又規定主教應由羅馬教宗自由選任（第 329 條第二款），就在某時某地選任主教，可以有別的私人或團體參加，為使這種方式合法，都由聖座因著特別情形，在指定的條件下，以明文將這等特權授予某人或某團體。由此可見，凡未經聖座選任或批准的主教，或而違抗聖座明令而選任和祝聖的主教。不能有任何治理教會和訓導教會的權利；因為主教權利的來源，必定要經過羅馬教宗。我們在《妙身》通諭中曾經這樣訓告說。「聖教司牧……在各自所有的指定羊群用基督的名義

養育統治。然而司牧並不是人人獨立，因爲他們應當按法定方式服屬教宗。司牧雖具有統治權，教宗所有者，直接來自耶穌定的神律；主教所有者，也來自同一神律，然應由繼聖伯多祿位的教宗賦與。因此，不單是普通教友，即全球主教，也應當常常服從教宗，聽從命令，團結一致」[8]。

假定這輩聖職人員所受祝聖主教典禮爲有效，他們日後所行的神品權，雖然有效，但都爲違法瀆聖的罪行，我們神聖導師耶穌昔日所說的話，今日恰好作這輩人士的訓責：「誰不由門進入羊棧，而由別處爬進去，那人便是賊，是強盜」（若十1）。羊只認得自己眞牧童的呼聲，「至於陌生人他們決不跟隨反而逃避他，因爲他們不認得陌生人的聲音」（若十5）。

我們不是不知道，這輩違命的人士，爲辯護自己篡奪職位合情合理，能援用古時的成例。但是大家都知道，假使在每事上，人人可以任意援用已經失效的成例——因爲聖座已另有規定——聖教會的紀律將何在？而且援用失效的成例以作辯護，更足以證明他們有心故意逃避現行的法律，不願遵守應守的法規。聖教會的現行法律，不僅是實行於中國或新開教的地區，而且是實行於全教會的；因爲聖教會的現行法是由教會至高無上的權威，即我等主耶穌所授予聖伯多祿繼任者的牧養、管理和統治權所規定的。梵蒂岡公議會曾隆重地規定說：

根據聖經上顯明的證據，按照歷代教宗和迭次公議會的確定和明文的法令，我們重新聲明佛羅棱斯公議會的議決案：「一切信友都應當信聖座和羅馬教宗在全球上握有首席職權，又當信教宗爲宗徒之長聖伯多祿的繼任人，爲基督的眞正代

<hr>

[8] A.A.S.XLXII P.9.

權，爲全聖教會的元首，爲一切信友的公父和導師。我等主耶穌曾藉伯多祿教授予他的繼位人牧養、管理，和統治整個教會的全權」。……因此，我們再訓告，並再聲明，羅馬教區，按照救世主的意旨，對於其餘一切教區，具有首席職權的正權利。羅馬教宗的統治權力，對於全教會爲直接性的主教權利，凡是主教、神父、信友、不分禮儀派別、不分爵位高低、不分私人團體，都有服從教宗統治的義務。不僅在關係信仰和倫理道德的事務上，而且在一切有關全球教會的紀律和統治上，都應眞心服從教宗，眞正有聖統制的從屬。這樣，每人每區，與羅馬教宗保持了一致的聯繫，一致的信仰，基督的教會乃成爲唯一的羊棧，從屬唯一的最高司牧。這項眞理爲聖教會所定的眞理，誰若拒受，便要喪失信德，不得獲救。[9]

從上述的理論裡自然得出了一個結論：除羅馬教宗的正權利外，沒有任何他種權利，可以撤免一位得有正式任命的主教；沒有任何人，或任何神父、教友的會議，可以自稱具有選任主教之權；在沒有接奉宗座的任命之先，無論誰也不能合法祝聖主教。[10] 所以違命祝聖主教，乃是危害聖教統一的大惡，聖座曾規定了「棄絕」（開除教籍）的重罰。凡非法接受祝聖爲主教，以及非法祝聖主教的主禮人，都在事成時，立時遭受「最特別保留於宗座之棄絕罰」[11]。

照顧教友的假藉口

最後，有關假冒愛國的愛國會人員爲自己辯護所說的：事實如

---

[9] CONC.VAT.SESS.IV CAP.3.
[10] CAN.953.
[11] DEC.S.OFFICII--1951--A.A.S.XLIII P.217--

此，是為了教區的主教出缺，應急需有人照管人靈的理由，我們應說什麼呢？

第一：為照顧信友精神利益，不能使用違反教律的方法。第二：所謂的教區主教出缺，並非彼等為護己所設想的真正出缺，而是有些教區、本區的合法主教，或是被驅逐，或是被禁錮，或是各方被阻，不能自由行使職權。此外，尚有一些教區，本區合法主教按照法規和聖座特殊頒發的指令，曾任命了合法的代理人；但這等代理人又被拘禁、驅逐、革職。事情到了這步田地，誰不痛心！熱心教務教區的合法主教遭受迫害，反而竟有趁著合法主教的痛苦境遇，設立了假主教，以替代他們的職位；結果是顛覆了教會的聖統，反叛了羅馬教宗的統治權。

甚至有些前進份子，竟膽敢將愛國會的人，按照原定的計畫，所造成的這種可痛可悲的景況，加罪於聖座；但人人皆知，聖座既受阻與中國各教區安全地自由通訊，無法在有需要之際及至今，仍無法取得選任適當候選人的相當認識。其實，這種認識，無論是對你們本國，或者是對任何民族，都是極其緊要的。

加以激勵並予以祝福

可敬的神昆，可愛的神子們！因著有人在你們之中傳播謬論，因著有人在你們之中製造分裂，我們在上面已說明了我們心中的憂焦，希望你們藉著你們公父的勸諭，蒙受光照，更形堅定因而能夠保持不屈的精神，堅守完美的信德。仗此信德，我們萬眾一心，同獲救恩。

情滿於心，不盡欲言，我們可以掬情相告，我們和你們同憂同苦，患難與共。你們身心所受的物質和精神痛苦，日夜記在我們心頭。我們特別懷念基督的義士們所受的痛苦，義士中還有些我們的

主教神昆。我們將這些痛苦，聯合全教會的祈禱和犧牲，親手捧上
祭壇，獻於救主。

　　你們應堅定，應倚望救主，「應將你們的憂苦放在天主身上，
他必照顧你們」（伯前五7）。他必垂顧你們的愁苦憂慮，必悅納你
們的痛苦，也必悅納你們的主教、神父、修士、修女以及信友們，
目睹敵人摧殘教會的慘劇，在暗中所流出的血淚。一天，藉著中國
在天之后聖母瑪利亞的大能代禱，你們本國再見太平的日子到來，
你們現在的苦淚，你們現在的痛苦，以及古今的殉道聖人義血，將
是那時教會興盛的珍貴保證。

　　我們滿懷希望，在天主的恩愛裡，很親切地頒賜你們並你們屬
下的信友宗座遐福，以祝望天上的恩惠，以保證我們特別的關懷。

　　　　　　　教宗庇護第十二世
　　　　　　　發自羅馬聖伯多祿殿側教宮
　　　　　　　一九五八年六月二十九日聖伯多祿節日
　　　　　　　登教宗位第二十年

參考文獻

一、中文資料

（一）官方檔案

《共產國際、聯共布與中國革命檔案資料叢書》第 1 卷。北京：
　　北京圖書館，1997。

《建國以來毛澤東文稿》第 1 冊。北京：中央文獻，1987。

《建國以來重要文獻選編》第 1 冊。北京：中央文獻，1992。

《第一、二次國內革命戰爭時期土地鬥爭史料選編》。北京：人
　　民，1981。

《福建省宗教志》。廈門：廈門大學，2014。

上海市公安局公安史志編纂委員會編。《上海公安志》。上海：
　　社會科學院，1997。

上海解放日報編輯。《堅決肅清龔品梅反革命集團》。上海：人
　　民，1955 電子版。

中央統戰部內部出版。《統戰政策檔彙編》，1958。

中共上海市委統戰部統戰工作史料徵集組編。《統戰工作史料選
　　輯》第 4 輯。上海：人民，1985。

中共中央文獻研究室綜合研究組、國務院宗教事務局政策法規司
　　合編。《新時期宗教工作文獻選編》。北京：宗教文化，1995。

中共中央宣傳部辦公廳、中央檔案館編研室編。《中國共產黨宣
　　傳工作文獻選編 1949~1956》。北京：學習，1996。

中共中央統一戰線工作部、中共中央文獻研究部編。《周恩來統一戰線文選》。北京：人民，1984。

中共中央統戰部研究室編。《歷次全國統戰工作會議概況和文獻》。北京：檔案，1988。

中國社會科學院世界宗教研究所編譯。《蘇聯宗教政策》。北京：中國社會科學，1980。

中國新方誌中的基督宗教資料 網路資料庫
https://www.hsscol.org.hk/FangZhi/main.htm

《羅瑞卿論人民公安工作》編輯組。《羅瑞卿論人民公安工作，1949~1959》。北京：群眾，1994。

北京市檔案館、中共北京市委黨史研究室編。《北京市重要文獻選編》1951 年卷。北京：中國檔案，2001。

當代中國運動歷史數據庫：http://ccrd.usc.cuhk.edu.hk/Default.aspx?msg，含：中國五十年代初中期政治運動資料庫、反右運動資料庫、大饑荒—大躍進資料庫等。

福建省政協文史資料委員會編。《福建文史資料選編 第五卷基督教天主教編》。福建：人民，2003。

（二）專書及譯著

〔俄〕赫克著，高驊、楊繽譯。《俄國革命前後的宗教》。台北：學林，1999。

〔美〕麥克法誇爾、費正清。《劍橋中華人民共和國史（1949~1965）》。北京：中國社會科學，1998。

〔英〕斯坦因著，李鳳鳴譯。《紅色中國的挑戰》。北京：新華，1987。

裴士丹（Daniel Bays）著，尹文涓譯。《新編基督教在華傳教史》。新北：臺灣基督教文藝，2019。

天主教中國主教秘書處編。《天主教與共產主義》。台北：天主教教務協進會，1977。

天主教長沙教區三自革新運動委員會編。《聖母軍的罪行》。天主教長沙教區三自革新運動委員會印，1951。

王作安。《中國的宗教問題和宗教政策》。北京：宗教文化，2002。

古偉瀛編。《塞外傳教史》。臺北：光啓文化，2002。

何虎生。《中國共產黨的宗教政策研究》。北京：宗教文化，2004。

呂方濟著、李盎博譯。《五星旗下的天主教》。納匝肋靜院，1953（電子版）。

李維漢。《回憶與研究》下冊。北京：中共黨史資料，1986。

沈志華總主編。《蘇聯歷史檔案選編》第 2 卷。北京：社會科學文獻，2002。

邢福增。〈三自愛國運動的起源與發展（1949~1957）〉，《五十年代三自運動的研究》。香港：建道神學院，1996。

林瑞琪。《半世紀徘徊─中共宗教政策與實施探討》。香港：聖神研究中心，1997。

林瑞琪。《誰主沉浮》。香港：聖神研究中心，1994。

河北省地方誌編纂委員會編著。《河北省志》。河北：人民，1995。

金魯賢，《絕處逢生：金魯賢回憶錄 1916~1982》。香港：香港大學，2013。

梵蒂岡電臺，《教宗致中國教會集》（網路合集）。

孫金富、吳孟慶、劉建。《上海宗教志》。上海：社會科學院，2001。

梁作祿。《中國教會何去何從》。香港：聖神研究中心，2013。

梁家麟。《福音與麵包：基督教在五十年代的調景嶺》。香港：建道神學院，2000。

梁潔芬。《中共與梵蒂岡關係（1976~1994）》。新北：輔仁大學，1996。

陳方中、江國雄。《中梵外交關係史》。臺北：臺灣商務印書館，2003。

陳方中、陳俊德主編。《中梵外交關係六十年史料彙編》。新北：輔仁大學，2002。

陳聰銘。《中梵外交史：兩岸與教廷關係（1912~1978）》。臺北：光啓文化，2016。

曹聖潔口述，羅偉虹撰稿。《曹聖潔口述歷史》。上海：上海世紀出版股份有限公司上海書店，2016。

沈德溶。《在三自工作五十年》。上海：中國基督教三自愛國運動委員會、中國基督教協會，2000。

新華時事叢刊。《天津天主教革新運動成就》。北京：人民，1951。

葉小文。《宗教七日談》。北京：宗教文化，2007。

趙天恩、莊婉芳。《當代中國基督教發展史（1949~1997）》。台北：中國福音會，1997。

趙慶源。《中國天主教教區劃分及其首長接替年表》。台南：聞道，1980。

劉光人。《京都公安局長：馮基平傳》。北京：群眾，2011。

薄一波。《若干重大決策與事件的回顧》上卷。北京：中共中央黨校，1991。

羅冠宗主編。《中國基督教三自愛國運動文選 1950~1992》，中國基督教三自愛國運動委員會，1993。

羅漁、吳雁。《中國大陸天主教四十年大事記 1945~1986》。新北：輔仁大學，1986。

羅點點。《紅色家族檔案—羅瑞卿女兒的點點記憶》。上海：南海，1999。

蘇主榮。《牧我中華》。香港：聖神研究中心，1986。

蘇若裔。《中國近代教難史料（1948~1957）》。新北：輔仁大學，2000。

（三）期刊資料

上海教區愛國會。《信鴿》。

中國天主教愛國會。《中國天主教》。

中國國務院宗教事務局。《中國宗教》。

中國基督教三自愛國運動委員會。《天風》。

天津教區三自革新委員會。《廣揚》。

香港中文大學。《二十一世紀》雙月刊。

香港聖神研究中心。《鼎》。

二、英文資料

Leung, Beatrice & William T. Liu. *The Chinese Catholic Church in Conflict: 1949-2001*. California: Universal Publishers, 2004.

Yang, Fenggang. *Religion in China: Survival and Revival under Communist Rule*. USA: OUP, 2011.

Maheu, B. *Papal Documents related to China, 1937-2005*. HK: Holy Spirit Study Center, 2006.

Gretta, Palmer. *God's Underground in Asia*. New York: Appleton-Century-Crofts, 1953.

Mariani, Paul P. *Church Militant: Bishop Kung and Catholic Resistance in Communist Shanghai*. Cambridge, MA: Harvard University Press, 2011.

Madsen, Richard. *China's Catholics: Tragedy and Hope in an Emerging Civil Society*. California: University of California Press, 1998.

Chan, Shun-Hing, and Beatrice Leung. *Changing Church and State Relations in Hong Kong, 1950-2000*. HK: Hong Kong University Press, 2003.

Ticozzi, Sergio. *History of the Formation of the Native Catholic Clergy in China*. HK: Holy Spirit Study Center, 2017.

Ramet, Sabrina P. *Catholicism and Politics in Communist Societies*. Durham, NC: Duke University Press, 1990.

Moreau, Theresa Marie. *Blood of the Martyrs: Trappist Monks in Communist China*. Los Angeles: Veritas Est Libertas , 2012.

相關好書推介

《天主教在華傳教史》

羽田月 著；光啓文化 2023 年 6 月初版

福音進入中國千百年來，歷經波折磨難，其中的興衰成敗、經驗教訓，深值後人省思品評。本書以時間爲軸線，簡介天主教會與中華文化的相遇與碰撞。教會在不同朝代施政者的政策及心態下，其發展、機會與命運各不相同；因此本書在每章主題之前都進行了相關中國歷史背景的介紹，希望讀者能於其背景下認識教會在華傳播史。

本書共分九章，自景教來華至民國時期，主要側重於傳教史的敘述；近代部分則增加教會在華的社會服務介紹、傳教士在不同歷史時期對中西文化的交流與貢獻、交流過程中出現的矛盾與衝突、百年禁教的政治文化原因探討、傳教士在近代中外衝突中的困境與無奈等。最後，也涉及邊疆傳教史，蒙古大漠、青藏高原都留下了傳教士們的足跡，他們的傳奇依然在當地流傳著！

國家圖書館出版品預行編目資料

荊棘之路：1949~2000 天主教在華歷史概要 /

滄海一粟 著 ——新北市：希瓦工作室，2024.08

——初版，380 頁

ISBN：978-626-98796-0-1（平裝）

EISBN：978-626-98796-1-8（電子）

1. 天主教；2. 傳教史；3. 中國

246.22   113009081

荊棘之路

1949~2000 天主教在華歷史概要

- -

作者：滄海一粟

出版及編輯者：希瓦工作室（ruth0010@gmail.com）

代理經銷者：白象文化事業有限公司

購書管道：台灣各大實體及網路書局（含紙本及電子書）

出版日期：2024 年 8 月初版

書籍定價：NT$450.

- -

ISBN：978-626-98796-0-1、EISBN：978-626-98796-1-8